「十四五」国家重点图书出版规划项目
国家社会科学基金重大项目「中国近代日记
文献叙录、整理与研究」（项目编号：
18ZDA259）阶段性研究成果

中国近现代稀见史料丛刊【第九辑】

张剑 徐雁平 彭国忠 主编

夏同善年谱 王祖畬年谱（外一种）

（清）夏敦复 王祖畬 等著

张德懿 整理

本辑执行主编 彭国忠

凤凰出版社

图书在版编目（CIP）数据

夏同善年谱 / （清）夏敦复等著 ；张德懿整理．王祖畲年谱 ：外一种 / （清）王祖畲等著 ；张德懿整理．-- 南京 ：凤凰出版社，2022.10
（中国近现代稀见史料丛刊．第九辑）
ISBN 978-7-5506-3722-1

Ⅰ．①夏… ②王… Ⅱ．①夏… ②王… ③张… Ⅲ．①夏同善（1831-1880）—年谱②王祖畲（1842-1918）—年谱 Ⅳ．①K827=49②K827=5

中国版本图书馆CIP数据核字(2022)第166656号

书　　名	夏同善年谱　王祖畲年谱（外一种）
著　　者	（清）夏敦复　王祖畲 等著　张德懿 整理
责任编辑	单丽君
特约编辑	卞　岐
装帧设计	姜　嵩
出版发行	凤凰出版社(原江苏古籍出版社) 发行部电话025-83223462
出版社地址	江苏省南京市中央路165号,邮编:210009
照　　排	南京凯建文化发展有限公司
印　　刷	江苏凤凰通达印刷有限公司 江苏省南京市六合区冶山镇,邮编:211523
开　　本	880毫米×1230毫米　1/32
印　　张	8.25
字　　数	214千字
版　　次	2022年10月第1版
印　　次	2022年10月第1次印刷
标准书号	ISBN 978-7-5506-3722-1
定　　价	78.00元

（本书凡印装错误可向承印厂调换,电话:025-57572508）

袁行霈先生题辞

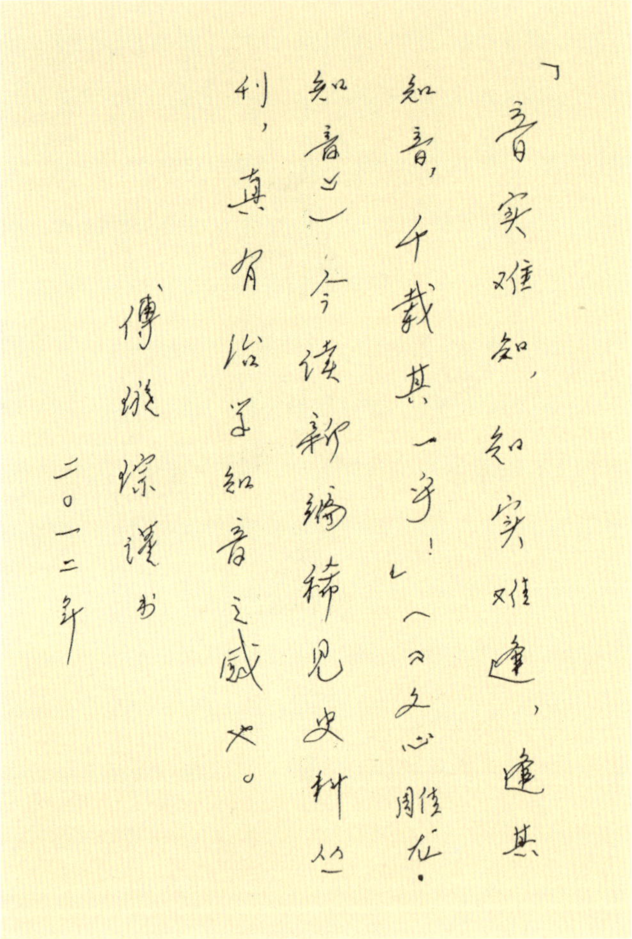
「音实难知，知实难逢，逢其
知音，千载其一乎！」（《文心雕龙·
知音》）今读新编稀见史料丛
刊，真有治学知音之感矣。
傅璇琮谨书
二〇一二年

傅璇琮先生题辞

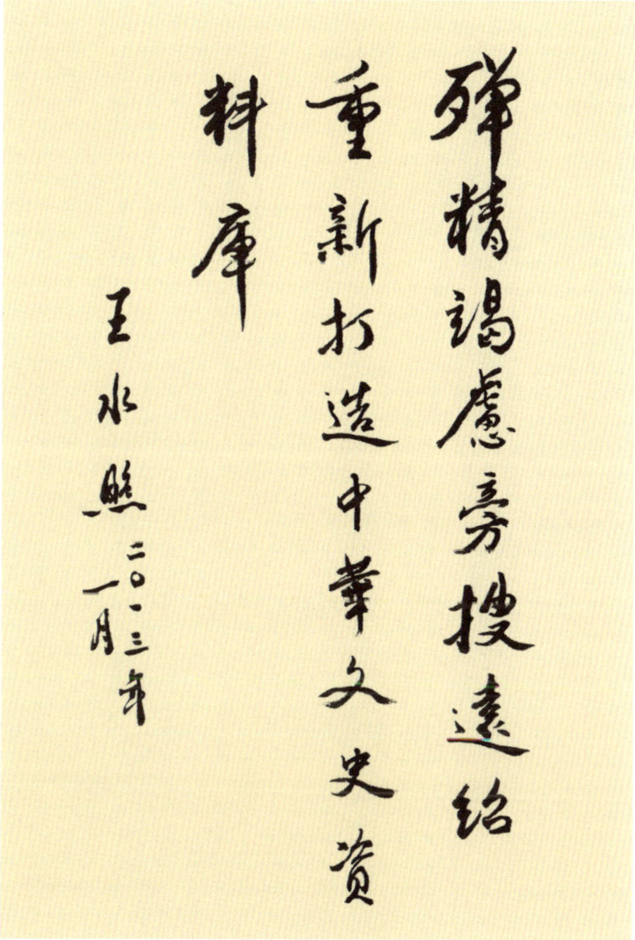

王水照先生题辞

《中国近现代稀见史料丛刊》总序

在世界所有的文明中，中华文明也许可说是“唯一从古代存留至今的文明”（罗素《中国问题》）。她绵延不绝、永葆生机的秘诀何在？袁行霈先生做过很好的总结：“和平、和谐、包容、开明、革新、开放，就是回顾中华文明史所得到的主要启示。凡是大体上处于这种状况的时候，文明就繁荣发展，而当与之背离的时候，文明就会减慢发展的速度甚至停滞不前。”（《中华文明的历史启示》，《北京大学学报》2007 年第 1 期）

但我们也要清醒看到，数千年的中华文明带给我们的并不全是积极遗产，其长时段积累而成的生活方式与价值观具有强大的稳定性，使她在应对挑战时所做的必要革新与转变，相比他者往往显得迟缓和沉重。即使是面对佛教这种柔性的文化进入，也是历经数百年之久才使之彻底完成中国化，成为中华文明的一部分；更不用说遭逢“数千年来未有之变局”、“数千年未有之强敌”（李鸿章《筹议海防折》），“数千年未有之巨劫奇变”（陈寅恪《王观堂先生挽词序》）的中国近现代。晚清至今虽历一百六十余年，但是，足以应对当今世界全方位挑战的新型中华文明还没能最终形成，变动和融合仍在进行。1998 年 6 月 17 日，美国三位前总统（布什、卡特、福特）和二十四位前国务卿、前财政部长、前国防部长、前国家安全顾问致信国会称：“中国注定要在 21 世纪中成为一个伟大的经济和政治强国。”（徐中约著《中国近代史》上册第六版英文版序，香港中文大学 2002 年版）即便如此，我们也不能盲目乐观，认为中华文明已经转型成功，相反，中华文明今天面对的挑战更为复杂和严峻。新型的中华文明到底会怎样呈现,又怎样具体表现或作用于政治、经济、文化等层面,人们还在不断探索。这个问题,我们这一代恐怕无法给出答案。但我们坚信,在历史上曾经灿烂辉煌的中华文明必将凤凰浴火,涅槃重生。这既是数千年已经存在的中华文明发展史告诉我们的经验事实,也是所有为中国文化所化之人应有的信念和责任。

不过,对于近现代这一涉及当代中国合法性的重要历史阶段,我们了解得还过于粗线条。她所遗存下来的史料范围广阔,内容复杂,且有数量庞大且富有价值的稀见史料未被发掘和利用,这不仅会影响到我们对这段历史的全面了解和规律性认识,也会影响到今天中国新型文明和现代化建设对它的科学借鉴。有一则印度谚语如是说:"骑在树枝上锯树枝的时候,千万不要锯自己骑着的那一根。"那么,就让我们用自己的专业知识与能力,为承载和养育我们的中华文明做一点有益的事情——这是我们编纂这套《中国近现代稀见史料丛刊》的初衷。

书名中的"近现代",主要指1840—1949年这一时段,但上限并非以一标志性的事件一刀切割,可以适当向前延展,然与所指较为宽泛的包含整个清朝的"近代中国"、"晚期中华帝国"又有所区分。将近现代连为一体,并有意淡化起始的界限,是想表达一种历史的整体观。我们观看社会发展变革的波澜,当然要回看波澜如何生,风从何处来;也要看波澜如何扩散,或为涟漪,或为浪涛。个人的生活记录,与大历史相比,更多地显现出生活的连续。变局中的个体,经历的可能是渐变。《丛刊》期望通过整合多种稀见史料,以个体陈述的方式,从生活、文化、风习、人情等多个层面,重现具有连续性的近现代中国社会。

书名中的"稀见",只是相对而言。因为随着时代与科技的进步,越来越多的珍本秘籍经影印或数字化方式处理后,真身虽仍"稀见",化身却成为"可见"。但是,高昂的定价、难辨的字迹、未经标点的文本,仍使其处于专业研究的小众阅读状态。况且尚有大量未被影印或数字化的文献，或流传较少，或未被整合，也造成阅读和利用的不便。因此，《丛刊》侧重选择未被纳入电子数据库的文献，尤欢迎整理那些辨识困难、断句费力、裒合不易或是其他具有难度和挑战性的文献，也欢迎整理那些确有价值但被人们习见思维与眼光所遮蔽的文献，在我们看来，这些文献都可属于“稀见”。

书名中的“史料”，不局限于严格意义上的历史学范畴，举凡日记、书信、奏牍、笔记、诗文集、诗话、词话乃至序跋汇编等，只要是某方面能够反映时代政治、经济、文化特色以及人物生平、思想、性情的文献，都在考虑之列。我们的目的，是想以切实的工作，促进处于秘藏、边缘、零散等状态的史料转化为新型的文献，通过一辑、二辑、三辑……这样的累积性整理，自然地呈现出一种规模与气象，与其他已经整理出版的文献相互关联，形成一个丰茂的文献群，从而揭示在宏大的中国近现代叙事背后，还有很多未被打量过的局部、日常与细节；在主流周边或更远处，还有富于变化的细小溪流；甚至在主流中，还有旋涡，在边缘，还有静止之水。近现代中国是大变革、大痛苦的时代，身处变局中的个体接物处事的伸屈、所思所想的起落，借纸墨得以留存，这是一个时代的个人记录。此中有文学、文化、生活；也时有动乱、战争、革命。我们整理史料，是提供一种俯首细看的方式，或者一种贴近近现代社会和文化的文本。当然，对这些个人印记明显的史料，也要客观地看待其价值，需要与其他史料联系和比照阅读，减少因个人视角、立场或叙述体裁带来的偏差。

知识皆有其价值和魅力，知识分子也应具有价值关怀和理想追求。清人舒位诗云“名士十年无赖贼”（《金谷园故址》），我们警惕袖手空谈，傲慢指点江山；鲁迅先生诗云“我以我血荐轩辕”（《自题小像》），我们愿意埋头苦干，逐步趋近理想。我们没有奢望这套《丛刊》产生宏大的效果，只是盼望所做的一切，能融合于前贤时彦所做的贡献之中，共同为中华文明的成功转型，适当“缩短和减轻分娩的痛苦”（马克思《资本论》第一卷第一版序言）。

《丛刊》的编纂,得到了诸多前辈、时贤和出版社的大力扶植。袁行霈先生、傅璇琮先生、王水照先生题辞勖勉,周勋初先生来信鼓励,凤凰出版社姜小青总编辑赋予信任,刘跃进先生还慷慨同意将其列入"中华文学史史料学会"重大规划项目,学界其他友好也多有不同形式的帮助……这些,都增添了我们做好这套《丛刊》的信心。必须一提的是,《丛刊》原拟主编四人(张剑、张晖、徐雁平、彭国忠),每位主编负责一辑,周而复始,滚动发展,原计划由张晖负责第四辑,但他尚未正式投入工作即于2013年3月15日赍志而殁,令人抱恨终天,我们将以兢兢业业的工作表达对他的怀念。

《丛刊》的基本整理方式为简体横排和标点(鼓励必要的校释),以期更广泛地传播知识、更好地服务社会。希望我们的工作,得到更多朋友的理解和支持。

2013年4月15日

目　录

前　言

本书为《夏同善年谱》《王祖畲年谱》《王保譿日记》之合编。

一

《夏同善年谱》整理自上海图书馆藏民国九年(1920)铅印本《夏侍郎年谱》,收入《上海图书馆藏珍本年谱丛刊续编》第 34 册。该年谱为夏同善之子夏敦复、偕复所编,起止时间为道光十一年二月十九日(1831 年 4 月 1 日)至光绪六年七月、八月间(1880 年 8 月、9 月),编年纪事翔实,一月之内常常逐日而写,具有日记特征。

除《夏侍郎年谱》及其附录张謇撰《神道碑铭》、谭献撰《墓志铭》及夏敦复、偕复述《屠夫人行状》,本书另附《清史稿》夏同善传、《近世人物志》夏同善传、《近代名人小传・官吏》夏同善孙诒经传、《词林辑略》夏同善传、《昭代名人尺牍续集小传》夏同善传及浙江图书馆藏稿本《夏子松先生手书函牍》。

《王祖畲年谱》整理自上海图书馆藏民国七年(1918)刻本《溪山老农年谱》,收入《上海图书馆藏珍本年谱丛刊续编》第 40 册。该年谱上、下卷为王祖畲自订,记事始于道光二十二年十月二十二日(1842 年 11 月 24 日),止于光绪二十一年十月三日(1895 年 11 月 19 日)。王祖畲自称:"余归隐后,身虽在尘,缘已断,何谱之有?"续编为其子王保譿编,记录王祖畲归隐后至戊午年五月二十二日(1918 年 6 月 30 日)之事,编年纪事翔实,具有日记特征。年谱附录《家谱约书》(本为《自订年谱序》)、《同谱录》、《弟子录》、《著述书目》、《手校书目》、李澍撰《祭文》、唐文治撰《祭文》及《通告同学书》。

《王保譿日记》整理自南京图书馆藏稿本《溪山小农日记》。起于宣统三年八月十九日(1911年10月10日),止于癸丑年除夕(1914年1月25日)。

二

夏同善(1831—1880),字舜乐,号子松,浙江仁和(今杭州)人。咸丰六年(1856)进士,选庶吉士,授编修。累迁右庶子,充日讲起居注官,同治六年(1867)迁少詹事。后出督江苏学政,迁詹事。同治十年(1871),迁兵部右侍郎。光绪元年(1875),直毓庆宫授读。光绪四年(1878)视学江苏。光绪五年(1879),巡视山东黄河,阅缘江炮台。光绪六年(1880)七月卒于官,年五十岁,谥文敬。

夏同善历官咸丰、同治、光绪三朝,位至侍郎,与翁同龢同为帝师。风雨如晦之际,夏同善身处权力中心,既需匡正君心、协调帝后两宫,又要外御兵患、内纾民困。夏同善任上,有"礼贵因时,请缓行幸"[①]"请恤民瘼、敦节俭、广振济、开言路、清庶狱"[②]"案盗刑例请复祖制"[③]等奏疏,于公私内外、国计民生的抉择,夏同善始终以儒家忠爱之道实现自洽,"一饭不忘忧国"。

年谱从清廷内部视角展现晚清重大历史事件。夏同善身处晚清50年,历经并参与处理第二次鸦片战争、太平天国、丁戊旱灾等事件。年谱中收录的奏折、谕旨等史料,可见清廷内部对战争、自然灾害等事件的论辩与应对之策。

咸丰十年(1860),清军在江南与太平天国军作战,屡屡失利,浙江戒严,夏同善上"请命曾国藩总统诸军"一折,与许乃普联衔"奏保浙江在籍绅士筹办民团"。七月,英国进犯天津,清廷有意议

---

① 见《夏同善年谱》"六年丁卯(1867)三十七岁"。

② 见《夏同善年谱》"十年辛未(1871)四十一岁"。

③ 见《夏同善年谱》"十二年癸酉(1873)四十三岁"。

和，夏同善主张“能守而后能战，能战而后能和”，“以兵备之，以民备之”[①]。

光绪初，华北旱灾泛滥。光绪三年（1877）二月，夏同善上“请筹恤流民”折：

去年南北各省，水旱为灾，山东、河南一带饥民流入江苏省至十余万人，其他省四散者又不知凡几。闻苏省官绅筹款赈济，将次第资送回籍，意良厚矣，他省谅亦遣送如例。惟念该民等逃亡之后，田园既废，庐舍不完，一切牛具籽种咸归乌有，一旦徒手归来，日用之需、耕稼之资将何所出？……请旨饬下直隶、山东、山西、河南、安徽、江西、福建各督抚，预饬各属，遇有境内逃散人民归来者，务须加意抚恤……[②]

同年八月二十一日“请特颁谕旨，加拨赈帑，整饬荒政，以苏民困而弭隐患”一折称：

河南河陕汝所属民间鬻妇女以斤计，斤数十文，省城及怀卫一带，自本年入夏以来，道殣相望，而山西更有甚焉，报灾之区，几及六十州县，饥民至一百七八十万之多，待哺嗷嗷，赈难遍给，故有匍匐求食遽成饿莩者，有抛弃幼孩听其自毙者，甚有合室苦饥仰药同尽者，死亡之惨，尤不忍闻。[③]

奏折记述当时旱灾情形及清廷应对情况，“筹款赈济”应属当时

① 见《夏同善年谱》“十年庚申（1860）三十岁”。

②③ 见《夏同善年谱》“三年丁丑（1877）四十七岁”。

受灾地方官一般举措[1],江苏省官绅筹款将灾民送回原籍,夏同善嘉许此举,更念及民众返乡后生活难以为继,需当地抚恤,又念及流民无收,请旨缓征赋税。

夏同善尤其擅用其生活、吏治经验献策缓解灾情。“晋省乏粮势难接济免筹补苴之计”一折,建议以“豆饼”“鲜食”补苴粮食不足,“请筹款开井济赈利农”一折又建议用“上土下砖之井”,似较一时之赈济更为长久[2]。同时,夏同善留意于约束地方官员,八月二十一日折言“至各省大吏,如有专顾额征,禁止属员报灾,坐视流亡而忍不置问者,即请严旨立予罢斥,则大吏实心,属吏亦无不实心矣”,时时提醒“饬地方官实心经理”“毋得假手胥吏,以杜侵渔”“毋使吏胥借端舞弊”“毋使吏胥影射侵蚀”,足见其思虑之细。

八月奏折中,夏同善请旨“于关税项下拨银四十万,海防项下拨银三十万,合银七十万两”,以为“于关税海防,不过略少存储,而灾民得此则生,弗得则死,又何为而忍不出此”[3],自然是出于恻隐、爱人之心。然赈济灾情需动用海防费用,这一选择在军事与民生之间,由此也可知清廷面临自然灾害时掣襟露肘的窘迫情状。

同治二年(1863),夏同善自汴返济宁,途中作《教淮徐民纺织说》一文[4]。光绪五年(1879),夏同善巡视山东黄河、阅缘江炮台之际,行次宿迁,宿迁知县言宿境民生之苦,夏同善又为宿迁令言教民纺织事,尤可见其系心民生。

---

① 例如,时任晋抚曾国荃有“请划扣京饷赈济饥民疏”“勘灾办赈片”“请发执照劝捐济赈疏”“晋赈不敷请推广捐输接济疏”“复奏筹办赈务疏”“勘灾筹赈疏”“借款运漕疏”“请缓解京饷疏”“抚恤阳曲等厅州县加赈口粮疏”“请续拨江鄂漕米疏”等奏疏,参见曾国荃著,梁小进整理《曾国荃全集》第一册,岳麓书社2006年版。

② 见《夏同善年谱》“四年戊寅(1878)四十八岁”。

③ 见《夏同善年谱》“三年丁丑(1877)四十七岁”。

④ 见《夏同善年谱》“二年癸亥(1863)三十三岁”。

光绪六年(1880)二月,夏同善岁试苏州,谢绝亲友为之祝寿,随后历试太仓、松江等地。五月二十四日,其函牍言"惟月来河鱼之疾,虽不甚剧,然积久不愈,恐成脾泄,现改服补运之剂,未知能否获效耳","大、小儿礼闱获售,再实之木,弥深惴栗,幸点用主事,或不致盈满为灾",竟一语成谶,因积劳过甚,思虑伤脾,病卒于七月二十四日。夏同善临终之际仍挂念政事,上遗疏,可谓鞠躬尽瘁,翁同龢吊唁之信云:"遗疏上达,上微闻其事,明日上在毓庆宫问夏某何似侍,臣以实对,上泣,侍臣皆泣。"①

三

《夏同善年谱》是晚清清廷高层文官的生平记录,《王祖畬年谱》与《王保譿日记》则是清末及民国初年江南中下层文人的生活纪实。

王祖畬(1842—1918),字岁三,号漱山、紫翔、溪山老农、溪山饿叟,江苏镇洋(今太仓)人。光绪癸未(1883)进士,改庶吉士,以母病假归休于家。光绪十八年(1892)服除,选授山西崞县知县,改授河南汤阴,十九年(1893)充河南乡试同考官,次年调署中牟,未任,丁父忧归,不复出。1918年6月卒,年七十七岁,私谥文贞。

王祖畬曾讲学于宿迁钟吾书院,海门师山书院,甪直甫里书院,太仓安道书院、尊道书院,崇明瀛洲书院,娄东书院,宝山学海书院等,弟子门人众多。著有《读左质疑》《溪山老农文集》《溪山诗存》等书共18种,校书53种②。

王祖畬较夏同善晚生十年,夏同善初任京官之时王祖畬正于江南读书。咸丰十年(1860)左右,太平天国时期,王祖畬与家人自太仓州辗转通州、海门等地避难,其见闻尤能反映一时一地生活情状:

---

① 见《夏同善年谱》"六年庚辰(1880)五十岁"。

② 见《王祖畬年谱》附录"著述书目""手校书目"。

五月,六伯父自海门归,挈余与二弟渡海,寓麒麟镇沈氏。沈蔼云先生名丙烇,受业先大父,二子廉江名之瑛、仲瑜名之瑾,皆受业伯父,故视余兄弟如骨肉,因得与廉江昆仲订交,昕夕谈文,有邢迁如归之乐。[①]

馆通州吕四场彭氏,东人名维聪,号训彝,与乃兄宝荣以海船起家,宝荣名维皋,孝友诚信,力行善事,为乡里敬服,道光己酉大水,独力振十余里饥民。……一日,东人以青钱数串置余床头,骇曰:"是阿堵胡为者?"曰:"此间东家得产,先生分润中金,例也。"余曰:"若毋污我,束脩外誓不取一钱。"固辞之。东人出,谓人曰江南人避难而犹不要钱如此。

自辛酉至癸亥,馆彭氏三载。课暇,读《史记》、前后《汉书》、徐庾全集、《全唐诗》、陆游《南唐书》,择其要者摘录成帙。[②]

第一则材料中,沈丙烇曾经受业于王祖畬祖父王曾茂,其子又受业于王祖畬伯父,王祖畬兄弟在沈氏宅中避难,又与沈丙烇子订交,此后同治三年(1864),王祖畬偕沈廉江同应京兆试,二十二年后,王祖畬应海门师山书院之聘,院董即沈仲瑜[③]。沈仲瑜之丧,其家人亦邀王祖畬题主[④]。士人之间由学缘与姻亲关系建立的人际网络,在战乱之际亦能守望相助。《王祖畬年谱》附录中有订交同谱 34 人,弟子 108 人,也能反映其交游范围与影响之广。

第二则材料中,通州彭维聪、彭维皋兄弟,能在水灾中赈济乡民,战乱之时为王祖畬提供教职,可谓仁义,是一地乡贤。王祖畬辞去东

---

① 见《王祖畬年谱》"庚申(1860)十九岁"。

② 见《王祖畬年谱》"辛酉(1861)二十岁"。

③ 见《王祖畬年谱》"丙戌(1886)四十五岁"。

④ 见《王祖畬年谱》续编"癸卯(1903)府君六十二岁"。

家利润一事，确显其爱惜自身名节，不受无功之禄，顾全自身所代表的“江南人避难”群体名誉；另外，年谱中这一纪事有意模仿魏晋名士，尤其是《世说新语・规箴》中王衍的行为，也可以身作则，留示后人。客居之时，王祖畬仍能读完《史记》、前后《汉书》、徐庾全集、《全唐诗》、陆游《南唐书》，又知其读书勤勉，日就月将，渐益堆积，后成著书《史记校证》十二卷、《汉书校证》八卷、《读书杂记》数十卷。其读书之法，也能于其子王保譿日记中窥见一斑。

王祖畬的成长、交游环境，皆属于传统士人圈层。于家中，王祖畬受“大父补巢公”即祖父王曾茂的影响尤深。王曾茂曾为国子监学正，通经义，为乾隆庐州知州王宬曾孙。王曾茂亲自为王祖畬命名，“‘经训乃菑畬’，望其以经术大吾家”，于王祖畬身上寄托绵延世泽、振兴家族的理想，因此特别留意对王祖畬的教育。年谱中记述“自八九岁以来，每晚饭后侍先大父，为述古来忠臣义士、孝子悌弟事，颇能启发，大父顾而乐之”[①]，王祖畬十三岁时，王曾茂授其古文之法“独有王、唐、归、胡、金、陈、章、黄大家”，并“遍检书箧，得《石门吕氏天盖楼评本》”。王祖畬后作《制义正宗》等书，尤重学习古文大家，实则与祖父的教育有关，亦自称“余之致力于先辈大家文，自此始”[②]。

王祖畬身受祖父希冀，受家庭环境熏陶，也十分注重家风延续、家业复兴。典型的是其选择归隐讲学，不再出仕，正是“耕读”家族审时而为，韬光养晦，退而致力于乡里的文化事业的策略，王祖畬也自言：“居今之世，总以韬晦为第一义。”[③]晚年，王祖畬作《经籍举要》三卷，附以旧作《读书作文要论》授保譿，以此“专为子孙初学计，断不可出以问世”[④]，即为家传密本，并着意修订家集，命王保譿订庐州公

---

① 见《王祖畬年谱》“庚戌(1850)九岁”。
② 见《王祖畬年谱》“甲寅(1854)十三岁”。
③ 见《王祖畬年谱》续编“丙辰(1916)府君七十五岁”。
④ 见《王祖畬年谱》续编“癸丑(1913)府君七十二岁”。

(王宬)《容斋仅存集》二卷,补巢赠公(王曾茂)《补巢诗存》一卷,“又追述先大父事略,以丙戌年所绘《独立图》与《大母课孙图》合装手卷,先后题咏二十余家”[①]。王祖畬将希望寄托于其孙鸿楼,其遗言:“鸿楼尚聪明,且有天性,须好好教伊,留一读书种子。其余诸孙,将来凭汝看事做事,总要各有恒业”[②],“读书种子”一言尚能看出其借读书振兴家族的理想。

四

1905年,科举废止,王祖畬“谕以毋入学堂,且读书做人岂沾沾于功名,无科举,正可专心实学”,王祖畬一生恪守传统士人的道德准则,其教育又深刻地影响其子王保譿。

王保譿,字慧言,生于光绪十七年(1891),卒于民国二十六年(1937)以后,承继其父藏书,多太仓乡贤遗著稿本,十分之三毁于兵火,其卒后,余书数万卷由夫人编目庋藏,后散出[③]。在清末、民国的变革中,王保譿以清朝遗民的视角记录太仓一地的生活景象。

日记上册是“清朝最后一年”与“民国第一年”的记录,此时诸多士人对清朝复辟仍有幻想,因此对辛亥革命多加以贬斥,从其日记中也可以看出太仓居民在政权交迭、时局混乱之时惶恐而荒诞的场景,尤其是辛亥之初,独立之风初到太仓时:

> 名曰“宣布独立”,并发传单,令家家门前悬白旗。自高桥以东自飞云桥,大逵白旗殆满。余尚不多,猝不及备之际,或用手巾,或用白

① 见《王祖畬年谱》续编“丙辰(1916)府君七十五岁”。

② 见《王祖畬年谱》续编“戊午(1918)府君七十七岁”。

③ 参见谭卓垣、伦明等著,徐雁、谭华军整理《清代藏书楼发展史 续补藏书纪事诗传》,辽宁人民出版社1988年版,第146页;王河主编,汪叔子等编《中国历代藏书家辞典》,同济大学出版社1991年版,第34页。

纸，或用包足布，或用小孩溺布，以俟更正。有胆小老妪，在街上得令，急奔家中，裂被单为之。至于消息素通之辈，则早已预备矣，有大店户用白绉纱旗两面，左右飘荡，以壮观瞻云。

乡绅钱溯耆门前先有白旗三，俱朱书大字，一曰“兴汉灭满”，一曰“光复”，一曰“独立”，以提倡乡里。旋为人所唾骂，谓：“灭满何不于敏肃请兵时灭之？”或应之曰：“彼时灭满，此时无百万家产矣！”乃去其二，止存“独立”旗，然遍阅城中白旗上有字样者，独钱氏耳，乃知世受国恩之大家固与寻常门第有别也。①

民众眼中，“门前悬白旗”是顺应新朝的标志，为保全生计慌不择路。钱溯耆②一事，王保譿叙述的语气更见讽刺，借乡人之口说出“彼时灭满，此时无百万家产矣”“世受国恩之大家固与寻常门第有别”句。实则钱氏一族愈世受清朝国恩，愈需在民国之时显出投诚之意，十日之后，钱溯耆“去‘独立’旗，携其幼子至上海租界”，听闻钱氏请专人看守祠堂，王保譿揣测“祠中未必有宝物……然则于满人虽欲灭，于满人之恩，固未忍遽舍”③，而将钱氏之逃视作舍义去利的“变节”之举。

对于民国初年的社会变化，王保譿更痛心疾首。一方面，各种基层组织横征暴敛，例如“志愿团乱民所见，谓为私运，将船米一概夺去，名曰充公，实则分利也”，其成员“俱城中著名之无赖”④，又“伪民

---

① 见《王保譿日记》宣统三年（1911）九月十六日。

② 钱溯耆（1844—1917），字篇龢，号伊臣、听邠，江苏太仓人。官历内阁中书、刑部浙江主事、直隶深州知州。与王祖畬、缪朝荃、徐敦穆同修州志。有自撰《古仓七老图记》，辑《春风草庐遗稿心白斋剩稿合刻》《沧江乐府》等，搜刻先世遗集如《寓燕疏草》《食旧德堂家集》等。

③ 见《王保譿日记》宣统三年（1911）九月二十六日。

④ 见《王保譿日记》宣统三年（1911）十月初一日。

政部以经费竭蹶,发行公债票……伪课员数人遍处募集,盖实即勒捐以供此辈之用度也”[①];另一方面,乡间民风丕变,赌博、鸦片习气复起,“乡间赌风更烈,西门外光蛋赌局设在官厅,且列洋枪数枝以防不测”[②],“烟禁停办,城中私榻复起,顷又有苏台艳帜移置我娄”[③]。

王保譿特别留意于当时“剪发”的问题,“剪发”在日记中出现69次。“剪发”,既是清朝与民国更替的标志,又是传统社会道德与新社会风气之间的博弈。“辮发”是清朝遗民的身份标识,又是不毁伤身体发肤的“孝道”要求。然而清初亦有“剪发”之令,清朝的异族统治,使遗民面临“剪发”的现状,失去传统道德这一有力的抗争立场。在这一困境中,王保譿以为“本朝剃发,已不免胡人之风,今又变本加厉,竟效东西洋,是是非无得也”“发辮为本朝制度,故彼党欲去之,而纽扣衣服独非本朝制度乎,何以十无一二去者”[④],将清廷代表的“中国”与“东西洋”对立,以此维护清廷的正统性、合法性,或取消“辮发”与一朝一代之必然联系,尚属论争。而更有诡辩之处,如“发也,盈天地间之有尾者,俱不能有发,惟有发者独能无尾。然则彼之自处于无发,即自甘为有尾,我之自处于有发,即自别于有尾也”[⑤]“吾等不剪发而垂辮,仅仅保存本朝之国粹,而江苏本为吴地,始祖泰伯即有断发之文,是君等之保存国粹为尤甚也”[⑥],此种无可奈何之词说明遗民在身份认同上的矛盾心态。日记中更有诸多关于“剪发”之事的详细记载:

闻唐文治之剪发也,先于南向设一香案,中奉慈禧太后暨德

---

① 见《王保譿日记》宣统三年(1911)十月初九日。
② 见《王保譿日记》宣统三年(1911)十月初十日。
③ 见《王保譿日记》宣统三年(1911)十月十五日。
④⑤ 见《王保譿日记》宣统三年(1911)十月十六日。
⑥ 见《王保譿日记》宣统三年(1911)十月二十五日。

宗皇帝神位，旁设庆亲王及振贝子生位，仍服本朝衣冠，行三跪九叩首礼毕，除去衣冠，一并掷地，命仆人拾坚硬黄道砖一块，将红顶敲为粉碎，曰："与君长别。"然后撤去香案，自取王麻子剪刀，牙关一咬，将发辫一剪而下，交厨役曰："以接豚尾之上。"乃取出诰命四轴、御赐诸物暨自己文章稿本，付之一炬。复以小花翎为扫帚，顶盘为各种铰链；所积诸色顶珠，分给农人为烟荷包轧头……以纬帽暨凉帽，反罩尿桶……①

唐文治为王祖畬弟子，光绪十八年(1892)进士，曾任职户部、总理各国事务衙门、外务部，出使多国考察，又主事商部、农工商部等，光绪末、宣统初，出任上海实业学校(南洋公学)监督、江苏教育总会会长等，民国初，仍任校长②。唐文治在清朝时已身居要职，民国时仍从事学校教育行业，已属清民之际有识之士，然在"辫发"一事上，亦显得矛盾、复杂。"设香案""奉神位""本朝衣冠""将红顶敲为粉碎"之举，似是答谢清廷恩遇，而将辫子"接豚尾之上""文章稿本，付之一炬"，将衣冠用作扫帚、铰链、烟荷包轧头，甚至"反罩尿桶"，则是与过去身份的一种痛苦的诀别，且越是糟蹋这些前朝遗物，这一"划清界限"的行为就越彻底。此时，王保譿对唐文治剪发自然颇为不满，然于十年后，王保譿却正应唐文治之聘，任无锡国学专修馆校经处主任③。

与此同时，王保譿等遗民也惴惴于自己的辫子，此时有传闻称"杭州有强剪发辫者""上海有暗剪者"，甚至有真正的"剪辫者"出

① 见《王保譿日记》宣统三年(1911)十月十六日。

② 参见宋林飞主编《江苏历代名人词典》，江苏人民出版社2019年版，第281页；《苏州通史 人物卷》下册，苏州大学出版社2019年版，第16页。

③ 江庆柏著《近代江苏藏书研究》，安徽文艺出版社2000年版，第299页。

现[①]。乾隆时期的“剪辫”恐慌，来自权力巅峰时期“某种看不见的趋势的威胁……一种晦暗不明的观念会伴随盛世应运而生”[②]，而此时的“剪辫”恐慌，则是战乱之际各种势力翻覆，民众对于身家性命、遗民对于名节能否保全的真实恐惧。此后两年，每于宗祠祭祀，王保譿都特别留意众人的衣冠与发辫[③]。

日记下册中，王保譿的记事突然变得简略，极少涉及时局，转而退隐书斋，醉心花木，与友朋喝茶、抄书、游园、下棋。王保譿所读之书，既有来自其父亲的传承，如《汉书》《后汉书》《全唐诗》等，另一方面，又有小说如《阅微草堂笔记》《红楼梦》等，甚至还有“新小说”数种。

两册之间戏剧性的转变，反映其心态的变化。前文“钱氏宗祠”是王保譿等人散步所及之处，日记下册中对钱氏宗祠的记录：

> 下午，卫丞叔楚来，同至文星楼啜茗，散步过钱敏肃专祠[④]，头门上匾已去，御碑亭尚在，而亭前石刻、对联用石灰涂去，不胜

---

① 见《王保譿日记》宣统三年(1911)十一月十一日。壬子(1912)三月十九日：日暮，至卫丞处，归途突遇杨幼鹤之子，睨视余发辫曰：“此物何以尚在？”余曰：“汝能剪我否？”曰：“能。”曰：“几时剪？”曰：“明日。”曰：“明日几时？”曰：“早上九句钟。”曰：“我于此时一准候在家中，但汝或不来，则非人矣。”曰：“自然必来。”此人年仅十六七，亦新近所出之小流氓也。或告余曰：“昨日黄阿才一开其端而毫无动静，此类人将蜂起效之，有辫者人人自危矣。”

② 孔力飞著，陈兼、刘昶译《叫魂：1768 年中国妖术大恐慌》，生活·读书·新知三联书店 2012 年版，第 60 页。

③ 壬子(1912)花朝：“是日，宗祠春祭，服衣冠者惟余父子三人暨縠礽叔、孙昂兄，余俱便衣”；九月初九：“宗祠秋祭，照常衣冠者仍此五人”；癸丑(1913)二月十二日：“与祭宗祠，衣冠者：縠礽、晋蕃叔，孙昂兄及我父子三人”；九月初九：“助祭宗祠毕，至四先生祠助祭，祭者为縠礽、晋蕃叔暨稼生、毕伊卿等，俱照常衣冠，稼生之发已去，今特装一假辫云”。

④ 即前文脚注钱溯耆父钱鼎铭(谥敏肃)祠。

感慨。薄暮归,种菊花秧,接惠农信,并和诗二首。灯下,读《游侠传》,为狮侄改文。①

散步城东,过钱氏宅后,桑园中有屋三楹,石台竹椅颇有风景,遂往小坐,谈至日暮。每惜钱老漂泊海上,不能尽享此福,富贵者反不如贫贱之足以自由也。②

两条日记文情俱佳,王保譿心态较前已有细微变化,辛亥年(1911)多对"变节"的忿恨嘲讽,壬子年(1912)是对物是人非的感慨,癸丑年(1913)已经是"惜"其漂泊。两则日记透露出对过往时代的哀悼追怀,都写到"薄暮归",时移世异,故国山河也如同夕阳西沉,王保譿喜好种植菊花,或亦有隐者、遗民的寄托。

① 见《王保譿日记》壬子(1912)二月廿六日。
② 见《王保譿日记》癸丑(1913)八月廿五日。

整理凡例

一、本书含《夏同善年谱》〔上海图书馆藏《夏侍郎年谱》，一卷，民国九年（1920）铅印本〕及其传记资料与《王祖畬年谱》〔上海图书馆藏《溪山老农年谱》二卷，续编一卷，附录一卷，民国七年（1918）刻本〕，并附《王保譿日记》（南京图书馆藏稿本）一种。

二、本书统一以简体字整理，繁体字、异体字径改，人名、地名、书名等专有名词中异体字酌情保留。

三、日记中年月后公历日期为整理者所加。原稿本分段较为粗略，故部分内容据文意酌情分段。

四、除特殊说明外，“□”为刻本原貌；表敬称之空格去除。

五、原文中删改痕迹，皆以改后文字为准，删改前文字则以脚注说明。原文中双行小注、眉批等，整理本统一改作单行。

六、原稿文字有误，加圆括号（ ）于误字，在其后用方括号[ ]添正字。若无误，则以圆括号（ ）标注衍文，方括号[ ]标注阙文。

夏同善年谱

年　谱

皇清诰授光禄大夫　毓庆宫行走
吏部右侍郎　先考子松府君年谱

府君姓夏氏，讳同善，字舜乐，号子松，浙江杭州府仁和县人。夏氏系出东楼，宋靖康中遁庵公讳荣，扈跸南都，积战功，累授两浙节度使，封英国定公，居上虞，是为越中夏氏始祖。传二十一世，至仰园公讳□□，于国初迁杭，乐善务农，有隐君子风。又五传，至秀卿公讳廷贤，国学生，是为府君之高祖，以次孙建谟公官，赠奉政大夫、知州衔、山东武定府同知、惠民县知县，妣氏邱，赠宜人，生奇岩公讳纶，国学生，为府君曾祖，先以子建谟公官，封奉政大夫，后以府君官，貤赠光禄大夫、兵部右侍郎，妣氏谢，封太宜人，貤赠一品夫人，生虎泉公讳建寅，廪膳生，候选训导，为府君祖，赠朝议大夫，累赠光禄大夫，妣氏黄氏祝，赠恭人，累赠一品太夫人。简斋公讳恒煜，为府君本生祖，貤赠朝议大夫，累赠光禄大夫，妣氏祝，貤赠恭人，累赠一品太夫人，生寿松公讳锡龄，国学生，封朝议大夫，累赠光禄大夫，妣氏周、氏萧，诰赠封恭人，累赠一品太夫人。虎泉公积学早世，子寿松公为子，祝太夫人苦节五十余年，嘉庆中，题旌如例。寿松公生三子：长世父讳庆善，次府君，皆周太夫人出，次叔父讳毓善，萧太夫人出，女九人：长适陈，次适谢，次适屠，次适张，皆周太夫人出，次适戴，次适许，次适张，次适王，次未字卒，皆萧太夫人出。

道光十一年辛卯（1831）

二月十九日子时，府君生于有玉桥里第。先是，祖妣周太夫人有身,梦一苹婆树上缀两果,一败一完好。时曾继祖妣祝太夫人、本生曾祖考简斋公、本生曾祖妣祝太夫人均在堂。府君将生,简斋公复梦一老人拿舟载十余岁童子相授,曰:“以是畀汝。”寤而府君适生,简斋公喜甚,每抚以语祖考寿松公曰:“善待之,昌吾门者,必是儿也。”

十二年壬辰(1832) 二岁

十三年癸巳(1833) 三岁

正月初十日,本生曾祖考简斋公卒,年五十有四。公笃于内行,好善若渴,与虎泉公友爱尤挚,虎泉公卒,公即以祖考寿松公为大宗。后简斋公遇人急难,必竭力周恤,戚属邱、谢、王、胡四姓无后,公为营葬,岁时祭扫,迄今数十年,人呼为“四家坟”。晚有心疾,益好施予,每出必囊资,遇贫乏者辄解予之,值家屡空,或以物代,受者或不忍,潜反诸故所,公见之,又携畀他人矣。世父讳庆善殇,时八岁矣,有夙慧。初,府君生,世父尝自言欲归,祖考妣诧诘之,曰:“有弟任吾责矣。”祖考妣以为不祥,至是,病百日而殁。

十四年甲午(1834) 四岁

十五年乙未(1835) 五岁

始入塾,从张诵言先生读,先生讳树滋,县学生。

十六年丙申(1836) 六岁

从沈闻言先生读,先生讳传经,县学生。迁居百井坊巷。

十七年丁酉(1837) 七岁

从沈德章先生读,先生讳英,县学生。

十八年戊戌(1838)　八岁

仍从沈先生读。府君幼喜阅《二十四孝图说》及《先正格言》,有木工鲁姓者能演说古今忠孝事,府君见辄要之,必听而后去。八月初四日,曾继祖妣祝太夫人卒,年八十有四,以节孝旌。迁居观桥大街法轮寺前。

十九年己亥(1839)　九岁

从孙袖珊先生读,先生讳宝森,钱塘学生。

二十年庚子(1840)　十岁

仍从孙先生读。九月,夷氛逼浙,祖考寿松公时在乌镇,以本生曾祖妣祝太夫人年高,恐城居惊扰,请迁避城西金鱼井宗祠。时祖妣周太夫人病,不能从,府君请自留侍。十二月,夷氛渐定,祖考奉祝太夫人归于家。

二十一年辛丑(1841)　十一岁

仍从孙先生读。

二十二年壬寅(1842)　十二岁

仍从孙先生读。五月,祖考寿松公自乌镇归,病剧,遍召亲族属后事,语次汗甚,手参一枝,且啮且言。府君侍奉汤药,竭诚祈祷,乃稍瘥,逾月而府君病。七月,祖妣周太夫人病。自五月以来,太夫人因祖考、府君之病,料量医药,维持调护,精力固已不支,至是,复触染疫气,遂卧床笫。府君侍奉太夫人一如所以事祖考者,顾太夫人受病深而发迟,势已不可为矣,八月初五日卒,年三十有八。太夫人,同里周公讳锡畴季女也,幼读书,通文义,年十八归寿松公,值家中落,太夫人无戚容,佐祖考治家事,秩然就理,性和易,好周困乏,戚族称之。本生曾祖妣祝太夫人晚得痿疾,太夫人朝夕服劳,先意承志,以是祝太夫人卧病频年,若忘所苦。祖考为事畜计,贷设酱园于乌镇,终岁无内顾忧者,繄太夫人是赖。府君体少孱,太夫人爱怜甚,遇甚寒暑令毋入塾,取所读书口授之,府君自塾归,辄篝灯为讲解大义,以故府君少时学业,母教为多。

十二月二十四日,继祖妣萧太夫人来归。

二十三年癸卯(1843) 十三岁

仍从孙先生读。

二十四年甲辰(1844) 十四岁

仍从孙先生读。五月二十八日,本生曾祖妣祝太夫人卒,年六十五岁。

二十五年乙巳(1845) 十五岁

从王寿萱先生学,先生讳士铱,后更讳李,杭州府学生,后殉庚申之难。是岁,府君始应商籍童子试。□月,祖考率府君安葬节孝曾继祖妣、本生曾祖考妣、祖妣于鲜鱼山,世父祔焉。

二十六年丙午(1846) 十六岁

仍从王先生学。五月,应童子试。

二十七年丁未(1847) 十七岁

仍从王先生学。

二十八年戊申(1848) 十八岁

从关竹溪先生学,先生讳杰,县学生。应童子试,运副费伯元先生兆鋐、运使蔡渔庄先生琼深器府君文,均置前列。五月,应院试,时赵文恪公光督浙学,见府君文,奇之,曰:“文度洪博,他日必成大器。”遂以第二名拨入杭州府学，同案如程丈翼云、吴丈敬承、俞丈之俊、谭丈廷献，皆晨夕过从，肄业敷文书院，山长朱朵山先生昌颐深契之。

二十九年己酉(1849)　十九岁

从谢博堂先生学，先生讳家枚，钱塘学生。八月，应乡试。十月初三日，吾母屠太夫人来归，国学生、同知衔、候选布政使理问讳增翰公第二女。

三十年庚戌(1850)　二十岁

十一月二十二日，不孝庚复生。

咸丰元年辛亥(1851)　二十一岁

二年壬子(1852)　二十二岁

八月，应乡试，卷出许霭庭先生讳文藻房，荐而未售。十月初六日，不孝敦复生。

三年癸丑(1853)　二十三岁

粤逆陷江宁，警及于浙，祖考率府君避地于山阴之横河。

四年甲寅(1854)　二十四岁

五年乙卯(1855)　二十五岁

五月初四日，长妹生。八月应乡试。九月榜发，中式第五十一名举人，座主为湖南周韩臣先生讳玉麒、贵筑景剑泉先生讳其濬，同考为云南杨祺海先生讳福豫。十一月二十五日，叔父讳毓善生。

六年丙辰(1856)　二十六岁

正月抵京,寓仁钱会馆。二月覆试,钦定一等第一名。三月,应礼部试。四月榜发,中式第十七名贡士,座主为□□刘公焜、仁和许公乃普、长白全公庆、吴县彭公蕴章,房考为大兴邵公亨豫。正大光明殿覆试,钦定二等第二十八名。殿试二甲第二十八名,赐进士出身。朝考一第二十名,引见,改翰林院庶吉士。七月,长妹殇。八月,请假出都。九月抵家,吾夏氏累世绩学,艰于科第,自曾叔祖有桥公讳建谟始以嘉庆壬午成进士,至是阅三十五年,府君继起。入词馆时,祖考、继祖妣在堂,顾而色喜,然庭训素严,虽交际往来,必精为抉择,不以通籍稍假焉。

七年丁巳(1857)　二十七岁

□月,赴兰溪,谒房师杨祺海先生,时先生任兰溪知县。十月,赴上虞,谒始祖宋英国定公祠墓,主曾叔祖子香公家,遍会族人,手录家谱而归。

八年戊午(1858)　二十八岁

三月二十八日,次妹生。十一月赴都,同行者为金丈曰修、程丈翼云、蒋丈德华。十二月抵都,寓杨梅竹斜街永盛店。

九年己未(1859)　二十九岁

二月,充国史馆协修。四月散馆,钦取一等第一名,引见,授职编修。九月,大考翰詹,列二等第二名,引见,奉旨以庶子升用,先换顶戴,府君受文宗显皇帝特达之知,实始于此。十二月十九日,补右庶子。二十一日,具折谢恩,蒙召见,垂询家世及祖考妣年岁,府君退,驰书祖考,祖考谕以受恩既深,益当讲求经济,恪恭尽职。二十三日,充文渊阁校理。是岁,沈文忠公兆霖延课其从子云麟。

十年庚申(1860) 三十岁

正月初一日,恭遇覃恩,曾祖考、本生曾祖考赠朝议大夫,祖考封朝议大夫,曾祖妣、曾继祖妣、本生曾祖妣、祖妣赠恭人,继祖妣封恭人。二十五日,充署日讲起居注官。二月十九日,粤贼围杭州。二十七日,城陷,祖考挈眷由艮山水门出避乌镇。三月初一日,省城克复。初六日,钦派会试同考官,签分第八房,荐卷五十七本,揭晓,得士周冠等九人。时粤贼陷江南大营,张忠武公国梁阵亡,钦差大臣、忠武公和春薨于浒墅关,贼连陷丹阳、常州、苏州,浙江戒严。诏以张公玉良暂署钦差大臣,总统江南诸军,而以曾公国藩署两江总督。未几,褫张公职,改命瑞昌公为总统,瑞昌公统军于杭,未能前进,而署江苏巡抚薛公焕孤军驻上海,势危甚。五月十三日,府君上"请命曾国藩总统诸军"一折,逾月,奉上谕:"两江总督着曾国藩补授并授为钦差大臣,督办江南军务。钦此。"又片奏:"现奉谕旨整饬江浙各省民团,常熟县知县周沐润督率沙董岑康保、徐浩等带练攻克邻县江阴县城,该董等急公好义,同心御侮,应请立沛恩施,以昭激劝。周沐润于本境防守吃紧之际,复能顾全大局,迅复邻封,请一体量予恩施。"先是,上命浙江等省办理团练,并令在京大小官员各就地方情形直抒所见,并各举所知。六月初五日,府君偕许公乃普等联衔"奏保浙江在籍绅士筹办民团"一折,奉旨报可。府君所举,为内阁中书金曰修、江苏知府赵景贤、生员王李、驻防协领傑纯、举人成胜,皆一时人望也。七月,英夷犯天津,僧忠亲王等军退驻通州。十九日,府君疏请专任重臣严防不测,曰:"夷匪自北塘上岸,渐次进逼,遽入津城,僧格林沁等军已退回通州,皇上复派桂良驰赴天津,一时人言藉藉,咸以为往与议和。臣初不敢以道路传闻遽信为确,然体我皇上恫瘝在抱之心,每以寝兵息民为念,且举今日之全局筹之,夷衅得平,然后粤匪、捻匪可以专力进剿。是主和之说,实出万不得已,臣又何敢意存迂阔,力持不可主和,惟是欲与议和,必期和议之可成。昔宋臣李纲有言:'能守而后能战,能战而后能和。'今该夷自入津郡,并不戕害我官吏,杀戮我人民，人方以此为幸，臣以为此正其收拾人心之计，将使我兵之愤者平，惧者安，人人解体，而后惟其所欲为，包藏祸心，实非浅鲜。况此时业已深入，我与议和，彼必欺我羸弱，肆其狂言，逞其欲壑，迫我以万不能行之事。我不能拒，又不能允，今日议一条，明日增一款，相持不决，该夷乘我之懈而袭我之疏，不惟据守天津而已，斯时将何以御之？臣为今计曰：以兵备之，以民备之。今海防虽撤，兵力未衰，山、陕各省兵马将次调集，僧格林沁久列戎行，忠勤卓著，该夷素所严惮，万一借词报复，冀为动摇，必将以撤去僧格林沁为请。皇上洞悉敌情，自必力专委任，一面抚柔，一面仍饬僧格林沁统领各军，妥为规画，和议不成，即与决战，此'以兵备之'之说也。天津民团前年著有成效，现已饬焦佑瀛、张之万等往为办理，臣思夷人此次要求，必请金币无算，与其用以饵敌，不若用以赏民，布置既定，即明下一令曰：傥和议不成，我兵与该夷接仗，凡在闾阎，能奋勇者斩取首级，赏银若干，能夺获船只辎重等件，悉归民，毋令入官。百姓食毛践土二百余年，孰不上戴皇仁，加以激励，无不争先恐后，此'以民备之'之说也。要之，兵民战胜之机实决于宸断之一念。《书》曰'惟克果断，乃罔后艰'，言谋之不可不决也，今我以顺制逆，以众御寡，以逸待劳，以主应客，小挫不足患也，但使备之以兵，备之以民，严阵以待，人人有杀敌致果之心，然后命使臣与约曰：天朝以德义柔远人，如某某等事，可行者允，以外条款无论，其尤甚者，即欲直隶海口通商，亦万不能允，愿和则和，否则将以大兵剿尔，尔无后悔。臣知夷情狡猾，示之以弱而其性愈狂，慑之以威而帖然自服，若使依违观望，不谋备御，患有不敢知者。伏求皇上任将贵专，运谋贵断，定有备无患之策，决有战必克之机，务使该夷有不能不和、不敢不和者，而后权自我操，令自我行，国威既振，夷患自平，而各路逆匪亦不敢轻于窥伺矣。"是月，叔父殇于乌镇。八月，都门戒严。初五日，奉上谕："朕抚驭寰海，一视同仁，外洋诸国互市通商，原所不禁。英吉利、佛兰西与中华和好有年，久无嫌隙。咸丰七年冬间，在广东遽启兵端，闯入我城池，袭掳我官吏，朕犹以为总督叶名琛刚愎自用，召衅有由，未即兴问罪之师也。八年间，夷酋额尔金赴诉天津，当谕总督谭廷襄前往查办，该夷乃乘我不备，攻据炮台，直抵津门，朕恐荼毒生灵，不与深较，爰命大学士桂良等往与面议，息事罢兵。因所请条约，多有要挟，复令桂良等驰赴上海，商定税则，再将所立条约讲求明允，以为信据。讵该夷酋哦罗斯等，桀骜不驯，复于八年驾驭兵船直抵大沽，毁我防具，经统兵大臣僧格林沁痛加轰剿，始行退出，此由该夷自取，并非中国失信，天下所共知也。本年，夷酋额罗金、葛罗等复来海口，我中国不为已甚，准令由北塘登岸赴京换约，不意该夷等包藏祸心，夹带炮车，并马步各队，抄我大沽炮台后路，我兵撤退后，复至天津。因思桂良等系前年在津原议之人，又令驰往与之理喻，犹冀该夷稍知礼义，但使所求尚可允许，亦必予以优容。岂意额尔金肆意要求，欲婪索兵费，强增口岸，陈兵拥众，入我郊畿，凶狡情形至于此极。爰命怡亲王载垣、兵部尚书穆荫前往，再三开导，并命将所请各条妥为商办，逆夷犹敢逞凶，带领夷兵进逼通州，称欲带兵入见。朕若再事含容，其何以对天下？现已严饬统兵大臣，带领各路马步诸军与之决战，近畿各州县地方士民，或率领乡兵，齐心助战，或整饬团练，阻截路途，无论员弁、兵民人等，如有能斩黑夷首一级者，赏银五十两；有能斩白夷首一级者，赏银一百两；有能擒著名夷酋一人者，赏银五百两；能焚夷船一只者，赏银五千两，所得资财，全行充赏。天津百姓素称义勇，务各敌忾同仇，明攻暗袭，以靖逆氛。朕非好武穷兵之主，凡此大不得已之苦衷，当为天下臣民所共谅，至该夷所掳闽、广等处内地人民，皆朕赤子，如能自拔来归，或斩夷酋来献，朕亦必予以厚赏。该夷去国万里，原为流通货物起见，向来全由刁恶汉奸百端挑唆，以致如此决裂，并当谕令各海口一律闭关，绝其贸易，其余恭顺各国，各安生业，毋相惊扰。经此次剀切明谕，该夷倘能醒悟，悔罪输诚，所有从前通商各口，朕仍准其照常交易，以示宽大之仁，如尚执迷不悟，灭理横行，我将士民团惟有尽力歼除，誓必全殄丑类，其毋后悔。钦此。”九月初三日，祖考弃养乌镇，年五十有七。祖考少好读书，有大志，既嗣大宗，合族婚嫁丧葬皆身任之，曰："我大宗子也，敢有所诿哉?"见人有过，未尝少容，或有寸善，辄奖借不绝口，及其贫困，则又拯恤之如不及，由是赖以成立者数十辈。家以益落，虽负债累累，弗顾也。教府君尤严，既通籍，所交游者必白而后敢定。有文登张公藕堂暨同里某者，皆府君同年生也，某来谒，张亦以诗抵府君，祖考语府君曰："张君可交，其诗温厚。某将败，否亦止是，吾见其满矣。"后皆验。府君离亲日久，屡思归省，祖考驰书戒之曰："国家多事之秋，正臣子尽力之日，尔惟图所以报国者，毋念我。"府君乃止。十一日，抚议成，夷会酋入城换约，意叵测，咸虑中变，有讽府君去者，府君哂之，偕洪章伯、年丈昌燕朝服对坐仁钱会馆厅事以待，既而帖然。十一月初三日，闻祖考讣，奔丧归，时寇氛正炽，绕道江右，过豫，值大雪丈余，车不能行，府君偕仆踏雪行四十里始得车。又一日，至某山，薄暮，豹声甚厉，仆人惧，府君曰："行矣，豹何能为。"卒无恙。

十一年辛酉(1861)　三十一岁

三月，奉祖考灵柩安葬于鲜鱼山祖茔，叔父祔焉。七月，粤逆又逼浙境，府君送继祖妣萧太夫人避地宁波府城，而自留省城。八月，文宗显皇帝哀诏到浙，府君偕在籍绅士哭临。九月初九日，闻萧太夫人病，东渡省视，既抵宁，太夫人之疾已瘳，而萧山失守，自杭至宁之路遂绝，人谓府君之出盖有天焉。十月，奉萧太夫人航海抵沪。省城被围，巡抚王公有龄固守待援，府君偕浙绅之在沪者联衔呈请署江苏巡抚薛公焕分兵驰救，事未行。复以围久粮尽，势将不守，属年丈范公鸿谟持浙人公函，驰赴曾公国藩营请援。胡君光墉集银若干两、钱若干缗、米若干石，募夷船由海运杭，时曾军驻祁门，未暇兼顾，而所募船抵钱塘江城中，望见旗帜，踊跃争任负戴，顾运路已为贼据，内外隔绝，舟又阻浅，遂弃钱米于江而归。十一月二十八日，省城陷。府君自闻杭城被围，有可以为救援计者，靡不力筹，会形格势禁，所谋皆阻，至是，惊闻失陷之信，东望痛哭，每谓在省时不能与当路妥筹先事之计，被围时不能尽救援之实，使一城百姓尽付沦亡，其何以对父老。先是，浙抚王公檄候补道义公赴粤借饷，并购军火，比至而城已陷，义观察将以银六万两悉解曾营，乞师规浙，时赵公景贤扼湖州，屡告急于沪，府君以危疆困守，更急于残破之区，因致书苏抚，请饬义观察留粤饷二三万金及军火，解赴湖防以济之。十二月，奉萧太夫人航海赴南通州，主张氏。

同治元年壬戌(1862)　三十二岁

二月，闻杭城亲属陆续避至乌镇，亟遣仆前迎，并探访死事者。五月，姑丈陈公鸿煦、适陈氏长姑、适谢氏二姑、适张氏四姑、不孝庚复前聘妇徐氏、外舅徐先生有堂及亲娅十余人到通州，府君悲喜交集，时适谢氏姑以雪行受冻，两足遂痿，府君尤引为疚云。十月初六日，奉萧太夫人北上。初，府君之出也，迁沪迁通皆依外王父以行，府君境窘甚，外王父实左右之，府君将北上，又为筹画资粮。是日，外王父亦挈眷赴甬。十一月二十日，抵济宁州，以河水不能行，遂留寓焉，主城隍巷徐善卿协戎家。十二月，往开封谒座师景剑泉先生，时先生视学河南。

二年癸亥(1863)　三十三岁

正月，自汴返济宁。初七日，宿冉堌集，谒冉夫子庙。二月初七日，作《教淮徐民纺织说》一首寄漕督吴公棠。文曰："耕织者，衣食之源，生民之本务，二者盖不可以偏废者也。今淮、徐之间，土地平旷，原畴交错，亦既尽力于耕矣，而为方数百里间，初不知纺织为何事，询之土人，则曰：'吾乡素崇俭约，皆衣布，布则南自通州来，北自山东来，吾唯以粟易焉。'呜呼，此其民之所以素贫而有'穷八站'之说也。今以五口之家论，其能耕者不过一人，所耕不过三十亩，所收不过三十石，而赋税出其中，饔飧出其中，庐舍器用、死亡婚嫁、宾客吊问之费并出其中，而况天灾之水旱不可知，人生之疾病不可知，其佃人田者,又须出其半以输租,如是而又分其食以为衣,其能乎,其不能乎?况乎以粟易布,粟为本地之所产,其价贱,布为商贾之所贩,商贾既操其奇赢,而又加以水脚捐税,其价贵,即以多易少,故其所衣之费不下于所食之费。呜呼,是一人而食二人之食,半年而用一年之用,无怪乎其衣食交绌,饥寒洊至也,然则如之何而可?曰:农与蚕并称,而蚕必须桑,桑非数年不长;耕与织并重,而织仅用棉,棉则数月可收。且蚕以为丝,民无丝可也;织以为布,民无布不可也。为今之计,亦唯有教之以纺织而已。或有难之者曰:小民可与乐成,难于图始,其风俗由来旧矣,忽强以所不习,势必以官为多事而置若罔闻,其难一。淮、徐商贾之利,以布为大宗,官苟教民自织,势必沟通书吏差役,煽惑而阻挠之,而其事遂扞格而不行,其难二。今州县官皆日以催科捐输为事,而抚字无闻焉,即奉大吏之命,亦恐视为具文而空张告谕,其难三。然而无难也,昔崔实《政论》谓:'仆为五原太守,土俗不知纺织,诣雁门、广武,迎织师,使巧手作机,乃纺以教民织。'方观承为直隶总督,病燕地之不务女红,乃为《图说》以教民种棉织布,至今民食其利,此皆前事之师也。所虑为大吏者亦视为迂缓不急之务,不屑悉心积虑以为之耳。果能明定章程,日与牧令讲求而督责之,察其勤惰以定功过,视其成否以加黜陟,彼州县官敢不奉令唯谨乎?地方官既认真办理,间或撤其随从,亲至其地以与民相劝勉,彼商贾胥吏其能从而措阻乎?民者,在上所以牧之。官既勤勤恳恳,不惜经费,不惮勤劳,全为百姓衣食起见,小民虽愚,有不感奋而乐于从事乎?而何虑始之难图乎?是或之所谓难,皆吾所谓易也。然不实有其教之具、教之地、教之人,而空烦条教无益也。今拟各州县先雇巧匠,多造纺织之具,仿陈文恭公抚陕时设立养蚕局式,于城中设一教织所,募外郡善纺织者数人为之师,官给其食而重其资,设纺织之具数十副,令城中近乡人自备饭食、棉花就学,如义塾式。约以数十人为额,额缺,然后令补。教成一人,官为酬教者钱若干。夫纺织,易事也,其灵敏者不及一月成矣,其愚鲁者亦不及三月成矣。拟以年半为度,而城中近乡能纺织者已可得一二百人。至于远乡,为地所隔,拟择四乡殷富数家,每家派令雇善织者一人,备纺织具数副,令其本乡人学焉,一切仿城中式而递减之,亦以半年为度,则远乡亦可一二百人。夫一邑之中,得数百人开其先,将见此仿彼效,步趋恐后,一二年间而轧轧之声盈于比户矣。统计半年所费,在州县不过二三百缗,在富家不过二三十缗,为费无多,为时甚暂,而利益于地方者既溥且永,使闾阎小民额手而颂白裘之覆也,岂不懿哉!但设教之初,一切皆须地方官亲自程督,不可假手于书差,庶有以杜纷扰之弊,斯其为事易行，而教亦易成也。至于织布，必须种棉，考《皇朝经世文编》李拔《种棉说》，其法具备，且宿迁一带亦间有种花者，其花且硕茂，非地土有不宜也，故教民以织则棉自盛销，民知棉之盛销而地方官又多方开导之，则种棉者自多。大约种棉一亩，岁获百斤，数口之家无患号寒。推而广之，则鬻于市肆者其价自贱，因事织而种棉者日多，因棉贱而务织者愈多，既无衣贵布之累，而又有佐农田之利，吾知比及三年，淮、徐之民，皆可丰衣而足食矣。《传》曰：'民生在勤，勤则不匮。'此之谓也。牧淮、徐间者，其尚少垂鉴焉。"十三日释服。自入春来，萧太夫人及诸姑先后病疫。三月初一日，府君亦病，阅两旬，始以次痊愈。五月十五日，奉萧太夫人启行。六月二十一日抵京，寓仁钱会馆。二十四日起复，具折请安。七月初二日，命不孝庚复受于陆柳圃先生贡珍。九月十八日，补右春坊右庶子，十九日具折谢恩。十月初一日，太庙孟冬时享陪祀。十二日，署日讲起居注官，补国史馆纂修。十三日谢恩。十二月十二日，上"东南难民更宜详筹抚恤"一折，奏称："近日江苏、安徽、浙江等省城池，迭有克复，救出难民甚多。恭读上谕：'新复州县，哀鸿遍野，满目疮痍，着各督抚查明实在逆产，荒废地亩，酌给难民耕种。等因。钦此。'仰见我皇上恫瘝在抱，轸念灾黎之至意。臣惟给地耕种，专为精壮者而言。臣遇自南来者，细讯情形，皆云凡在收复之地，难民中惟妇女为最多，亦惟妇女为最惨，室家既破，衣食无依，势不能力作谋生，计惟有忍饥就死。或携幼稚，众口嗷嗷，或僵仆道途，奄奄一息，加以水草充肠，风霜砭骨，仳离号泣，不忍见闻。至妇女之外，又有老幼废疾者，并难共力田畴，亦恐仍填沟壑。夫其前此死于贼中者，苦于不能拯救耳，今乃幸脱凶锋，犹留残喘，而依然茕茕无告，岌岌垂亡。凡此情形，实堪悯恻。我皇上视民如伤，无微不至，凡饭厂、棉衣等项，莫不届时发给，周恤贫穷，而况汤火之余生，尤冀圣恩之速被，应请特颁天语，告谕疆臣，于业已收复之区，凡有此等难民，务宜招集抚绥，多设收养处所，籍其姓氏里居，遍行榜谕，以便亲属闻知，认领回籍。至收养之资，诚恐一时无出，可否仰恳皇上天恩，饬下各督抚转饬该藩司酌拨正款，悉心筹办。其不敷之处,并饬地方官或首先倡捐,或多方劝集,务令各发哀矜,群相协济。臣非不知库储支绌,博济为难,惟是帑项一颁,无论数目多寡,既奉特恩赈恤,地方官自必实力奉行。即官弁绅民,益当鼓舞奋兴,竭力捐助,行见上作下应,事半而功实倍,灾黎咸乐再生矣。”疏入,议政王大臣奉上谕:“庶子夏同善奏请筹难民一折,东南新复地方,所有妇女及老弱废疾穷民,汤火余生,颠连困苦,即予以田亩,亦不能耕作谋生。阅该庶子所奏,情形殊堪矜悯,着曾国藩、左宗棠、李鸿章加意抚恤,饬查所属各地方多设收养处所,籍其姓氏,里居榜示,俾其亲属得以认领。至收养之资,酌拨正款是否可行,或先行借拨正款筹办,一面倡率劝捐,或即行劝捐办理之处,均由该督抚等酌量妥筹。总期于难民之妇女及老弱废疾者得邀抚恤,不致甫离水火,仍复流离,用副轸念灾黎至意。该督抚等筹定办理情形,即着随时遇便驰奏,原折着抄给阅看。钦此。”又片奏“杭城殉难族戚并各府殉难绅民妇女恳恩旌恤”,奉上谕:“庶子夏同善奏请将在籍殉难亲族,并单开之浙江殉难民绅妇女恳请一并旌恤等语。据称咸丰十一年,杭城失陷,该员亲族夏恒炳之妻张氏,生员夏拜飏及妻俞氏、子培善,夏乔春之妻沈氏并夏多姑,夏启言之妻詹氏,夏启鼎之妻王氏,监生夏启望,生员夏德元之妻李氏,监生夏文烺之妻费氏并夏玉姑,职员祝茂,监生屠增椿,监生黄修业、韩钊、张元钧、祝廷钰、训导高渼,监生祝芸之妻高氏,训导屠之沅之妻张氏,黄志喜之妻屠氏,屠铣之妻徐氏,监生徐堃之妻周氏,周崇光之妻章氏,职员徐有堂之母汪氏、妻汪氏,监生屠增芳之妻祝氏,生员凌宝初,并单开之知州王寅等绅民妇女六十四名,或遇贼被戕,或殉节自尽,请一并旌恤等语。该员籍隶浙江,见闻较确,着该部查明,除业经给予恤典外,余俱照例分别旌恤,以彰忠节。单片并发。钦此。”府君既以族戚死事者上闻,复籍被难流徙者姓名,捐资托所在友人探访收留,后表弟谢君勤绍遂自省中出,俞君一鸣遂自粤中归。

三年甲子(1864)　三十四岁

二月十二日，转补左春坊左庶子。十三日具折谢恩。三月初二日，升授翰林院侍讲学士。初三日具折谢恩。四月十五日，进保和殿考试差，自庚辛以来，府君内迫于君亲时世之忧，外役于奔走迁徙之劳，心力固已不支，及去岁入都，奉职之暇，益劬于学，读书恒丙夜不寐。至是，遂遘脾疾。七月初三日，上以江宁克复，京外小臣工，均诏加一级。初七日进内谢恩。八月二十六日，派充翰林院教习庶吉士、实录馆协修。二十七日，移寓教场六条胡同。十月初三日，延年丈朱先生鼎元到塾，命不孝庚复、敦复，表弟谢君勤绍受业焉。十一月二十三日冬至，天坛陪祀。十一月十六日，充咸安宫总裁。

四年乙丑(1865)　三十五岁

正月初一日，侍慈宁宫班。二月，充实录馆，帮校红绫正本，补日讲起居注官。闰五月初一日，朱先生赴大梁，不孝庚复等皆府君自课。二十九日，上“续访浙江驻防及各府殉难官绅军民妇孺，恳恩分别旌恤”一折，又片奏：“殉难族叔训导夏鼎，受业师前任福建仙游县知县孙义，生员王李、关杰、孙宝森及王李、孙宝森之家属，恳恩一并旌恤。”疏入，奉上谕：“翰林院侍讲学士夏同善奏‘续访浙江殉难官绅民妇请分别旌恤’一折，浙江省前经发逆蹂躏，地方各绅民或力战捐躯，或骂被害，均堪悯恻，该学士籍隶浙江，见闻较确，所有单开之杭州驻防协领隆锵等八百九十九员名，着该部查明，除业经得有旌恤外，余着照例分别旌恤。另片奏称宁波府学训导夏鼎，前任福建仙游县知县孙义，生员王李、关杰、孙宝森及王李之妻秦氏，长媳徐氏，次子冠勋，孙女大姑、二姑，次媳孙氏，孙宝森之妾陈氏，子如官，十三员名口，均先后遇贼殉难，着一并交部旌恤。单片并发。钦此。”又片奏：“各省捐输加广乡试中额，节经部核遵行，今浙江省奏请补行乡试，仰蒙俞允，而该省自咸丰九年十月以前，业经奏准加广永远中额六名，嗣省城失守，计五六年来，捐输虽多，均未续请加广，现在兵燹之后，案卷不齐，恐浙省抚臣未能急切详查，可否请旨饬下户部，将咸丰九年十月以后浙省捐输报部有案者，迅速查明，续行加广，以普皇仁，而作士气。”奉上谕：“着户部行速查核具奏。钦此。”嗣由浙抚覆奏捐输一百六十万有奇，请加永广文武乡试各四名，奉旨饬部议行。六月，充署实录馆纂修。八月，补实录馆纂修。命不孝庚复受业于年丈张穆庄先生申锡，不孝敦复仍府君自课。三十日，上“续访浙江殉难绅民妇女举人陈虎臣等三百二十一名口，恳恩旌恤，并准于本籍地方自行建祠立坊”一折。又片奏：“刑部主事刘钟祥率团御贼，力竭殉难，恳恩饬部照阵亡例从优议恤。”又片奏：“户部主事董俊翰之母董孙氏及该氏次子文童董良翰、董宝翰、董元翰，女乌程监生嵇元本之妻嵇董氏、长兴监生王宝仁之妻王董氏，侄董南庚，先后于咸丰十年、同治元年、三年遇贼，不屈殉难，忠烈萃于一门，恳恩旌恤，并准汇入忠孝、节义两祠。”奉上谕：“翰林院侍讲学士夏同善奏‘访闻本籍殉难绅民妇女，恳请旌恤建祠’一折，浙江省城两被粤匪窜扰，各属绅民妇女或慷慨捐躯，或从容死难，洵属舍生取义，大节凛然，该侍讲学士籍隶浙江，见闻较确，所有开单之举人陈虎臣等三百二十一名口，均着该部查明，除业经得有旌恤外，余均着照例分别旌恤，并准于本籍地方捐建专祠以彰节烈。另片奏请将殉难之绅民妇女分别旌恤附祀等语，刑部主事刘钟祥着照阵亡例从优议恤。户部主事董俊翰之母董孙氏暨该氏次子董良翰等均着照例旌恤，并准附祀忠孝、节义两祠，该部知道。单一件、片二件并发。钦此。”九月十三日，钦派武会试副考官，正考官贺公寿慈。二十八日，以恭遇覃恩，曾祖考、本生曾祖考、祖考赠通议大夫，曾祖妣、曾祖继妣、本生曾祖妣、祖妣赠淑人，继祖妣封太淑人。潘烈妇缪氏，仁和举人潘锳之妻也，夫殁，矢志以殉，屡救得免，卒仰药死，夫殁才六十日也，府君偕同乡京官具呈都察院请旌。十二月初二日，奉上谕：“着交部照例旌表。钦此。”

五年丙寅(1866) 三十六岁

正月初一日,侍慈宁宫班。初二日,第四妹生。二月,命不孝庚复回籍应童子试。四月二十五日,次妹殇,大考翰詹,钦定一等第二名。五月引见,初七日,奉旨:“以詹事府詹事升用,着先换顶戴,在任候补。钦此。”初八日具折谢恩。不孝庚复入县学。十一月十三日,不孝庚复聘妇徐氏病殁,妇自壬戌随其父避难至通,遂依吾母以居,事府君与吾母恪尽孝道,府君疾,妇祷于神,愿茹素三载,至是殁,祖妣萧太夫人命丧葬视冢妇礼。十二月,《文宗显皇帝实录》《圣训》告成,诏予在馆诸臣议叙并筵宴赏赉。二十日,奉上谕:“升用詹事翰林院侍讲学士夏同善,着交部从优议叙。钦此。”二十一日具折谢恩。

六年丁卯(1867) 三十七岁

正月初九日,太庙孟春时享陪祀。二月初三日,上“礼贵因时,请缓行幸”一折,奏称:“窃臣前日路经东华门至东四牌楼一带,见纷纷填道,偶加访问,佥谓皇上将奉两宫皇太后幸惇亲王府,又闻惇邸传集梨园各部,道路之言虽不足据,然既有所闻,何敢自安缄默。伏念咸丰初年,文宗显皇帝尝幸亲王府矣,然以天子之尊,而尽友于之谊,甚盛典也,然今非昔比,似难并论,思维再四,窃有未安。皇上御极以来,郊坛大祀皆遣王行礼,以尚在冲龄,不宜轻出也。乃敬天未至于南郊,而游幸先临乎府第,按之于礼,先后失宜,未安者一也;皇上圣学日新,功资养正,除临朝及大典礼外,不宜时有间断,使耳目玩好之娱偶有所近,则心以纷而不专,即学恐疏而不密,未安者二也;方今军务未平,疮痍未复,楚、豫之捻氛四窜,陕、甘之回逆交乘,当此时事多艰,圣心宜加乾惕,使以游观之事闻之四方,远道谣传,易于失实,恐无以慰天下臣民之望,未安者三也;俄、英诸国之人近处京畿,惟朝廷庄敬日强,彼始帖然折服,稍示以懈,难免生心,未安者四也。今皇上谨遵成宪,上奉萱宫,孝也。夫孝以礼为归,而礼以时为大,皇上精心典学，无时豫怠，求所以缵祖宗之绪，即所以承太后之欢，天子之孝，孰大于是？至奉两宫太后临幸亲王邸第，俟将来天下乂安，皇上亲政，郊庙大典亲诣行礼之后，以次及之，循旧章而展懿亲，孝思维则，谁曰不宜，今则尚非其时。非时不举，古有名箴，臣不知行幸之议究属有无，如无其事，请明降谕旨，以息讹传，若果有之，伏乞圣裁即行停止，傥谓一切豫备，事难更改，则《易》言之矣，曰'有过则改'，《书》言之矣，曰'改过不吝'，夫已过而改，且为盛德，况事未举行，旨未昭宣，时止则止，成心不设，益彰圣德于无穷矣。"疏入，奉上谕："翰林院侍讲学士夏同善奏'礼贵因时，请缓行幸'一折，据称因道路传闻将幸惇亲王府，并闻传集梨园各部，请即行停止等语，览奏实深诧异。前曾传旨于本月初五日，朕奉两宫皇太后虔诣惇亲王府第神殿前行礼，所以循旧章而展懿亲，断无传集梨园之理。且此事惇亲王并未陈奏，谅亦未敢豫备。朕念典方殷，日存寅畏，何至以耳目嗜好为天下先？如惇亲王果有传集梨园之事，着即撤去所有。初五日诣府行礼之处仍照例豫备。钦此。"初四日，以豁免本省钱粮，偕同乡京官具折谢恩。二十二日，实录馆恭进盛京皇史宬内阁尊藏之《实录》《圣训》，府君偕总裁各官敬谨执事如礼。三月，以《实录》《圣训》告成，府君偕总裁各官蒙赐宴于礼部，赏大卷江绸十八匹。十七日，补授詹事府詹事。十八日具折谢恩。四月初十日，以蠲缓本省被扰各州县钱粮，偕同乡京官具折谢恩。二十八日，进上书房考试差，以豁免本省无着学租，偕同乡京官具折谢恩。七月初三日第三妹殇，初八日第四妹殇。八月初一日，奉命视学江苏，初二日具折谢恩。二十日，继祖妣萧太夫人卒，年四十有九。太夫人，桐乡萧公讳麒女也，年二十四归我祖考寿松公，时本生曾祖妣祝太夫人在堂，府君暨诸姑四人皆幼稚，太夫人仰事俯畜，以孝以慈，既而佐祖考经营祝太夫人丧葬及府君、诸姑婚嫁，备极艰瘁。祖考弃养，时遭寇乱，府君自京邸奔丧归，亟命为祖考营葬。辛酉之变，杭人惮于他徙，既徙者且复归，太夫人独料事不可为，毅然欲东迁，曰："吾非为一身计，特不忍全家死难，俾宗祀缺也。”因泣下，举家皆泣，乃迁甬上，时府君以祖考几筵未撤，未及随行，太夫人累书敦促，戒毋留杭。九月，府君抵甬，由是一再迁徙，卒免全家于难。方东迁时，谋挈亲族之无力者以行，限于境，不果，继闻城陷，痛哭累日，侦知诸姑家有逸出者，命府君迎之以北。癸亥抵都，食指较繁，而京秩俸薄，太夫人益事俭勤，日惟二粥一饭，劳苦备至，不使府君有内顾忧，惟勖以尽心供职，府君思有所论奏，辄促之谓：“当言即言，何顾虑为?”是年都下喉症盛行，染者多不治，吾家自太夫人及府君诸姑诸妹染者七人，而九姑、三妹、四妹皆殇。七月初，太夫人疾作，继虽小间，而以邪去正伤，日形沉笃，府君刲股以进，卒不能起。□月□□日，奉萧太夫人灵柩殡于广惠禅寺。十一月，《文宗显皇帝本纪》告成。二十九日，奉上谕：“离馆之前纂修官丁忧，詹事府詹事夏同善着交部从优议叙。钦此。”十二月，移寓大安南营，主洪年丈昌燕家。二十八日，适谢氏二姑卒。

七年戊辰(1868)　三十八岁

三月二十九日，奉萧太夫灵柩回籍，并以适谢氏二姑、九姑、二妹、三妹及俞士升年丈之俊、老仆戚林柩归。四月初五日，抵天津，适捻贼突至，亟入土围以免，府君之行也，议循运河南下，既阻寇氛，乃改由海道行。闰四月初九日抵杭，主外王父家。十五日，奉萧太夫人灵柩入城，翌日治丧。二十七日，奉萧太夫人灵柩殡于金鱼井宗祠。府君自奉柩起行至出殡宗祠，寝馈未离柩侧焉。府君自辛酉之出，于兹八年矣，既抵里，与二三亲友吊死存生，不胜今昔之慨。五月，浙抚马端愍公新贻聘主紫阳书院讲席，苏抚丁公日昌聘主苏州紫阳书院讲席，辞不获。延同里蒋先生思源到塾，命不孝庚复、敦复受业焉。七月二十一日赴苏州。二十八日赴江宁，迎适戴氏五姑。八月十四日，赴苏州紫阳书院开课。十七日回杭。十月，赴临安觅从叔父积善公，叔父为从叔祖小桥公长子，辛酉全家殉难，惟叔父存，托业临安药肆，今年春自临安归，中途不知所之，不孝庚复遍觅不得，至是府君亲往,询曩时与叔父同寓者,迄不得其确耗,悔恨者久之。

八年己巳(1869)　三十九岁

是年仍主讲苏、杭两紫阳书院。四月□□日,奉萧太夫人灵柩葬于心凉亭,以九姑暨不孝庚复前室宜人徐氏祔焉,为从叔祖小桥公建疑冢于章家园,附葬二妹、三妹于侧。五月,不孝敦复入县学,闻洪年丈之丧,惨痛累日。八月赴苏。九月回杭。十一月服阕。十二月赴都,因归八姑于王氏,迂道金陵,时王公大经督粮江安。遂卒岁焉。命不孝庚敦复留杭,仍从蒋先生学。

九年庚午(1870)　四十岁

正月,自金陵起行。二月二十日抵都,寓东华门口袋胡同。二十三日起复,具折请安。四月,为不孝庚复娶妇方氏,同里内阁中书方公恭钊女。八月,命不孝庚复就顺天乡试,挑取誊录,不孝敦复应本省乡试。九月初二日,奉旨补授詹事府詹事。初三日具折谢恩。同乡里张先生应昌著《春秋属辞辨例编》,至为精博。十月初六日,府君偕同乡官通政司副使朱公智、鸿胪寺少卿许公庚身具折进呈,奏称:“窃惟为学莫先于研经,而著书尤贵乎析义。臣等籍隶杭州,稔知同乡前任内阁中书张应昌所著《春秋属辞辨例编》八十卷,积数十年之精力而成其书,颇为赅洽,夫《春秋》大旨,曰事、曰文、曰义,而欲明其义,必先明其事,欲明其事,必先明其文。《记》曰:‘属辞比事,春秋教也。’圣经书法在联属其辞,排比其事,而义自见,故先儒沈棐《春秋比》、赵汸《春秋属辞》、毛奇龄《春秋属辞比事记》等书,皆以属比明笔削之义。至于其文有不可尽拘于例者,自《左氏》始作五十,凡《公羊》《穀梁》更加以日月之例,于是郑众以后诸儒,相率以例解经,而推阐愈密,苛细缴绕,转多窒碍,是属辞、辨例二者,所以类其事、显其文,而因以著其义也。该中书本此意以纂辑由汉唐以迄国朝诸儒训释《春秋》者,采摭略备,其子史文集中涉及《春秋》者,亦广为甄录,计得四百余家，搜罗既富，抉择必精，信为说《春秋》之渊薮。该中书系四品封典，嘉庆庚午科举人，今年八十一岁，耄年劬学，实事求是，洵足矜式胶庠。臣等见其苦心裒辑，谨代缮呈进，以备采择。伏查康熙年间胡渭进所著《禹贡锥指》，乾隆年间顾栋高进所著《春秋大事表》，均蒙圣祖仁皇帝、高宗纯皇帝嘉予采纳，收入四库，今张应昌所著《春秋属辞辨例编》尚为说经之书，倘蒙皇上典学之余，俯赐乙览，则儒生稽古之荣，当与胡渭、顾栋高并传艺苑矣，谨装为八函计四十八本上进。”初十日，奉上谕：“前据詹事府詹事夏同善、通政使司副使朱智、鸿胪寺少卿许庚身呈进前任内阁中书张应昌所著《春秋属辞辨例编》八十卷，当交南书房翰林阅看。据称张应昌所著《春秋属辞辨例编》原本宋儒，兼及众说，间附按语亦颇详审，该员耆年好学，甚属可嘉，所进之书，即着留览。钦此。”十八日，奉旨充补日讲起居注官。十九日具折谢恩。

十年辛未(1871)　四十一岁

二月初一日，朝日坛陪祀。初八日，以豁免本省钱粮，偕同乡京官谢恩。初十日，为不孝敦复娶妇郁氏，同里候选经历郁公文桂女。三月初八日，社稷坛陪祀。四月二十五日，侍太和殿传胪班。五月十九日，充补起居注总办。二十四日，奉旨署理兵部右侍郎，次日具折谢恩。七月二十七日，奉旨补授兵部右侍郎，次日具折谢恩。时畿辅久雨，八月初三日，府君上“请祈晴以恤民瘼”一折，奏称：“窃自军兴以来，凡遭蹂躏，创巨痛深，幸天心悔祸，发捻殄平，然元气久伤，惟望雨旸时若，年谷顺成，庶几休养生息，渐次复原。乃近年来边患未清，征输不息，加以水旱偏灾，时时间出，是海内元元疾苦固未舒也。即以近畿而论，连岁旱干，麦收歉薄，今年六月以后，又苦积雨为患，海溢河冲，凡地势稍低府属，所在汪洋，田庐被淹，流民载道，其垫苦情形，业经直隶督臣李鸿章奏明在案，然犹谓天时晴朗，可以力事补苴。乃自前月二十九日至今，阅四昼夜，又复霪霖不止，无论成灾处所积水益深，拯救更难措手，即在高原，秋收刚届，新谷亦恐均霉。当此凋敝之后，复遇灾荒之年，哀哀穷黎，何以堪此？查历年雨雪愆期，皆赖我皇上至诚祈祷，上格穹苍，今久雨不晴，灾害益甚，我皇上恫瘝在抱，似宜上伸虔祷，以迓休和。至一切弭炎恤民之要，如敦节俭、广赈济、开言路、清庶狱诸大端，亦望明诏中外臣工，集思广益，实力施行。"疏入，奉上谕："夏同善奏'久雨为灾，请虔诚祈晴，并敦节俭、广赈济、开言路、清庶狱'一折，本年入秋以来，雨泽过多，恐成灾歉，业经降旨，于本月初六拈香祈祷，以迓时旸。因思顺天、保定、河间、天津等属，地势低洼，其被灾处所业准李鸿章所请，截留漕米妥办赈济，此外如续有被灾之处，并着直隶总督顺天府尹查勘情形，量加抚恤，毋令一夫失所。阴阳沴戾，灾祲荐臻，朕宵旰勤思，倍滋悚惕，惟当躬行节俭，以裕物力而恤民艰，刑罚失当，不足感召祥和，中外问刑各衙门，又当恤刑慎狱，清理积案，不准拖累无辜，以消灾沴。并着在廷臣工，于民生疾苦、政事阙失，直陈无隐，以副朕遇灾修省至意。钦此。"九月初三日，派充武会试"张"字围较射大臣。初七日，奉命视学顺天。十二日，武场完竣覆命，并具折谢恩。延含山过先生湘、王君裕龄、旌德吕君凤岐、元和王君亦曾、诸暨赵君昌言、江宁朱君桂模入幕襄校。十六日请训。十九日出京，岁试通州，府君以学校为人才根本，既任事，首以振兴士习为务，每试竟日危坐，堂皇校卷，恒累昼夜不息，遇一佳艺，辄嘉赏不置，发落日，既举，以面奖多士，而又勖以先行后文，敦品读书，以备异日用。谆谆劝勉，反复数百言，闻者多化焉。按临所至，裁节供应，约束仆从，不使地方以办差受累，率是以为常。时河间、深州被水尤重，岁试未能如期举行，因与直督李公鸿章合词奏请岁科并试，奉旨："依议。钦此。"十月十三日赴天津时，不孝敦复挈妇北上，遇府君船于蔡村水次，遂率妇谒见。十六日岁试天津。十一月十四日回京，十六日具折请安。十二月初五日，入闱岁试八旗、蒙古、汉军，十七日出闱，十八日覆命。

十一年壬申(1872)　四十二岁

正月初四日，以豁免本省钱粮，偕同乡京官谢恩。十八日请训，二十日出京，二十九日岁试永平。二月二十七日岁试承德。三月十九日岁试宣化。四月二十三日回京，二十四日具折请安。府君历试各棚，知北地疏于诗学，乃摘取经史，出诗题百，饬各学士子肄习，随时送阅。又以士子学业成否，半视学师训诲之勤惰，复调取各学月课卷，加阅发还。二十八日请训。五月初三日出京，初七日科试保定。六月初二日科试定州，二十日科试正定。七月十五日试赵州。八月初四日科试顺德，二十五日科试广平。九月十八日科试大名。十月十二日科试冀州，二十九日试深州，岁科并考。十一月二十四日试河间，岁科并考。

十二年癸酉(1873)　四十三岁

正月驻河间。十四日回京，十七日具折请安。二十四日，大京察奉旨照旧供职，次日谢恩。二十六日，皇上亲政，诣慈宁宫、太和殿朝贺。二十七日，长孙女生，不孝庚复出，命不孝敦复从过先生湘受业。二月初一日请训，初三日出京。初十日，以恭遇覃恩，高祖考、曾祖考、本生曾祖考、祖考赠光禄大夫，高祖妣、曾祖妣、曾继祖妣、本生曾祖妣、祖妣、继祖妣赠一品夫人，又貤赠外曾祖考周公讳锡畴为光禄大夫，外曾祖妣江为一品夫人。初九日科试永平。三月初七日科试承德，二十九日科试宣化。四月二十一日科试通州，是日，孙循坦生，不孝敦复出。五月十四日科试天津。六月初一日，与直隶总督李公鸿章会考阁属拔贡。初八日回京，初九日具折请安，召见。二十八日，入闱科试八旗、蒙古、汉军。闰六月初五日，会同钦派吏部尚书毛公昶熙、都察院左副都御史兴公恩覆试满洲、蒙古、汉军选拔，初七日出闱覆命。七月初二日，上“案盗刑例请复祖制”一折，奏称：“窃盗劫之案，原律‘但得财者，不分首从，皆斩’，自康熙五十七年钦奉谕旨：‘凡强盗重案，将造意为首及杀伤人者，于各本案内一二人正法，余盗俱照例减等发遣。钦此。'雍正五年又经九卿遵旨定议'嗣后盗案,将法所难宥、情有可原分晰具题',于乾隆八年纂入例册。咸丰四年改依'不分首从'本律,嗣经给事中王宪成、司业孙诒经、侍郎鲍源深先后奏请,复归旧制,刑部覆议俟数年后查看情形,再行奏明办理在案。伏念刑者,圣人不得已而用之。《书》曰'流宥五刑',注谓:'罪虽入于五刑,而情有可矜,则以流宥之。'又曰'罪疑惟轻',注谓:'罪已定矣,而于法之中有疑其可轻可重者,则轻之。'是古帝王于罪,有一线可生者,未有不务从宽典者也。'强盗不分首从'之律,由来已久,而圣祖仁皇帝、世宗宪皇帝独恻然有所不忍,分为'法所难宥、情有可原'者,岂故施法外之仁哉?诚以盗案从犯,半皆饥寒所迫,抑或愚昧无知,虽入恶党,而原情比拟,与首犯究有不同,故量为末减,不忍概予骈诛。大哉,圣(模)[谟]本天地好生之德,行唐虞钦恤之心,此我朝厚泽深仁,所为驾汉唐而上之也。至咸丰年间,军务频兴,盗风日炽,治乱民用重典,不得不猛以济宽,故仍依本律,此因时制宜之道。文宗显皇帝于当日王大臣刑部定议时,亦有所不得已而行之也。今天下军务以次肃清,盗风亦渐敛戢,视鲍源深等请复旧制时,情形又较然不同,刑部所谓俟数年后查看情形,再行奏明办理者,此其时矣。皇上丕承大业,上绍前型,凡可遵行旧典者一一次第修复,亲政以来,屡颁恩诏,赦过宥罪,无不旷荡施仁,所有盗案刑例,似宜因时议复,以广皇仁,庶列祖原情定法之至意,历久常昭,即文宗因时制宜之苦心,亦晓然共见。总之'不分首从'者,权宜之计,所以救一时;'特分首从'者,仁厚之心,所以垂万世。合无仰恳天恩,饬下刑部详加覆议,嗣后盗案,仍照'分别从首'旧例办理,则世轻世重咸得攸宜,而我朝宽大之恩永垂于勿替矣。"疏入,召见,垂问奏意,府君委曲详陈,上韪之。即日,奉上谕:"着刑部议奏。钦此。"是月录试遗才。八月初一日,卸顺天学政事,回兵部任。初二日,奉旨兼署刑部右侍郎,初三日具折谢恩。二十七日,钦派考试御史阅卷大臣。九月初七日,钦派覆勘各省乡试试卷大臣。十月二十六日,钦派验看月官大臣。十一月二十日，钦派拣选司库等官大臣。

十三年甲戌(1874)　四十四岁

正月初六日，天坛侍班。初七日，祈年殿陪祀。二十四日，钦派会试知贡举，同派为都察院副都御史兴公恩。二十四日，派充验看月官大臣。二十七日，以缓征本省被灾场灶、荡田钱粮，率同乡京官具折谢恩。二月初九日查闱。十四日，以覆试直省举人入闱，十八日出闱覆命。二十二日，派充直省举人补覆试阅卷大臣。二十四日，皇上祗谒西陵，诣九天庙，送驾。二十八日，再查闱。三月初二日，皇上回銮，诣九天庙，接驾。初六日入闱，有诗纪事。四月初四日出闱覆命。十七日，派充会试覆试阅卷大臣。二十六日，派充验看月官大臣。二十九日，派充朝考阅卷大臣。五月二十二日召见。六月二十六日，派充验看月官大臣。九月初四日，派充武会试“列”字围较射大臣。初八日，不孝偕复生。十三日，派充武会试知武举，十七日覆命，召见。二十八日，派充验看月官大臣。十月初三日，恭侍皇上御紫光阁阅看马箭。初四日，恭侍皇上幸御箭亭阅看弓刀石。初五日，恭侍皇上御太和殿传胪。初六日，以减免松所六场灶课，领同乡京官谢恩。二十四日，奉命偕兵部尚书广公寿驰赴陕西查办事件。二十六日，诣军机处领交件，改命赴四川。十一月初一日，偕广公奏请随带司员刑部郎中蔡赓良、李贻良，兵部员外郎贵成、刑部员外郎福谦。十六日请训，复诣军机处领交件。二十一日出京启行，车中口占一律。十二月十七日，行次临潼县，惊闻大行皇帝升遐凶耗，悲痛哀号，不知所措。二十一日，抵陕西省城，当率司员成服偕陕省文武官员哭临三日。二十三日，偕广公上“望阙呜忱”一折。

光绪元年乙亥(1875)　四十五岁

正月初一日，奉使在途，是日行次留坝厅。初九日，行次广元县，奉到寄谕一道并原奏二件。十七日，抵成都府。二十九日，偕广公上

“奉命查办事件，先将大概情形陈奏”一折。二月二十八日，偕广公审结永川县监生张事周控兵差局绅士张竹轩等吞公病民一案。先是，永川地当赤紧，设兵差、流差两局，按粮摊捐，以备供亿，举绅士司之。历年既久，不无弊混，张事周遂挟在局借用银钱，经局绅、控县革追之嫌，缠讼数载，复胪列二十六款诉诸都察院。府君被命，偕广公查办，抵省后调集案证，逐款研鞫。张事周所控，迹近有因，查无确据，而被追抵制、借控索资，实属形同讼棍，张竹轩等管理局务、挪宕公款，均有不合，奏请徒杖有差。同时，内阁侍读学士广公安条陈川省积弊，御史吴公鸿恩奏叙州营勇索饷滋事及府县责押绅士，并请裁撤添设之兵差局与路不当冲之夫马局，均奉旨分别查办，当经查明。覆奏：川省钱粮尚无耗外加耗、巧立名目等弊，惟自军兴以来，不得已而有津贴，又不得已而有捐输，加以各项杂派，正粮一两，诚有加至七八两者。小民实形苦累，请饬下四川总督严禁逾额浮收，借端加派，并严饬各属毋得率准绅士随粮摊派之请。其绵竹、冕山厘局，松林厘卡，先请裁撤，此外局卡十六处，暂行存留，供给饷需，仍请饬下四川总督随时体察，如遇度支稍足，即应撤厘以裕民生，防务稍松，即应裁勇以节靡费，总期有益于百姓，无碍于地方。至买补仓谷、约束门丁、严防命案拖累、不准勒买田亩，以及清流品、禁会匪各条，业经移咨四川总督随时认真办理。营勇索饷滋事，请将约束不严之统带官郑学德及擅行责押绅士之署巴县候补同知直隶州知州王鳞飞等一并交部，分别议处。另片奏川省现存之兵差局六十五处，遵旨全行裁撤，其夫马局酌量当冲与不当冲，分别去留，切实酌减，开单呈览，并请饬该督分饬各属将奉旨裁撤兵差局，大张晓谕，不得借辞归并，复行苛派。其酌留之夫马局，尤当恪守定章，毋稍冒滥。奏上，均奉饬行。三月初三日，偕广公回京。四月二十五日到京，覆命。二十六日召见，退，又覆命于穆宗毅皇帝梓宫前，哭而后起。二十八日，大考翰詹，钦派阅卷大臣。五月十五日，刑部不戒于火，延烧官房十七间，偕同官奏请议处。六月初一日，派充验放大臣。二十五日，派充验看月官大臣。

二十六日，孙循垍生，不孝庚复出。七月初五日，派充验放大臣。二十六日，因病请假十日。八月初一日，派充管理马馆大臣。初六日，命不孝庚复、敦复应顺天乡试，挑取誊录。十一日，奉旨卸兼署任。二十日，派充验放大臣。二十五日，派充验看月官大臣。九月初一日，遣仆送适陈氏长姑暨表弟树垲回籍，为表弟完娶。十八日，穆宗毅皇帝、孝哲毅皇后梓宫奉移山陵，恭侍皇上诣观德殿、永恩殿行礼毕，随驾步送至景山，俟上启銮，仍步送至东直门外大桥，趋赴道旁跪候，梓宫过，俯伏叩头然后退。二十六日，皇上恭奉两宫皇太后回銮，赴燕郊跪接。二十七日，回至齐化门跪接。是月，族兄心存殁，遗孥乏养，每月分俸振之。十月初四日，派充武乡试"宿"字围较射大臣。二十日，派充覆勘直省乡试试卷大臣。十二月十六日，钦奉慈安端裕康庆皇太后、慈禧端佑康颐皇太后懿旨："皇帝冲龄践祚，亟宜乘时典学，日就月将，以裕养正之功，而端出治之本，着钦天监于明年四月内选择吉期，皇帝在毓庆宫读书，着派署侍郎内阁学士翁同龢、侍郎夏同善授皇帝读，其各朝夕纳诲，尽心讲贯，用收启沃之效。皇帝读书课程及毓庆宫一切事宜，着醇亲王委为照料，至国语、清文系我朝根本，皇帝应行肄习，蒙古语言文字及驰射等事，亦应兼肄，着派御前大臣随时教习，并着醇亲王一体照料。钦此。"府君闻命，悚惕。十三日，敬上"巨任难胜，吅辞恩命"一折，奏称："窃臣浙西下士，由词曹荐陟卿贰，受恩深重，方惧未报涓涘，凡遇国家之事，苟能自效，何敢稍存推诿，有负生成。惟思皇上缵承大统，冲龄典学，圣功王道悉基于此，关系既重，则朝夕启沃之臣，责自匪轻，臣一介庸愚，学识谫陋，于《大学》'明新'之道未能窥见万一，殊不足以养赞高深。且臣生长南方，会试始行入都，迄今言语之间土音未改，至于诵读，犹字字悉操南音，深惧侍读之际，口音不合，转于圣学未宜。再四思维，惟有仰求两宫皇太后俯鉴愚忱，另简贤员以资辅导，实于圣学大有裨益。"是时，翁公亦具疏辞。同日，奉懿旨："署侍郎翁同龢奏'披沥下忱'，侍郎夏同善奏'巨任难胜，恳辞恩命'各一折。皇帝典学之初，端资养正，朝廷以翁同龢曾在宏德殿行走有年,特命与夏同善在毓庆宫授读,翁同龢、夏同善惟当尽心纳诲,用副简任之意,毋许固辞。钦此。”府君恳辞不获,乃始受命。十四日,敬上“叩谢天恩”一折,奏称:“窃臣昨以圣学至重,臣力难胜,谨具折叩辞恩命,兹复仰承恩旨,令毋固辞,训词谆切,敢不懔遵。伏念帝王之学与儒生异,读经则师其意,读史则师其迹,务在得其要旨,措之事业。朱子谓‘人主之学,明理为先’,诚不刊之论也。今皇上典学伊始,养正之基,所关尤重,侍讲帷者必当于解析章句之际,约其大义,委曲开陈,方足养禅圣德。浅陋如臣,何以胜任,惟有勤求古训,益励躬修,殚管窥蠡测之忱,为土壤细流之助,以冀仰答高厚鸿慈于万一。”疏入,与翁公均蒙两宫皇太后召见,面奉温旨嘉勉。十五日,奉懿旨:“钦天监奏‘选择入学吉期’一折,着于明年四月二十一日皇帝入学读书。钦此。”二十二日,以蠲缓本省各属荒废被灾田亩钱粮,领同乡京官具折谢恩。二十九日,蒙赏帽纬一匣、袍褂料二匹、荷包一对、银锞两个、手巾二方、貂皮两对、野鸡两只、桂圆膏一坛。

二年丙子(1876)　四十六岁

正月初一日,蒙赏荷包五个,内皆实以银锞。二十三日,大京察奉旨着照旧供职,次日谢恩。二月初五日,派充验放大臣,派充会试搜检大臣。初六日,验放复命,召见。十七日,以蠲免灶课钱粮,领同乡京官具折谢恩。二十日,以蠲缓灶课旧欠,领同乡京官具折谢恩。二十一日,与御前大臣及侍郎翁公同进,至养心殿东暖室,先请皇上识字写字,并讲《帝鉴图说》,自此日以为常。二十四日,派充补行乡试覆试阅卷大臣。二十八日,蒙赏《剿平粤捻方略》各一部。三月初十日,派充验放大臣。二十五日,派充验看月官大臣。四月初十日,召见。十七日,派充会试覆试阅卷大臣。二十一日,皇上初诣毓庆宫典学,府君朝服侍班,俟上诣,至圣前行礼毕,随至毓庆宫,行三跪九叩首礼,上揖授读诸臣,诸臣跪,上乃就位读书。府君于是益屏家事不问,公退即静坐观书,思所以为献纳者。是日,次孙女生,不孝敦复出。五月初一日,蒙赏纱葛。六月十九日,召见。二十八日,蒙赏燕窝。七月初三日,皇上崇上两宫皇太后徽号,派充捧册大臣恭进如意二柄。初五日,以捧册劳,蒙赏大缎二卷、荷包四个。徽号礼成,诏予二品以上大臣命妇,恩赐吾母屠夫人,蒙赏大缎八卷。十二日,以恭遇覃恩,貤赠外曾祖考候选州同萧公麒为光禄大夫,外曾祖妣沈安人为一品夫人。二十七日,召见。八月初六日,派充顺天乡试副考官,正考官为魁公麟,副考官为殷公兆镛、麟公书。九月十一日揭晓,得士高文炳等□□□人,不孝敦复先以正二品荫生考列一等,八月初六日,奉朱笔圈出着内用,旋分刑部河南司主事。是日,府君出闱复命,并具折率不孝敦复诣宫门谢恩。二十五日,召见。十月十九日,召见。十二月二十九日,蒙赏帽纬一匣、袍褂料两匹、荷包一对、银锞两个、手巾二方、貂皮两对、野鸡一对、鹿尾一条。

三年丁丑(1877)　四十七岁

正月初一日,蒙赏荷包五个,内皆实以银锞。初九日,以豁免本省灶课钱粮,领同乡京官具折谢恩。三十日,召见。二月初四日,上"请筹恤流民"一折,奏称:"窃臣前蒙皇太后召见时,跪陈外省饥民情形,敬聆懿训,深以该民回籍种地为望,仰见皇太后轸念民瘼之至意,钦感莫名。臣维中泽哀鸿,诗人所叹,未归者当谋还定,已归者尤待抚绥。去年南北各省,水旱为灾,山东、河南一带饥民流入江苏省至十余万人,其他省四散者又不知凡几。闻苏省官绅筹款赈济,将次第资送回籍,意良厚矣,他省谅亦遣送如例。惟念该民等逃亡之后,田园既废,庐舍不完,一切牛具籽种咸归乌有,一旦徒手归来,日用之需、耕稼之资将何所出?夫前此饥寒交迫,流为道殣者,长已矣,今幸获生还,而苦无生计,哀此穷民几何,不仍填沟壑哉?伏查道光二十年湖北被水,十一月奉上谕:'现在递回流民及未经逃散人民,着按照户口速行赈恤,未经归来者,着妥为招徕,一俟回籍,务须随到随赈,来春应否尚需接济,一并预为筹备,毋任流离失所。钦此。'圣虑周详,所以矜恤穷黎者无微不至,今灾连数省,甚于昔日,似宜仰秉前谟,预为筹恤相应。请旨饬下直隶、山东、山西、河南、安徽、江西、福建各督抚,预饬各属,遇有境内逃散人民归来者,务须加意抚恤,或量发口食,或酌给耕本,地方情形不同,但有可以为小民谋者,总当悉心筹画,实力举行。抑臣更有虑者,去年各省疆吏先后以灾状入告,无不立奉恩命,将地丁钱粮分别蠲缓,中外臣民同深感戴,至今年,额赋自应如例开征,惟思赋由地出,地赖民耕,当去冬种麦之时,正小民流离之日,今即速归,业已愆期,瞬届麦秋,仍恐一无收获,若将本年夏赋如常征比,疮痍未复,敲扑又加,深虑未归者闻而裹足,已归者转而之他。伏查康熙、嘉庆年间被灾省分,次年地丁银米,往往并邀恩免,此乃祖宗旷典,非臣下所敢引援。若夫仰体朝廷德意,于催科之中寓抚字之道,此固地方官所当尽心者也,可否并饬各督抚,转饬被灾各州县,于征本年上忙钱粮时,务须体察民情,无事严追,其无力完纳者,酌量展缓,俟秋成之后,再行征解,似此一转移间,既不至上亏国赋,亦稍可下纾民困。"疏入,上嘉纳焉。三月二十日,移寓东单牌楼头条胡同。四月二十日,派充殿试读卷大臣,召见。二十四日,呈进前十名试卷,召见。二十五日,恭侍皇上御太和殿传胪。二十六日蒙赏纱葛。七月初二日召见。穆宗毅皇帝、孝哲毅皇后神牌将行升祔礼,以列圣庙,享中殿龛位,适配九楹之制,特诏廷臣集议,府君与王大臣叠诣太庙,敬谨相度,复集内阁会议,议日各抒所见,礼邸请仿奉先殿成宪,增修龛座,府君议与相合,遂会衔入奏。六月十四日,懿旨:"着派惇亲王□□、恭亲王□□、醇亲王□□,御前大臣军机大臣大学士侍郎翁同龢、夏同善,礼部太常寺堂官将王大臣等所奏各折片,详细阅看,再行妥议具奏。"府君被命,复偕派出王大臣悉心参考,惟敬仿奉先殿增修龛座尚有成宪可循,覆奏请仍照原议,敬谨办理。十四日,钦奉懿旨:"前据礼亲王□□等奏'遵议穆宗毅皇帝、孝哲毅皇后神牌升祔供奉位次',醇亲王□□奏请'定久远至计',詹事府少詹事文治、鸿胪寺卿徐树铭、内阁侍读学士钟佩贤、鸿胪寺少卿文硕、国子监司业宝廷'敬陈管见'各折片，当派惇亲王□□等再行妥议，并谕令李鸿章议奏。昨据李鸿章奏'因时立制，以增修龛座为宜'，本日据惇亲王□□等奏请'仍照原议办理'等语，列圣庙，享中殿龛座，已与九楹之数相符，该亲王等奏请敬将东西各四楹仿照道光元年增修奉先殿后殿龛座成案，修理改饰，即着照所议所有应行事宜，着该衙门敬谨办理。至醇亲王□□前奏'庙祔规制有限，国家统绪无穷，请定久远至计，自今以往，不援百世不祧之例'各等语，着将原折片二件存军机处，并将此论谕旨及该亲王折片另录一分，存毓庆宫。钦此。"十八日，次孙循堂生，不孝敦复出。八月二十日，召见。时饥馑荐臻，山西、河南被灾尤甚，府君盱衡时局，惄焉忧之，往往彷徨，五夜达日不寐。每顾谓不孝等曰："拯灾即所以弭患也，吾受国厚恩，遭值圣明，苟有可少施补救者，何敢隐忍不言乎?"二十一日，敬上"请特颁谕旨，加拨赈帑，整饬荒政，以苏民困而弭隐患"一折，奏称："近年内地军务肃清，边塞亦渐臻戡定，天下引领以望元气之复，而水旱成灾，动连数省，直隶、山东、河南荒歉频仍，陕西亦患亢旱，广东、福建又遭大水，此数十年来未有之灾也，而山西、河南为尤重。朝廷子惠困穷，既准该二省留饷备赈，复准晋省开捐，以资赈款，仰见轸念灾区，无微不至。惟被灾既广且久，筹赈宜宽且速。一二十万，聚之为巨款，散之即属畸零，至开捐集资，域于本境，数必无多，亦且缓不及事。臣闻河南河陕汝所属民间鬻妇女以斤计，斤数十文，省城及怀卫一带，自本年入夏以来，道殣相望，而山西更有甚焉，报灾之区，几及六十州县，饥民至一百七八十万之多，待哺嗷嗷，赈难遍给，故有匍匐求食遽成饿莩者，有抛弃幼孩听其自毙者，甚有合室苦饥仰药同尽者，死亡之惨，尤不忍闻。目下天时和缓，饥而死者且犹如此，转瞬饥寒交迫，恐更有不堪设想者。况饥馑之余最易生变，晋民素极驯良，近来已不免三五成群，硬求强夺。豫省汝州、伊阳等处，已有刀匪乘机滋扰，似此情形，深恐流民无藉相率为盗，及其为盗而诛之，既累皇仁，且縻兵饷，与其重烦兵力，糜饷于将来，何如力拯穷黎，绸缪于未雨。伏念我朝圣圣相承，凡遇灾荒，无不恩施立沛。道光二十九年，江浙等省水灾，宣宗成皇帝特颁广储司内帑百万两以赈灾区，是以民鲜流亡，变患不作，今之计，惟有体上天好生之德、列祖仁爱之心，亟筹巨帑，大沛鸿施，乃可以拯垂毙之穷黎而消未来之隐患。现在户部四成关税，除借拨西饷外，尚存二百万有奇，天津所存海防经费亦有一百四十余万，拟请特颁恩旨，于关税项下拨银四十万，海防项下拨银三十万，合银七十万两，约以七成给晋，三成给豫，庶于救灾、弭患两有所裨。或谓四成关税所以备军国不虞之用，海防经费又购买制造随时需用之款，若之何可以轻拨？不知天灾流行，国之大患也；恤灾保民，谋国之大计也，使谓关税一项，必待疆场有警而后可动也，是直求焦头烂额之功，而不知曲突徙薪之计也。至海防诚关紧要，惟现在海疆平静，防务尚可从容，且随用亦复随收，经费不虞支绌。今晋豫赈需迫不及待，使不先其所急，万一饥民汹汹，人心动摇，即海防备极精严，又将如内患何？且所拨之数，按之所存之数，不过十成之二，于关税海防，不过略少存储，而灾民得此则生，弗得则死，又何为而忍不出此。而况下全民命即上感天心，但求继是以还，两旸时若，年谷顺成，其有裨于国计者，又岂特数十万帑金而已哉！夫晋豫屏蔽京师，被灾又重于他省，固宜特沛殊恩。至晋豫而外各被灾省分，亦请申谕办赈，各督抚臣督饬藩司竭力宽筹款项，速将一切荒政事宜认真办理。若夫恩必下究，泽必均沾，不使胥吏侵渔，里豪吞蚀，其责尤在亲民之官。并请饬下该各督抚臣，切饬藩臬道府破除情面，考核印委各员，其实以百姓为心拯救而安集之者，亟予明保；其有玩视民瘼者，立加严谴，庶几官箴共励，民困可苏。至各省大吏，如有专顾额征，禁止属员报灾，坐视流亡而忍不置问者，即请严旨立予罢斥，则大吏实心，属吏亦无不实心矣。”又片奏：“被灾之重，莫甚于山西；筹济之难，亦莫过于山西，其地山多土瘠，产粮本少，道路崎岖，商贩尤稀，本省奇荒，邻省又荒，不特觅食无资，亦且购粮无路，闻近来州县衙门且有至断炊者，至穷檐束手待毙,情形更何堪代为设想。伏思同治年间天津两次水灾,幸督臣李鸿章多方筹赈,请帑之外,加以各省协济,集成巨款,运以实心,用能饥而不害。今为山西计,固宜宽为筹饷,尤宜速为筹粮,所请'特拨海防项下赈济银两'如蒙俞允,即请饬下李鸿章采买粮食,其由何路转运,及由何处迎提,即与山西抚臣曾国荃赶紧函商,委为设法,务使晋民早得一日之粮,庶几晋民早延一日之命。李鸿章素能顾全大局,款既现成,天津四达之区,购运皆易为力。筹晋之策,似无有便于此者。"二十六日,奉上谕:"本年山西亢旱,被灾甚重,曾准曾国荃所请,截留应解京饷银二十万两,并令李鸿章筹拨银十万两助赈。河南亦被灾,复准李庆翱所请,暂留未解京饷及漕折银共十四万七千余两,以资应用。惟念灾区较广,饥民嗷嗷待哺,实堪矜悯,朝廷轸念穷黎,深恐未能遍及,致令失所,着户部即行拨银二十万两,李鸿章再行筹拨银二十万两,作为该两省赈款。山西情形最重,河南情形稍轻,所有此次备赈银四十万两,着以七成拨归山西,以三成拨归河南,由户部、李鸿章照数分拨,曾国荃、李庆翱得此巨款,务当督饬在事各员,激发天良,核实散放,俾闾阎得沾实惠,毋任中饱。本届起运江安漕粮,并着截留四万石,由李鸿章、曾国荃设法运解山西,以备赈济之需。至山西、河南灾黎待食孔亟,凡有商贾运赴晋、豫米石经过地方,着各该督抚暂免抽收厘税,期于商贩畅行,借资接济。该部知道。钦此。"晋饥益甚,求食益难。十月十八日,府君复上"晋省乏粮势难接济免筹补苴之计"一折,奏称:"近读邸抄,见山西抚臣曾国荃及直隶督臣李鸿章所奏一切情形,赈款赈粮不敷甚巨,则由今日以待明岁春麦之收,遥遥半年有余,如何接济,再四思维,筹帑筹粮之外,苟有可以稍稍补苴,似不妨推广搜罗,以佐粒食之不足。臣思豆饼一项,南方多购以肥田,奉天之营口、山东之燕台,买卖甚大,民间或遇歉岁,往往搀以为粮,盖豆为六谷之一,饼则油去力存,和米面食之,较可耐饥,其价每斤不过十文上下。拟请饬下直隶督臣李鸿章,速饬招商局轮船分投至营口、燕台,赶紧购办,多多益善,务于封河之前运至天津,转运获鹿,所有购运各价均令先行筹垫,将来由晋捐项下拨还。抵获鹿后,由山西抚臣派员迎提,即就近分拨省东一带各州县,令与米粮搭放,以省运费而广赈济。臣又思蒙古地方以畜牧为生,所食以牛羊肉为主,即古所谓鲜食也。今山西粮运艰阻,几于无策可施,而蒙古羊只价廉,与晋北壤地相接,购运皆易,拟请饬下毗连晋疆之蒙古各旗,令其宽备羊只,以救晋饥,或沿途苦无草食,先行刲干以便运解,一面饬下山西抚臣,咨照各旗发价购买,并通饬晋民自行贩购,所过关卡概免税厘,以期商贩畅行,用佐民食。倘各旗有情愿捐输者,准由山西抚臣计数,奏请奖叙。再察哈尔离晋甚近,前都统臣瑞联等奏'查验牧群'折内称'各群共有羊二十三万五千余只',可否仰恳恩施,饬下察哈尔都统酌拨羊数万只,刲干后分批解晋际,此嗷嗷待哺之日得有鲜食以疗民饥,似亦补救之一助也。"又片奏:"李鸿章筹买晋粮到天津者,十数万石有二万余石已运获鹿,阅半月余,晋省以乏运费,尚未起运,似此艰阻,何以拯灾。相应请旨饬下李鸿章趁此自天津至泊头河未坚冻之时,赶紧筹运,以达获鹿,所需运费,无论何项,仅先借用现在晋省既有捐项可抵。闻又有山东、两淮奏借之款将来,自可由此数款内划还。至抵获鹿之后,应由曾国荃设法迎提,除骡驼驮运外,可用民夫挑运,如一时运费无出,即可以粮代钱,挑运一站酌给米粮若干,层层递运,虽远可至。有谓晋民大都饥乏其力,能挑运者一人亦只能胜三四十斤粮,用袋包不能分折,是以在在为难。臣以为一人不能挑者,以二人舁之,或二人又不能,再加一二人亦无不可。总之,当此民无得食之时,仿以工代赈之法带运带赈,在该民夫当无不鼓舞乐从,而于筹赈筹运,两有裨益,应请饬下曾国荃迅速筹办,慎派贤能之员经理弹压,务臻周妥,以利遄运而济民艰。"二十八日召见。十二月十七日,赏"福""寿"字各一方。年终恩赏如例。

四年戊寅(1878)　四十八岁

正月初一日,蒙赏荷包五个,内皆实以银锞。初三日,蒙赏春纸。

十二日召见。二月二十三日召见。府君以畿辅连岁旱灾，由于水利未备，而目下急求，水利无过于开井，二十五日，上“请筹款开井济赈利农”一折，奏称：“东南多水，西北多旱，地势然也。补救之方自宜于西北广兴水利，而开井灌田尤水利之为力易而见效速者。臣曾任顺天学政，伏睹畿南各属土地平旷，苦乏水利以资灌溉，惟顺德、定州间有以井灌田者，询之居民，以昔之官斯土者力为区画，故至今犹食其利，余则岁之丰凶，悉听诸天，不能以人力稍为挽救。督臣李鸿章莅任以来，屡次檄饬各府州县劝民开井，而应者寥寥，固州县官之奉行不力，亦由民间瘠苦无力及此故也。今皇上悯念灾区，兼及直隶、河间府属，饬查蠲缓抚恤事宜，待毙之民胥有更生之庆矣。惟赈济者一时之惠，水利者可久之规，查河间一带，地皆宜井，掘至二三丈即可得水，当此亢旱为灾、嗷鸿遍野，倘于蠲缓抚恤之外另筹款项，给令开井，既益以糊口之资，并予以灌田之利，维彼穷黎有不乐于从事者乎？臣尝闻诸乡农云‘土井易圮，砖井费大’，惟上土下砖之井可用数年，需费五六千文，将来加砖其上，仍与砖井无异。今拟筹银四万两，易制钱六万千文，每井给钱五千，可开下砖上土之井一万二千，以一井溉地十亩计之，可溉地十二万亩，以每亩产粮二石计之，可得粮二十四万石，夫以四万金得二十四万粮，已逾十倍之利，况井养不穷，又不仅为目前计也。拟请恩旨饬下户部筹拨银四万两，令李鸿章分拨被灾各州县给民开井，并饬地方官实心经理，遴选公正绅耆分董其事，毋得假手胥吏，以杜侵渔，庶款不虚縻，民沾实惠，既补赈需之不足，兼使田功之可兴，似于济赈、利农两有裨益。”疏入，奉上谕：“侍郎夏同善奏‘直隶被灾处所请筹款开井’一折，开井灌田可备旱时汲引之用，直隶地方业经李鸿章通饬各属，劝谕筹办，现据该侍郎奏称‘河间一带地皆宜井，用下砖上土，工程可用数年，需费止五六千文，将来加砖其上即与砖井无异，请筹银四万两，易钱六万千，每井给制钱五千可开一万二千井’等语，着李鸿章无论何款即行筹拨银四万两，分拨河间府属被灾各州县，发给民间兴办，并饬地方官绅实心经理，毋使吏胥借端舞弊。钦此。”时畿辅旱灾,河间情形尤为惨酷,府君因遍乞同志,集资助赈,自大学士全公以下先后凡集银九千六百两有奇,府君复自捐银三百两,嘱工部主事诸暨赵君昌言,举人临榆郭君之桢携赴交河一带,与编修吴县吴君大澄会商,就地易钱,查户散放,凡赈灾民一万一千一百户有奇。四月十八日召见。二十四日蒙赏纱葛。六月十五日召见。八月十三日蒙赏燕窝。十四日,上“请申谕疆臣酌缓灾区下忙钱粮”一折,奏请:“窃臣伏读六月二十三日上谕:‘前寄谕李鸿章等将晋、豫两省及直隶、河间等处成灾州县,本年下忙钱粮应否普行蠲免,其余毗连灾区勘不成灾地方有无应行蠲缓钱粮查明具奏,现在将届下忙开征之时,吾民困苦颠连,何堪追呼逼迫?所有直隶、河南本年下忙钱粮如何分别蠲缓,着该督抚懔遵前旨,速行查勘奏明办理,山西一省应如何核办之处,曾国荃当速查明确,据实奏闻。等因。钦此。’仰见皇太后、皇上恫瘝在抱,子惠困穷,有加无已之意。奉旨以来已届五旬,仅见晋省因平、蒲、绛、解四府州今夏仍患亢旱,禾稼全枯,所属下忙钱粮奏请普免,其余如何办理之处未睹明文。查向例,请蠲请缓总以秋收成色为断,今入夏以来,各灾区幸迓甘霖,凡获播种之所,自不至西成无望,在牧令不能违例上详,在疆臣不能破格入奏,且现在各省度支异常支绌,该督抚统筹全局,此中亦有为难之处,所以迟回有待,迄今尚未查报也。惟此次奇灾,实为我朝二百余年所未有,赖皇太后、皇上诚祈普赈,借获转机,然而衽席未安,疮痍未复,譬如大病之后纵不能力加培补,亦总宜稍予休息。因本届有收,遂即如常征敛,孑遗之民力实有所不逮,且与六月二十三日谕旨意亦未符。再四思维,拟请再颁恩旨,申谕直隶、山西、河南各督抚,所有被灾各州县本年下忙钱粮,除因荒未种及已种未收之处,应免尽免外,其秋禾成熟地亩例应开征者,亦概行酌量分成蠲缓,以舒民力,并饬该督抚速定章程,一面奏闻,一面即出示,遍谕闾阎,毋使吏胥影射侵蚀,似亦国计民生兼权并顾之一道也。”疏入,上嘉纳焉。二十三日召见。十月初五日召见。十一日,奉旨兼署吏部右侍郎,次日具折谢恩。府君夙有脾疾，自晋、豫暨河间被灾后，昕夕焦劳，筹所以拯灾者，遂至夜不能寐。夏间，各省报得雨后，府君心为少释，而心气久郁，脾土大伤，至是，疾复剧。二十八日、十一月初三日两次请假旬日。上以府君不入直，思之甚，时命翁公同龢、孙公家鼐于退直后传谕存问。初九日，疾少闲，府君以不入直，恐烦圣念，遂具折销假请安。十一日蒙赏绸缎。十八日，奉命视学江苏，次日具折谢恩。十二月十三日请训，两宫皇太后召见，奏对良久，并陈中外捐输势成弩末，有碍仕途，无补国用，请及时停止以肃吏治。仰蒙嘉纳，因请诣毓庆宫，跪安。是日，奉寄谕："着经过山东时，确查黄河北岸被水受灾地方，该抚奏报有无不符，并查该府祀谢泰山沿途供帐情形，暨到任后随时查看江南沿江各炮台。"十六日，奉上谕："前因军务未平、用款不继，不得已开捐纳职，借资饷需，乃近来中外捐纳各员，其为守兼优、才具可用者，固不乏人，而滥竽充数，甚至有玷官箴者，实属不少。至各局办理捐输，原不无实事求是，有裨国计之处，而行之日久，捐资之影射，捐生之取巧委员等种种弊窦亦不一而足，于澄清吏治之道既多窒碍，于饷需亦多有名无实，自应及时停止，以肃政体。着户部及各省督抚通盘筹画，务将京捐局及各省捐局每年若干详细查明，将此项作何支用之处，设法筹款相抵一面奏明。停止捐输，毋得借词款项难筹，有意延宕。钦此。"十九日出京，挈四仆行，预函戒所过州县毋事供帐，翌日过良乡，供应仍丰，因口占二绝，加函申诫。二十七日行次德州，叠札东省经过各州县，除夫马照勘合应付外，所至自行尖宿，毋庸预备公馆及一切供应，并不准出郭迎送，至随带家丁四名，如有私索一钱一物者，该州县立拿禀究。年终，蒙赏"福""寿"字各一方。

五年己卯(1879)　四十九岁

正月奉使在途。初一日驻德平，山东巡抚派员来接，却之。初二日，行次惠民县，县为曾叔祖有桥公旧治地，当年遗迹犹有存者，府君下车询访，慨叹久之。初三日，率守令阅白龙湾上下游决口，闻清和镇新庄等村被灾最重，即策马往阅，见民舍俱被沙压，小屋仅露檐茅，大屋半埋入土，灾状甚酷，综计漂没三四百家，府君恻然悯之，倡捐百金，由守令共集千金，以资赈抚，因口占一绝寄意。自是，遍历东、中、西三路滨河州县，亲视决口，查验灾状。东抚复一再派员来悉，却之，而尖宿时犹有馈全席者，复作五古一首，邮示前途诸州县。二十一日，行次泰安。二十六日，诣岱庙拈香，上奏谢年终赏"福""寿"字恩。又奏"查明东省黄河漫决情形，据实覆陈"一折，奏称："窃臣奉命视学江苏，陛辞之日仰蒙召见，训示周详，跪聆之下莫名感悚，旋准军机大臣字寄光绪四年十二月十三日奉上谕：'前据文格先后奏报，黄河北岸因上游直隶、开州境内民埝决口，漫水由濮、范以抵下游之八里庙，并八里庙黄溜，因正河漫水，两股汇合，致将运口外两岸护堤汕刷，濮、范、寿、阳河滨地亩受灾。复据李鸿章查明开州境内民埝决口情形，据实覆奏，旋有人奏本年九月中旬山东阳谷、蒲台、齐东等县地方同时漫决，文格辄诿之直省漫水下注，奏报不符，请严饬查明等语。文格所奏究竟有无不符，着夏同善经过山东时确切查明，详晰具奏。折片四件，着抄给阅看。等因。钦此。'臣出京后遵，即由德州改道，东往蒲台、利津，复沿河而上，西至阳谷、范县一路，详细查阅，知去秋黄河盛涨，临河各州县类多被水。原奏所云阳谷、蒲台、齐东等县同时漫决，'文格奏报不符'等语，虽未能分晰其辞，确指其地，而所奏不为无因。查原奏所指三县，阳谷居西路，齐东居中路，蒲台居东路。西路自濮州起至东阿之八里庙止，两岸皆有官堤；中路、东路自东阿之史家桥至利津海口，其间堤埝均系民修民守，亦恃官为董率。上年九月中旬，西路濮、范、寿、阳四州县猝被黄水，除濮州地势较高，受灾较轻外，所有漫淹村庄，阳谷二十一、寿张八十五、范县五十八，当时被水情形，文格业已奏报。所当确查者，阳谷等处之水果系直境埝决所灌，抑系东境堤决所致，臣此次往来北岸新堤，详细访问，知去年黄水陡涨，新堤叠出险工，冲裂十五处均经登时抢护，得以无事。阳谷等处被淹，实系开州民埝决口，漫水下注所致。至下游八里庙运口护堤，与新堤相接，当护堤汕刷时，新堤尾闾亦因漫水，正河内外交冲，致刷数十丈，幸内筑子堤，故未为患。是西路情形，以臣所查核之，文格所奏大致相符，至中、东两路，确有漫决之处。中路情形以历城为较重，上年九月中旬，该县北泺口民埝被水，冲决两段口门各数丈，浸灌南会清等处，加以南北两岸漫水所淹，被灾者共一百余村庄，倒塌民房，三义庙二十余家、滏沟庄四十余家、秦家道口二三十家。此外漫溢之处如章丘之传薪庄坍地百余亩、坏民舍百余间，济阳之沟头坍地百余亩、坏民居七十余家，东阿之史家桥、吴家坝民房亦有坍塌，长清之关庄民埝、齐河之北岸河墙俱有冲刷之处，至齐东惟减河口冲坏石坝两座，其董家庄、黄龙背等处，虽皆出险，幸以抢护获全。此中路漫决大概情形也。东路蒲台、青城等处，地势较高，虽有漫水，尚无大患，惟惠民县之白龙湾决口为害最重。查该县南境，百有十里民堤相属，直接滨州。上年七月二十八日，白龙湾上游之白毛坟先决一口，水入徒骇河，不甚为灾。九月十五、十九等日，又决白龙湾下游之张家坟等处，徒骇河不能再容，泛滥四出，滨州居其下流，受害尤广。统计惠民被灾者六十三村庄，滨州被灾者二百七十余村庄。臣与该府县查验两处决口，约计共八百丈，附近决口地方如清河镇、新庄古城、李家庄等处水冲沙压，庐舍全无，情形尤觉可悯，此外利津县所属凝海等十一村民坝亦先于七月间冲没，此东路漫决大概情形也。所幸者时近霜清，水消尚速，民间禾稼大半登场，然地塌庐倾，衣粮漂失，靡室靡家者所在多有。虽民堤、民埝原与官堤有间，究之堤有官民之别，灾无彼此之分，乃该抚九月二十八日、十月初六日两次奏报，及十月十一日奏报霜汛安澜各折，于中东两路情形，并未一语陈及，此则奏所谓不符者也。惟臣查阅卷宗，见文格十二月间所奏‘续被、黄水’，及奏‘请来年接济’各折稿，凡被水较重各村庄均经分别奏请缓征钱漕在案，是虽未经陈奏于先，业已续报于后，亦非竟匿而不宣矣。”又片奏：“再奉上谕：‘本年夏间因祈祷得雨，派文格恭诣泰山祀谢。闻该抚携带家眷同行，仆从过多，沿途供帐奢侈，甚至有以绸缎糊饰墙壁之事,是否确实,着一并查明具奏,毋稍徇隐。等因。钦此。'窃臣此次来东,先经德州、武定等处,距该抚至武、德一带阅兵时不及两月,一路查访,知其随从人数并不甚多,火食车辆均自发价,并禁止家人骚扰等情。及臣自齐河、长清至范阳、寿平等处,详加询访,佥云春间该抚由泰山求雨后,到此查河,随带员役仆从及亲兵小队,约共三百余人、马百余匹,州县供帐不免奢侈,以视阎、丁两前抚在东时局面顿殊,加以巡捕、家人招摇需索,以故物议沸腾,前后情节较然不同。臣窃讶之,复再三访问,知文格因舆论不洽,并有人寓书规劝,遂从敛抑,并逐去郭姓家人,撤去张姓巡捕,物议亦渐平息。臣至泰安后,恐所闻犹有未确,因调取该县用帐查之,随从之前多后少,费用之前繁后简,确有可凭。至诣泰山祀谢携带家眷一层,如果属实,断难掩人耳目,乃问之官场,访之民间,皆云有子随行,实无携带家眷之事,征之县帐,其说益信。至以绸缎糊饰墙壁一节,臣所经过地方,备细访察,即供帐丰盛之处,亦不至此。文格所住行馆,即岱庙斋宿之所,凡臣所目见者,均系用银花纸或蓝花纸,此外虽有传闻,无从征信。臣面奉太后懿旨,务须确实,谨就访查有据者从实覆陈。"府君因使事所及,亲历滨河郡邑,审度河流形势,灼知目前急务,要以疏浚下流,深通徒骇河故道为急,因上"敬陈管见"一折,奏称:"窃闻善治河者必自下流始,盖下流梗塞必致上流溃决,此一定之理也。臣来往河干几及两旬,目之所见,证以耳之所闻,窃以为今日之病全在下游,而治之万不可已也。盖自咸丰五年铜瓦厢决口以来,黄河北徙,径行大清河,于今二十余年矣。其初海口通畅,势若建瓴,大清河以上毫无收束,弥漫四出,故其害上重而下轻。今上游渐次堵筑,南北两岸并建官堤,曹、郓以南涸出数百里,濮、范一带亦收入数十里,从前所任其泛滥者,今已束而小之。下游大清河宽则不过二里,窄或不及一里,虽济水伏流,力能托沙,而济小黄大,故中洪颇深,两旁亦日形淤浅,以全黄之水统注于此,势已不能容纳,加以海口渐淤渐高,牡蛎嘴淤出七八十里,遍生芦苇,昔日海舶所出入之处,今已不能行驶,所载货物全用剥船，淤垫情形概可想见。夫下流既淤则上流必决，前数年患旱，黄河水小，故得安澜无事，去年秋汛较大，遂致各处漫决，其见端也，使徒恃上游堤防，而不于下流力图疏治，听其淤垫日高，将来之患何可胜言？七年之病，可不亟求三年之艾哉！臣因博求众论，昼夜思维，谨拟数条为皇太后、皇上陈之：一、海口宜疏浚也。现在牡蛎嘴淤至七八十里之遥，且铁板沙与牡蛎凝成一片，其质尤坚，治之诚非易事，使仅用混江龙、铁篦子、铁扫帚等物，以寻常爬沙船行之，恐只能去新淤而不能入坚土。今拟仿混江龙等之制而加重之，使其力足起板沙，调二三十匹马力之小火轮船拽之上下，往来于海口中洪，每日可梭织数次，数月之间中洪当可开深。然后造混江龙之更重且大者，用东省本有之飞云轮船驾之以行，则经费不必另筹而疏导更日见宽深矣。一、河湾宜开直也。康熙年间黄河为害甚剧，圣祖仁皇帝三驾南巡，以平河患，恭读圣训谆谆，以'逢湾取直'敕谕河臣，先臣张鹏翮遵而行之，河以大治。盖湾则流缓而水漫沙停，直则流急而沙随水去。今大清河大小河湾不知凡几，其尤足为患然者则近海之湾也，然治之亦较易，何也？利津以上人烟稠密，城郭、市镇、村庄、田庐、坟墓之所在办理诸多掣肘，利津以下地旷人稀，少所窒碍，即有一二居民，不难津贴使迁。今请将近海数大湾先取直之，使由利津至海口二百里间之黄水沛然莫御，直达诸海，则刷沙有力，海口免停淤之患矣。一、支河宜开通也。昔汉王景治河，由千乘入海，于德棣之间又播八河，说者谓合禹疏九河之意，故数百年无河患。今利津古千乘也，所少者八河耳，然旧迹犹有存者，前丁宝桢抚东时，曾将徒骇河稍加挑浚以备水患，去年白龙湾之决半资容纳，得以稍澹沉灾，惜去年滨州并未开通，故不能径达沾化以归于海，仍致出槽为患。为今之计，应将徒骇河上下游一律挑浚深宽，然后相度地势，开挖引河，建立石闸。倘遇黄流盛涨，形势可虞，酌量启闸放水，使由引河以入徒骇，水势既分，沿河堤埝庶免漫决之患。以上三条，皆今日疏治下游要务，应请饬下山东抚臣相度形势，实力筹办，然经费无出，恐仍托诸空言。臣闻山东机器局器本不精,仅能制造火药,物非急于待用,费似近于虚縻,且各省机器局不一而足,即少此一局亦无损于大计,而黄河之为害于山东者方兴未艾,试以机器之利较之,孰轻孰重,不待智者而决也。今为移缓就急之计,莫若以山东机器局经费移治黄河,拟请饬下山东抚臣,将机器局即行停止,其未竟之工与已购之料,移交天津、上海等局,所有经费,悉作治黄之用,则黄河下流得资修治,而上流亦可弭漫决之患矣。”又片奏:“利津县城逼河太近,南门半为土埋,不能启闭,东门关厢房屋荡然无存,并外城亦已圮入河中,且其地当大河,正冲其下,水深莫测,岌岌可危。丁宝桢抚东时已有迁城之议,今又相隔数年,使再不亟筹善策,难保不尽付洪流,一邑财赋,数万生灵,所关实非浅鲜。臣愚以为能迁则迁,否则必宜设法保护,或将城河湾曲之处,审度形势,开之使直,以挽其冲,再于城岸险处,仿照康熙年间,令回空粮船装载石块、运赴河工之法,令回空盐船载石块以填之,抑或作大篾,盛坚土垫之以培其根,不然,亦当另求良法,惠此一方。拟请恩旨饬下山东抚臣派员相度,悉心妥筹,及早兴办,以固全城。”又片奏:“自黄河北徙以来,大清河两岸民地坍入河中者不知凡几,沿河居民殊形困苦,所有坍地钱漕核准后岁归灾案,奏请递缓,历年皆如此办理,然其间亦有州县含糊,吏胥抑勒,积压不报,依旧起征者。以故臣所经过地方往往以有粮无地之辞拦舆呈诉,伏思粮由地出,无地何以有粮?业已田庐倾没,生计艰窘,而犹以有名无地之粮困之,民何以堪?应请旨饬下山东抚臣严饬沿河各州县,如有地去粮存,未经核办者,统行勒限查报,一律归案办理,经此次查办之后,倘再有隐匿不报、含混征粮者,一经查出,即予严惩。如此则弊端可绝,民困可苏,亦朝廷子惠元元之一端也。”疏入,奉旨:“另有旨。钦此。”二月初三日,行次宿迁,知县舒君朝冕来见,言宿境民生之苦,拟教民纺织。初五日行抵清江,府君以赴苏接印,恐致骚扰地方,是日函致署学政、江苏巡抚吴公元炳,请将关防文卷派员赍赴江阴,以便到署任事,又为宿迁令言教民纺织事。略云:“前晤宿迁舒令朝冕,为言该县民生之困，除种地外毫无生计，意欲教民纺织，以开利源。其所以难于图始者，非民惰不能教，实以纱无售处故也。民乏资本，纺得少许即思求售，而非远至清江不可，是以无人纺纱即无人织布，并无人种棉也。今拟请官项五千串，以二千串制纺车、布机等件散给民间，以三千串于城市设立官纱局，再于远乡设立分局一二处，稍宽其价以收买之，俾小民即可随纺随售，而又得小有微利，则自当乐于从事矣。利源一开，渐推渐广，大约行之两年，民必自相贸易，即无须官为经理，官纱局之三千串，仍可缴还，所费者不过制纺车等之二千串，而数百里穷困之地即可开一不涸之源，是诚大有造于该县民生也。语云'宿善不祥'，故不避越俎之嫌，除该令自行具禀外，亟为之代申。其意望大仁人准而行之，或于桃源等县扩而充之，斯即方恪敏公作《棉花图》以教燕民之惠政也。"十三日，至焦山阅炮台。十四日，至象山阅炮台，晚抵江阴。十五日，至清江阅十圩港、刘沙卫、天生港炮台，吴公元炳派员赍关防文卷来，是日接印任事。江苏应试文童有门第单寒、祖父未列胶庠者，俗目为荒籍，阻抑勒索，与试无由，府君严檄各属，通饬禁革，其后此风稍息。十八日，上"恭报到任日期，叩谢天恩"一折，又奏谢年终蒙赏帽纬、大卷、袍褂料恩。二十五日，甄别礼贤书院。二十九日，至鹅鼻嘴、大小石湾、黄山嘴一带阅炮台。三月二十日出棚。二十五日，科试松江府。二十七日，准吏部咨。三月十二日，奉上谕调补吏部右侍郎。二十八日具折谢恩，又上"遵旨查看沿江炮台，谨就已看情形，先行覆陈"一折，奏称："上年十二月十三日，准军机大臣字寄奉上谕：'江南沿江一带所筑炮台能否坚固，缓急是否足恃，该侍郎行抵江苏，着随时查看，据实奏闻。钦此。'窃臣识浅才庸，多年京秩，虽备员戎部，而战守情形实为目所未睹。奉命以来，时深悚惧，前月由瓜州渡江，先至镇江之焦山、象山、都天庙三处炮台，周历查视，窃见焦山炮台一座、炮房八间，象山炮台一座、炮房十一间，都天庙炮台一座、炮房六间，其工大都下钉桩木以为基，上架密椽，厚覆三和土以为顶，面墙护以铁板，后墙及两旁亦坚筑三和土以为蔽，惟都天庙地属沙洲，土松工老，议者有须重筑之说，焦山、象山系经改筑，工料既新，讲求加密，足称坚固。臣到江阴后复查阅江阴之鹅鼻嘴、小石湾、大石湾、黄山嘴一带共炮台十五座,明台之外,炮房五十六间,除天生港工程稍老外,余皆竣工,在后一律坚固,与焦、象二山无异。臣初见规模,不知此中底蕴,因将'缓急能否足恃'之意询之,各处守台将士均未能确有把握,复随时随处详加访问,则有谓其不足恃者,虽与论未可尽凭,而所言亦有可采:如台中木料暗不通风,易于糟朽,其依山之处更多潮湿,铁嵌土中亦易上绣,势难经久,一也;用以制敌,江中风浪靡定,敌船迟速高下,倏忽变迁,难期有准,二也;若敌来犯我,寻常子弹诚不能透,倘用数百磅洋炮,子大力猛,恐亦无坚不摧,三也;所谓'缓急不足恃'者,如此溯自同治十三年筑台以来至光绪三年,炮台各费计银已不下百五六十万两,而守兵粮饷尚不在内,当此经费支绌之秋,添此一项巨款,后恐难以为继,故论者又谓:'为今之计,惟在节财用以厚民生,不宜竭帑金而夸武备,所有炮台,似乎可废。'自臣思之,事属已成,概行议废,亦觉可惜,且就形势论之,吴淞为苏松门户,江阴为长江咽喉,二处最关紧要,再由江阴而上,焦山屹立江中,象山、都天庙互相犄角,亦属要隘之区,其余乌龙山、沙洲圩等处,似可置而不修,以省经费而留余力,亦扼要以图之计也。然以臣(捣)[梼]昧,妄参末议,虽经千虑恐无一得,不足仰副宸廑,因思巡阅长江水师大臣彭玉麟、杨岳斌久经战阵,往来长江,熟悉形式,若令审度机宜,酌定可否,其识见必有高出于臣万万者。拟请饬下该大臣就近履勘,商酌陈奏,以宏远图而收实用。"又附"陈现在科试松江情形"一片。疏入,旋奉旨:"另有旨意。钦此。"闰三月十五日科试镇江,驻金坛。四月初六日科试扬州,驻泰州。□□日科试通州。五月初五日,蒙赏缨纬一匣,纱葛十一匹。十七日,自通州赴吴淞阅炮台,十九日回,抵江阴署。初,府君奉命后,以挈眷同行恐沿途多致供亿,乃命不孝敦复奉吾母留京,闰三月,不孝敦复奉吾母屠夫人,并携全眷航海抵署,吾母以府君与诸姑暌隔多年,既偕适张氏四姑同至自京,乃遣仆分接适陈氏长姑、适戴氏五姑、适张氏七姑于杭,适许氏六姑于苏,适王氏八姑于鄂,于是府君同气咸聚一堂矣。府君归署,与诸姑相晤,喜见颜色。

二十三日，奏谢端午颁赏恩，又上“续看吴淞炮台覆陈”一折，奏称：“窃臣于三月间曾将镇江、江阴情形奏陈在案。兹臣试毕通州，借乘轮船前往吴淞，窃见吴淞口炮台暗台十一座、炮房十一间、明台三座、炮口六门、药弹房十一间、装配药弹房二间、药弹总库二所、水池二区、兵房三十一间，门户宽敞，不受潮湿，其工料较江阴等处尤为坚固，询知开办于同治十三年，至光绪四年竣工，共用银十三万两有奇，开销既多，时日又宽，宜其工坚料实也。伏念吴淞为江苏门户，浦东西相距三里许，锁钥天然，今建炮台，扼形势之要，诚防务之必不可少者，特是当今之时，民力困穷，国用支绌，沿海、沿江岂能处处设防，今苏省炮台，有吴淞以扼海，有江阴、镇江以防江，布置已极周备，万一有事，一切防剿之计，只须临时策画，使必执备豫不虞之说，不惜帑金，事事求精，在在加密，以有限之脂膏供无穷之费用，譬犹防未起之疮、挖已伤之肉，殊非计之得者也。臣愚以为预防之策即此已足，其最要者惟在撙节财用以厚民生，综核名实以简将才，腹心固而爪牙备，则战胜之机在是矣。”又片奏六月望后赴江宁科考，并办理录遗会考优贡等事。六月十五日，不孝敦复妇郁氏卒于署，妇来归九年，生子女各二，能尽妇职，得堂上欢，至是病殁，府君与吾母均悼惜之。二十四日，赴江宁中途，至乌龙山、下关等处阅炮台。七月初一日科试江宁，命不孝庚复、敦复回籍应乡试。十一日，次孙循垲生，不孝庚复出。十七日录试遗才。八月初一日，奉命仍留江苏学政任，与两江总督沈公葆桢会考优贡生，得士张謇等六人。初九日回江阴，十六日抵署。二十日，奏谢留任恩，又奏“续看乌龙山等处炮台覆陈”一折，奏称：“窃臣于六月下旬前赴金陵，由京口出江，见金焦而上至乌龙山，江面又一收束，此处建有炮台，亦尚得势。臣上崖履看，依山建台二座，其一凸出江岸，暗台四间、明台二间，系就矶石筑成，基址最坚。矶西南一座，暗台七间、明台三间，皆三和土筑成，工料亦俱完固。乌龙山对岸为沙洲圩，土性本松，又当大江，夹江两水湍溜朝夕撞击，容易倒坍，所建炮台闻因洲地倾圮，业经撤去一二，今存暗台五间、明台二间,工程非不完好,沿台江岸亦经培土钉桩,力为保固,然人与水争,究恐难以持久。由乌龙山而上数十里至下关,复建有炮台一座、炮房四间,规模宏敞,工料坚实,其地内顾金陵,外对大江,就该处形势而论,亦属有裨,现又于此台之西添建明台一座,基址已立,尚未竣工。此乌龙山、沙洲圩、下关三处之炮台情形也。惟自臣思之,长江数千里,岂能处处设防?万一用兵,似宜合沿江数省之全力,协守江口于最为紧要之处,扼扎重兵,防剿兼施,出奇制胜,方可保障全江,若枝枝节节,而为之势分力散,虽炮台林立,亦恐无济于事。故臣前奏谓'乌龙山等处炮台似可置而不修',今事属已成,无庸再议,惟当此民困饷绌之秋,节用、筹防不可不兼权并计,且炮台只防具之一端耳。为今之计,已筑者固不当无端而废,未筑者要不宜踵事而增,至金陵以上,前建炮台,论者皆以为无益,更不宜再有建置。应否饬下沿江各督抚嗣后无庸添建炮台,以节经费之处,伏候圣裁。"又奏报"科试竣事"一折。疏入,旋奉上谕:"该衙门知道。钦此。"九月浙闱榜发,不孝庚复中式第十七名举人。十八日,府君奏上"恭谢天恩"一折。江阴城河淤垫年久,岸窄而底高,舟行殊艰,府君力主开浚,时福建提督唐公定奎驻营城外,意亦相同,乃与江阴县知县李君文曜筹议,由营拨兵任畚揭,由县筹款资津贴,府君复捐金四百两助之,翌年三月工竣。江阴再经兵燹,诸山童然,府君以为十年之计树木,复捐种松秧五万二千株于君山,教民树植,今居民又呼君山为"夏公山"。自前学使林公天龄通饬各学禁士子吸食鸦片,予限严戒,迨府君留任已逾一载,而报戒者殊鲜,府君以锢疾不除无以培教化而端士习,乃损益前案,为章十二,颁发各学,俾教官、生童有吸食者一体遵戒。年终蒙赏"福"字、"寿"字各一方,并帽纬一匣,大卷、袍褂料各一匹。

六年庚辰(1880)　五十岁

正月初一日,以直隶待赈孔殷,捐廉五百两赈之,并函致署两江督吴公元炳、护江苏抚谭公钧培,率属捐助凡集银二万一千两,寄直散放。初八日,命不孝庚复进京会试。二十八日出棚。二月初一日岁试苏州。初二日,奏谢年终颁赏恩。府君既以戒烟章程通饬各学,复虑遵戒者立志不坚,或未得善方药,历检良方,得质庵氏《戒烟论》,抉五脏受瘾之由,至为详尽,所定忌酸、补正两丸方,寒热相剂,后先有序,因刊板流布,以前学使祁相国乐府、林学士札文冠诸篇首,题曰《董戒遗箴》,随棚散给。十九日,府君五旬初度,时在苏州棚次,僚友馈遗悉却之,其以文赠者,视之辄曰:“吾何以当,惟当益自策励,期副朋好之相勖耳。”又谕戒不孝等曰:“时事孔艰,正我辈惕励之日,家中人宜体此意,勿多一事,勿费一钱。”二十三日岁试太仓。三月十七日岁试松江。府君素患脾疾,辄数日一奏厕,在棚次忽患腹泻,翌日泻止,自是每日必奏厕一二次以为常,府君自以得免从前艰涩之苦,讵料自此日甚一日,竟以此终,呜呼痛哉!四月初七日回江阴,十二日抵署。礼闱榜发,不孝庚复中式第五十名贡士。四月二十日,上“恭谢天恩”一折。二十七日岁试常州。是时,府君脾泄未止,因试事关防严密,未得延医调理。五月初五日,蒙赏帽纬一匣、葛纱十一匹。十七日试竣,延医诊视,医者谓积劳过甚,思虑伤脾,因进清理温运之剂。二十六日,奏谢端午颁赏恩。不孝庚复恭应殿试,列二甲赐进士出身,朝考列二等引见,以主事用签,分户部江西司行走。府君上“恭谢天恩”一折。六月初十日,忽患疟疾,而泻变为痢,因延同乡朱君小舫诊视,进清热化湿之剂,朱君属延孟河马君培之诊视,十五日,马君到署,处方与朱君相同,疟渐轻而痢如故,马君留三日行。是时,慈禧皇太后圣躬违和,马君膺荐至京师,道出江阴,复来诊视,府君力促马君速发,因为府君制一方以行。不孝庚复闻府君病甚,星夜驰归,二十日抵署,叩见府君,悲喜交集,府君力疾起问太后圣躬安否,不孝庚复敬对风闻圣躬已渐安,府君为之色喜。自七月初旬后,重变为腹痛,然精神略好。初九日晚暴下,舌胎焦黑,医者连进养阴重剂。十五六日疟止,而痛痢如故。十九日以盗汗,医进归脾汤,胀甚。二十日,服木槿花、野术少许,数下血淤,痛定而口益渴,汗益多。二十三日,府君以病久虑不起,被衣力坐,召不孝庚复等于前,口授遗疏大意,命草,不孝等以府君病必无他,请静养,毋过虑,府君曰:"吾受三朝厚恩,区区心所欲言者,不于能言时言之乎?"益趣具纸笔,于是不孝庚复含泪秉笔,遵府君口授而书之曰:"窃臣一介寒儒,仰蒙文宗显皇帝特达之知,由编修升用庶子,又蒙穆宗毅皇帝恩遇,累迁至侍郎。皇上御极之初,奉皇太后懿旨命侍讲筵,前冬复承恩命,简任江苏学政,夙夜循省,既无诚正之学以辅圣躬,又无公明之望以率多士,乃叠荷宠眷,忝窃非分,早虑福过灾生。本年苏、松、太三属试毕,归试常州,已患脾泻,力疾从事,失于调理,积久成痢,六月中旬加患疟疾,延至今日,阴阳两竭,自揣此生势已不起,早衰之质,莫由再侍天颜,将死之言,犹冀上陈圣听。伏念皇上天亶聪明,日就月将,将来圣学高深,自非臣下所能窥测。惟是帝王之学,记问为末,明德为先,所愿皇上圣不自圣,诵习古训,体之于心,持意以诚,修身以敬,亲贤人,纳直谏,不徇外物之诱,不任一己之情,所学既端,异日行政用人之道即基于此,此实中外臣民所延颈仰望者。至今天下大势,论者恒以夷务为急,臣独以为欲御外侮,先弥内忧。各国通商以来狡焉思逞,京师通近海疆,衅隙一开,败固可忧,胜尤可虑。支持和局,诚一时权宜之计也,顾既意于和矣,而议战议防,购船制器,岁縻金钱数十百万,置之空虚不用之地,中国之势已不战而自弱矣。各省兵燹之余,凋瘵未复,正宜培养元气,使之渐充,乃自设捐局,百物有征,遂无贫富均受其害,闾阎萧索,生计日绌,盗贼之起半由饥寒,民穷则乱,粤匪之事可为前鉴。伏愿皇太后、皇上垂念邦本,弥患未形,减海疆虚縻之费,裁各局浮滥之捐。民心固则外侮自消,民力纾则国用自足,斯言近迂,然自三代秦汉以来,国家兴废之故,未有不由此者也。臣受恩深重,图报无由,伏枕哀鸣,冀及一息之存,仰达区区,如蒙采择,施之行事,则臣虽死之日犹生之年,不胜犬马依恋之忱,谨具遗折,恭谢天恩,并陈管见,伏乞皇太后、皇上圣鉴。"疏成,府君审视再三,复窜易数字,遂授不孝庚复曰:"我死,敬谨缮进,此稿焚灰置吾夹袋中,遂以为敛，死无憾矣。”因望空作俯伏状，泫然流涕，不孝等咸劝少息，乃就卧时，吾母暨诸姑环侍榻右，府君顾书母曰：“我死，汝有子在，当无患。”复顾诸姑曰：“苦我诸姊妹，他日将何恃哉？”吾母暨诸姑皆泣，不能一语，惟劝府君少息而已。侍者进药，挥去。是日进参术少许。二十四日，提督吴公长庆自京返，闻府君疾，亟来问，府君敬询皇太后圣躬安否、皇上圣学，吴公对言圣躬日就安痊，皇上圣学日益精进，因劝府君暂释怀抱，专心静养。府君曰：“吾疾殆不起，徒负天恩，顾自前冬陛辞后，讵意不得再觐圣颜。”因泣下，吴公亦再三慰劝而别，吴公出，气微喘。午后手足渐冷，医进附子回阳汤。亥初，痰气上壅。亥正一刻卒官。江苏巡抚吴公元炳以遗疏上闻。八月初七日奉上谕：“吴元炳奏学政因病出缺，代递遗折。吏部右侍郎夏同善学问优长，持躬恪谨，由翰林荐擢卿贰，叠司文柄，曾在毓庆宫行走，光绪四年简任江苏学政，克尽厥职。兹闻溘逝，轸惜殊深。夏同善着加恩照侍郎例赐恤，任内一切处分悉予开复，应得恤典，该衙门察例具奏。伊子刑部候补主事夏敦复着赏给举人，准其一体会试，夏偕复着俟及岁时，由吏部带领引见。钦此。”

呜呼痛哉！府君竟弃不孝等而长逝耶！不孝等侍奉无状，致有今日抢地呼天，百身莫赎，顾念自兹以往，日月遐远，大惧府君生平行事日就湮没，则不孝等罪戾益不可逭，用敢和泪濡墨，循按日月，撰次年谱，而生平行事，有不可以年月系者，用再略述于后，以备当代立言君子有所考焉。

府君性至孝，自少体羸，先祖考妣爱怜特甚。府君依依膝下，恒不忍跬步离。先祖妣周太夫人见背，府君时在髫龄，即哀毁如成人。迨先继祖妣萧太夫人来归，府君朝夕左右一如所以事周太夫人者。先祖光禄公性严毅，教府君恒严，府君奉以周旋，未敢失坠，奉职京邸，先祖驰书告戒不必专骛词章，亦不必侈谈考据，惟当讲求行己立身，致主泽民之事，以备异日用。府君终身服膺是训，生平学术一以立诚为本，不敢驰骛声华者，实基诸此。逮先祖考妣先后见背，府君每痛不以禄养，遇忌日祭祀，必诚必敬，竟日惨然，往往泣下。尝举先祖考言事，书一小册恒览之，且示不孝等曰："吾未能仰逮万一也。"世父、叔父既早世，府君每曰："天乎，何使我寡兄弟哉！"以故待诸姑恩爱尤至。既仕，不能晨夕晤对，每尺书驰问，月必再循，共乐同忧，虽千里犹一室也。府君自为诸生，即慨然有利济天下之志，既以学行受知累朝，今上御极，奉懿旨命与阁学翁公入直毓庆宫，启沃之事，密勿亲切，非不孝等所得闻，要之事君以勿欺为本，固府君素志也。立朝二十年，苟有见，必尽言，无隐章，凡数十上，仰荷圣朝采纳，事鲜不行者。中原兵燹后，各省军务虽已荡平，然疮痍未复，元气未苏，而各国通商以来，海疆往往多故，府君盱衡时局，恒郁郁不乐，罕见笑容，或对知己长谭，竟至流涕，惟有以农桑、水利事相告者，则欣然喜曰："此诚本原之至计也。"朋侪有作令者，往往以此勖之。府君所莅，自翰詹外，以兵部为最久，军机向禀承庙算，或由各路统兵大臣临时擘画，部中受成而已，然府君率属详稽例案，慎核除授，实事求是之心历久弗懈。权贰刑部时，一以欧阳文忠公言为法，每遇死狱，辄愀然不忍下笔，必再三审核，或与同官反覆商核，而始署诺，阅秋审案有所疑，则笔之于简，积久成《秋审记疑》一册，每谓不孝等曰："断案当为死者设想，秋审时又当为犯者设想矣。"又谓："刑者，圣人不得已而用之者也，以皋陶之圣，尚曰'罪疑惟轻'，又曰'与其杀不辜，宁失不经'。吾侪见识有几，敢自信断惟允哉？夫一家生计每恃一丁，一丁之死，一家亦从而陨，彼其凶暴不经者，诚无解于国法，若夫牵连而及与情有可原者，讵可不力为之地乎？"既迁吏部，独谓今日澄叙官方之道，固不一端，而要以停止捐输为首，屡欲具疏上陈，会再奉视学江苏之命，遂于陛辞日力陈之，翌日遂有旨停捐。庚申分校礼闱，所得多耆宿，丙子主考顺天乡试，出闱后不孝等叩问起居，府君曰："无恙。惟在闱阅卷，恒不寐，倦极，偶一就枕，见帐额枕衾无非文字耳。"平时阅宋儒先书，以躬行实践为主，自奉极俭约，不事家人生产，而先世自高、曾以来，雅以施济为乐，府君仰承先志，常虑不逮，以故先祖考光禄公暨府君负债各近万金，而族戚里党，赖以举火，赖以婚嫁，赖以殡葬，赖以继续者，实偻指难终，府君两次学政廉俸所入，除济人外悉以归偿先祖考旧欠，府君自欠尚归未一二也。临财一介不苟，居先继祖妣萧太夫人忧，在里有囊金相赠者，义不当受，坚却之，使蜀事竣归途，有效汉密令所为者，府君曰："嗟乎，是不杨震我也?"却之，复为书告以国家设官之意，与士人从仕之道，嘱其省察初心，毋自菲薄，然从不宣言于人，以故不孝等至今不知其姓氏也。性和易，无疾言遽色，人无贤不肖，一待之以诚，往往有得府君片言而感发兴起，卒成善士者。从善如转圜，见人有一技之长，住住称誉不绝口，然从不以私干人，亦不与人以可干。笃于友谊，居则以行谊相切劘，别则以尺书相告戒，其有中途殂谢，遗孥不自存者，则又赒救之，使有以自立。生平无嗜好，尤澹于名，每迁一阶，恒以盛年跻显秩，惶惧不安。《文庙实录》告成，府君上书总裁，力辞优保，总裁鉴府君诚，仅拟请交部从优议叙。前年不孝敦复恩荫刑部主事，今年不孝庚复成进士，观政户部，府君深以盛满为惧，每谓："再实之木，其根必伤。"常勖不孝等植品读书，以答高厚，讵意不孝等不能仰承严训，积戾丛愆，以致祸及府君。呜呼，尚何言哉，尚何言哉！犹忆戊寅冬，不孝等每夜侍府君寝，一夕府君训不孝等以行己立身之道，不孝等因仰叩府君所志，府君浩然长叹曰："吾自少即有志为完人，会事势所迫，有不能尽如夙志者矣。今后诚得将先人夙欠归偿，吾中心即坦然无事，此身惟上所使，上命作何官，吾必尽何职，死而后已。"至弥留之际，神识不乱，先一日口授遗疏，惟以圣德、民生、边事为念，无一语及家事，身殁之日，几至无以为敛，赖僚友佽助，始克成礼。遗疏上闻，奉旨褒恤，赐祭赐葬。而翌日，大司空翁公书来赐唁，并云："八月初七日，尊甫遗疏上达，上微闻其事，明日上在毓庆宫问夏某何似侍，臣以实对，上泣，侍臣皆泣。"呜呼！府君立朝二十年，忠诚上结主知，一旦长谢，仰沐圣心眷念，纡情轸悼。不孝等所为北望长号，泪尽而继之以血也。当府君病亟时，仆徐姓亦病甚，夜梦府君朝服航海北上，舣舟待发，旁无一人，府君呼仆侍行,仆辞不愿,府君曰:“汝既不愿,可归家种田。”仆唯而退舟,即北去,仆醒,以告人,咸谓不祥,不数日,府君竟弃世。呜呼!梦虽诞妄,然使幽明之理不诬,不孝等知府君不昧之灵,必依驰于觚棱缥缈间也。痛哉,痛哉!府君生于道光辛卯年二月十九日子时,卒于光绪庚辰年七月二十四日亥时,享年五十岁。配吾母屠夫人,同里候选布政司理问讳增翰公女,内阁中书丙子科举人讳鑫公姊。子三:长不孝庚复,己卯科举人,庚辰科进士,户部江西司主事,娶方氏;次不孝敦复,附监生,正二品荫生,刑部河南司主事,府君之丧,奉旨赏给举人,娶郁氏;三不孝偕复,府君之丧,奉旨俟及岁时交部带领引见。孙四:循垍、循垲,不孝庚复出;循坦、循堂,不孝敦复出。不孝等愚昧无知,重以苫块昏瞀,于府君行事,未能表著万一,谨就觥觥大节,及平日亲闻而饫见之者,粗陈崖略,撰次如右,以备国史方志之采择,倘当代立言君子锡之铭诔,以光泉壤,则不孝等世世子孙感且不朽。光绪七年辛巳,孤子夏庚复、敦复、偕复谨述。

神道碑铭

清故吏部侍郎仁和夏公神道碑铭　南通张謇撰

自公以死勤王事于今且十年，公子松孙既以居忧营葬，哀悲劬瘁，以殒其命，而公夫人又以累丧子妇，伤痛抑郁，卒于京邸。凡謇列公门下，荷公过许，与公子辈相友好，而前后十年之间，始而哭公，又哭公子，又从公仲子厚庵吊其家难，与公夫人之丧而哭焉。呜呼，天意其果不可知，而忠信廉洁之不必果福祥也久矣！论者以公身后家道屯蹇，求其故而卒不可得，而归咎于公始葬之不吉，杂引形家言，督厚庵迁葬，而习礼之士又盛陈古义以诤之，于是厚庵以光绪十五年某月某日奉公夫人之柩，祔于某乡某原，既葬，而属謇以表墓之文。

公讳同善，字子松。其上世荣当宋靖康中从高宗南渡，积战功，官节度使，封英国公，居上虞，是为浙夏氏始祖。国初，布衣某徙为仁和人，四传至国子监生廷贤，是为公高祖，曾祖国子监生讳纶，祖县学廪生讳建寅，本生祖处士讳恒煜，考国子监生讳锡龄，并以公贵，赠封光禄大夫，曾祖妣谢氏，祖妣黄氏、祝氏，本生祖妣祝氏，妣周氏、萧氏并一品夫人。公少而颖异，喜闻人说忠孝故事，稍长，益嗜学。年十八，补杭州府学生员，咸丰六年举于乡，连捷成进士，改翰林院庶吉士，散馆一等第一，授编修，升右庶子，转左庶子，升翰林院侍讲学士、詹事府詹事、兵部右侍郎兼刑部右侍郎，调吏部右侍郎。其官编修右庶子，有国史馆协修纂修、文渊阁校理、日讲起居注官、会试同考官之命。官侍读学士，有教习庶吉士、实录馆协修纂修、帮校红绫正本、咸安宫总裁、武会试副考官之命。官詹事，有江苏学政、起居注总办之命。官侍郎，有武会试较射、顺天学政、考试御史、大考翰詹、朝考阅卷、知贡举、四川查办事件、毓庆宫授读、顺天乡试副主考、江苏学政、查看黄河工振及江南炮台之命。

方咸丰十年,粤贼四张,江浙郡县土崩鱼烂,而督师大臣张国梁、和春、张玉良、瑞昌诸公或战死,或罢,或缀于分道之寇,军涣势散,汔败无功。公乃请命曾国藩总统诸军,以颛节制。中国自道光末年,英吉利、佛兰西之祸始机牙于广州,当事者控驭无方,动被要挟,海疆六七行省遂连岁多事。北塘之役,忠亲王僧格林沁既退军通州,而大学士桂良再就议款,公度敌情叵测,请专任僧格林沁率厉将士,以备战守,慎不可终之约,以杜觊觎。疏上,而曾公督办江南军务,声夷酋额尔金反侧之罪于天下,其诏命皆不逾月。既以父赠公忧,间关而归,又省萧太夫人于上海,而杭、湖与贼相支拄久,粮尽援绝,公慨然与二三朋辈抵书曾公,乞师援杭,乞江苏巡抚分所留粤镶饷湖。时曾公顿兵祁门,竭蹶不暇瞻顾,湖饷亦不时继,两州继陷。同治初,公奉萧太夫人北上。服除,仍官庶子,屡疏请恤东南流民。初,公之由编修升右庶子也,实以大考受文宗之知,既还朝不半年,升翰林院侍讲学士,至是,又以大考受知穆宗,升詹事府詹事。公深自感奋,早夜思所以副两朝之遇,而又念寇讧未殄,民大伤夷,国家之本在正君心而培元气,益黾焉求诸古训,访诸士大夫长者,祈必有当于时务之亟,以自效于用,于是有"请缓临幸亲王府第"之疏,有"请恤民瘼、敦节俭、广振济、开言路、清庶狱"之疏,有"谳盗请复旧制,分别首从"之疏,而于河南、山西、直隶救灾之方,朝闻夕言,疏五六上,每进益切。上以公忠纯恪谨,时嘉纳焉。今上嗣位,直公奉使川中,既复命,两宫皇太后诏与内阁学士翁同龢诣毓庆宫授皇帝读,疏辞不许。公牖诚讷诲,益以四方水旱盗贼之事,退谋进谟,用宏启沃。岁时赏赉,恩礼至优。四年冬,奉命视学江苏,陛辞极陈捐输妨政,请申乾断停止,越三日,有诏户部各直省总督巡抚停捐,海内欣欣望治平矣。出都之日,上益命公察视山东河决、江南炮台工状。公至河,咨度利害,问民疾苦,请疏浚下流,修徒骇故道,停机器不急之费,以移治河,徙利津城,缓征滨河无田虚额之粮。至江南，疏论吴淞、江阴、焦山，襟咽长江，形胜要害，宜重防守，其江宁之乌龙山、沙洲圩，堂奥隐地，一切可罢。当时韪之。

公生平无疾言遽色，与人无城府，其在官小心恭谨，未尝一日乞休沐。直毓庆宫时，尝以病请假旬日，上思之甚，命侍郎翁公、孙公日再存问，公少间即起销假，未几而膺使命出焉。故事学政三年而报最，揆公君臣之际终始孚洽，闻于朝野，以眷眷不忘疾病于旬日之恩，而一旦遣使及二千里之远，或且疑非上初意，而观于停捐、治河、防江诸谕，臣不以去君之侧而有不尽之言，君不以臣之去而有不信之任，视古盛明之世，君臣相得，何以加兹？虽上亦固不意公之遂终于是也。[①] 公按部所至，人便其约，试士辄竟日堂皇，而校卷甲锱乙铢，吟哦反复，夜分不休，卒用是致疾。光绪六年七月二十四日，薨于江阴试院，年五十。夫人屠氏，庄俭仁惠。生子庚复，进士，户部主事；敦复，荫官刑部主事；所谓公子松孙，厚庵者也；其季偕复。公遗疏奏上，赏敦复举人，偕复俟及岁引见，他恤典如礼。孙四：循垍、循垲、循

① 清末徐兆玮曾读此《年谱》，并在日记中摘抄此处内容，并有所议论。文曰："《夏侍郎年谱》一册，其子敦复所纂，民国九年始印行。侍郎名同善，清操卓绝，曩在京师闻翁笏斋前辈言，侍郎操浙音，且遇事进规，德宗颇不喜之。一日玩西洋表，侍郎力陈玩物丧志，以不宝远物反覆称说，德宗怒，举表授侍郎，使掷去。侍郎即掷之阶下。其严毅如此。谱末附张季直所为《神道碑铭》，言：'直毓庆宫时，尝以病请假旬日，上思之甚，命侍郎翁公、孙公日再存问，公少间即起销假，未几而膺使命出焉。故事学政三年而报最，揆公君臣之际终始孚洽，闻于朝野，以眷眷不忘疾病于旬日之恩，而一旦遣使及二千里之远，或且疑非上初意，而观于停捐、治河、防江诸谕，臣不以去君之侧而有不尽之言，君不以臣之去而有不信之任，视古盛明之世，君臣相得，何以加兹？虽上亦固不意公之遂终于是也。'婉约其词，自有深意，或云为翁文恭师所排挤，未知信否。"（清徐兆玮著，李向东、包岐峰、苏醒标点《徐兆玮日记》第五册，黄山书社 2013 年版，第 3281 页。标点略有修改。）

坦、循堂。自公曾祖、祖考仍世孝义，著于志乘，至公大通显，而门内之行，质素雍睦，善让不争。謇往者尝与校定公年谱，乃最次其大者于表，而系之铭曰：

炎炎之张，不利于刚，而拗其芒。睮睮之行，柔与时趁，而北于正。不刚不柔，厥德优优，唯公之休。公之始进，以文而鸣，弥骞弥峻。公说之昭，咸同两朝，先帝是褒。既褒既任，左右备问，天子之圣。跂古明良，言从谏行，公道之光。唯公宜寿，唯施不究，唯庆储后。唯后有征，昭质日星，垂千亿龄。

墓志铭

清故光禄大夫吏部右侍郎江苏学政夏公墓志铭　仁和谭廷献撰

公讳同善，字舜乐，浙江仁和人。曾祖纶、祖建寅、本生祖恒煜、考锡龄，三世并赠如公官。公性行醰粹，幼而笃孝，母丧哀毁，长事继母萧太夫人，亲爱褐于中诚，晚犹孺子慕。中式咸丰五年举人，明年第进士，官翰林。时贼踪遍六七行省，十年二月陷杭州。五日官军复之，公特疏请任曾侍郎国藩统诸军。时科尔沁亲王僧格林沁防御天津，西人和议未定，公奏言："兵民齐力缮完，使和议权自我操。"公家方避兵乌镇，丁赠公忧，间关奔丧。十一年，奉母避地上海，闻杭州被围，乃合衣冠数辈移书曾侍郎乞援，未至。服除，入都补庶子原官，荐升詹事，盖两以大考高等超迁。公念书生侍从，惟昌言得失，积诚开悟，答高位于百一，故于同治六年二月上言"礼贵因时，请缓行幸"，大旨谓："敬天未至于南郊，游幸先临乎府第，不安者一；圣功资于养正，不宜使耳目之娱闲之，不安者二；军旅未平，游观无以慰天下之望，不安者三；远人肘掖窥伺，庄敬日强，彼自弭服，示以懈则难免生心，不安者四。非时不举，古有名箴。"公立朝匡救，此其大者，两宫礼遇儒臣，未始不由于此。是秋，简命江苏学政，未行，遭萧太夫人丧。九年起复。十年，擢兵部侍郎，督学顺天，敦勉人士，先行后文。使还，兼刑部，公尝奏"复盗案仍分首从旧例"下部议阻，公仁心为质，为民请命，先后陈乞，如恤被寇难民，晋豫灾黎，请加赈帑，饬荒政，岂弟君子，不欲搏击豪强，徒以鹰鹯自许，而耿耿未慰之心恒在，停捐职，撤抽厘，如古名臣。仰屋窃叹，而莫告语者，卒之遗疏，犹申此旨。光绪元年冬十二月，懿旨命公偕翁侍郎同龢赴毓庆宫授皇帝读，拜疏力辞，不许。于是日夜思所献纳，退食横经，矗没求诸古训。一充顺天乡试副考官，再充读卷大臣，慎于造士。四年仲冬，再奉命视学江苏，陛辞陈："今日捐输已成弩末，徒弊行政，无裨度支。"公未出都，已诏下停直省捐局矣。使车钦承寄谕，察东河决口、沿江炮台形势。奏陈浚海口、直河湾、通支河，皆当务之急，请撤机器制造虚糜之费以供建筑，而炮台冲要与内地宜量缓急为增减。按试出，减损供张，推诚爱士。五年，调吏部右侍郎，复自深念冲人辅导，伊古阿衡、太保之责。远使以来，缠绵觚棱之梦，痗焉疢疾，逡巡不起。六年七月，终于江阴使院，卒年五十。伏念献韦带之日，畴昔周旋识公，通显以后，检身若寒畯，[图]度大政，若身家之荣瘁，教成于妻子。夫人屠氏，儒门令仪，以孝慈佐公成德。赠公之逝，方转徙急难，储豫纤悉，附身附棺，咸中礼。平居不以褕翟自逸，公之没也，廉装綦贫，庐州吴武壮公朝鲜军中，驰书招公子敦复，将振拂之。夫人曰："士当困，不可过受人惠，吴公意厚，谨辞之。"敦复遂不往。公在官日，持介节，某官投巨金有所属，坚却之，子弟微闻焉，乃终不得其姓氏。然则夫人清梗，亦无负公生平云。夫人以十一年三月忧劳继殁。光绪十年，庚复兄弟葬公于大清岭，其年庚复卒。十七年，敦复等奉夫人合窆焉。子三：庚复，庚辰进士，户部主事；敦复，荫生，刑部主事；偕复，诸生，遗疏上，恩赏敦复举人，偕复俟及岁引见；孙四人。献以后死故人，茹哀志墓，铭曰：

巨纲所顿，或跃在渊。依流平进，孰翼予前。两朝右文，器识则先。云有遗章，天容瘁焉。猗与少宰，唯圣知贤。执忠以求，孝于唯孝。繄臣束脩，负荷名教。中兴之期，吁咈所造。辞矣嘉犹，斋洁入告。曶以出内，鲜赫赫名。职在保乂，百虑一诚。昔共风雨，匪晦有鸣。九京可作，随武如生。墓槚可材，风回与清。

屠夫人行状

皇清诰封一品夫人　先妣屠夫人行状

先妣姓屠氏，讳□□，杭州府仁和县人。外王父讳增翰，号西园，国学生候选布政司理问。舅氏讳鑫，号小园，丙子科举人，内阁中书；讳镇，号秉藩，县学生，候选训导；名祖荫，府学生：皆先妣弟也。外王母胡太宜人，先妣未笄而太宜人没，先妣哀不知人，外王父慰之曰："儿毋过哀，过哀使我益难堪矣。"先妣由是少抑，事继母高太宜人恪诚，尽女职。年十八，归我先考子松府君，外王父家素丰，而吾家自曾祖以来，以好施中落，弥月归宁，人或为先妣虑，先妣曰："是何伤，贫富皆天所命，天可违乎?"由是，屏华饰，操井臼，举缝纫浣擱之事皆躬之，数十年如一日，卒以赞成府君清节，而当时大获先祖考妣欢心，曰："不意妇之能习是也。"逾年，不孝长兄庚复生，先祖考欲佣乳媪以哺，先妣心念佣乳媪费大，恐益先祖考累，因婉谢曰："凡儿禀，往往随哺者气质转移，媪类愚蠢，窃恐儿之禀其气也，不如自哺宜。"事遂已，后凡生子女皆自哺，最后不孝偕复生，曾佣一乳媪，然夜必偕卧。呜呼痛哉，先妣鞠育不孝等，艰瘁精微至于如是，而不孝等不克早自树立，俾吾母得享一日之安，尚何以自立于天地间哉！咸丰庚申，府君既以编修擢庶子，奉职京邸，而粤逆陷浙，先祖考挈眷避地，将由艮山水门出，先妣侍祖考妣登舟后，甫欲登，而舟遽离岸，几堕水，忽有人自后掖以登，遂得济，由是间关跋涉，达于乌镇，惊喘甫定。而是秋，先祖考以病卒于乡，先祖妣痛甚，不遑他顾，先妣经营殡敛，必备必周，挥涕顾谓不孝等曰："毋贻尔父他日之悔也。"时烽烟四起，一夕数惊，先妣豫舣舟于门，闻警即奉先祖妣登舟，匿芦苇中以免，事平而反,如是者月余,全家又苦疾疫,先妣慨然曰:“省垣已复,此非久居地也。”遂奉先祖妣归里。明年二月,府君奔丧归葬,事甫蒇而逆氛又逼,于是佐府君奉先祖妣避地宁波。时戚里多重迁,先妣心知事不可为,力请外王父挈舅氏秉藩公夫妇同行,俄宁又告警,复航海抵沪,既知杭城果不守,惨痛累日,又迁于南通州。壬戌正月,府君闻亲串有自省逸出者,亟命仆往迎,于是若诸姑、若前聘长嫂徐氏、若外继王母、若舅氏小园公夫妇均先后抵通,相见悲喜。继而先妣谓府君曰:“徐女固吾妇也,可属我,于是抚之如己出。”嫂亦依依膝下,不忍一步离也。是年秋,外王父将携眷返宁,府君亦将奉先祖妣北上。以去岁之出,实惟外王父是赖,彼此重于言别,迟至冬初始发。迨至济宁州,而河冰不可行,遂又登陆为卒岁计。癸亥正月,全家患疫殗殜。四月而后达京。呜呼,自庚辛以来,先妣之境几非人世,先妣尝歔欷为不孝等言之,不孝等尔时第觉其言之痛,而不知精神血气之耗即肇于是矣。府君服阕补官,食指多而俸入薄,日惟两粥一饭,犹虞不给,先妣辄典质衣裳以佐甘旨,而自咽粗粝如故。丙寅,府君大考擢詹事,是年大妹、长嫂相继殁,明年,九姑与诸妹又先后殇,慈怀深不怿,顾虑伤先祖妣心,不敢稍形词色。秋八月,府君奉命视学江苏,未之任而先祖妣弃养。先妣哀痛之余,复佐府君庀治丧具,凡百料量,悉协于礼。戊辰春,随府君护丧归。己巳,先祖妣兆域告成,既服阕,府君适六姑于许氏、七姑于张氏、八姑于王氏,先妣措置嫁衣奁具,纤悉必备,曰:“吾非以饰观,亦冀仰体先姑于万一耳。”庚午,随府君之都为长兄娶于方氏,又明年,为不孝敦复娶于郁氏,数年之间,丧葬婚嫁,次第相属,而卒不使府君一日有内顾忧,则我先妣之劬苦,尚可回首一一思乎?辛未以来,府君名位寖显,诸孙又相继生,先妣由是少慰。今上御极之初,府君被懿旨入直毓庆宫,不遑复问家事,先妣于是左挈右提,操劳益甚。国家庆典频仍,先后三荷恩赏缎匹,先妣不敢自御,而又惧隐君赐,辄分授宗亲姻娅,无少留。丙子,不孝敦复以恩荫任刑部主事,先妣戒以毋遽当官,宜多读书读律,以扩器识,不孝谨志之，勿敢忘。戊寅，府君复拜视学江苏之命，先妣与府君商以眷属随行，恐累沿途供亿，乃命长兄自备车辆，后府君发，而命不孝敦复留侍。己卯三月，不孝敦复奉先妣航海南下，既抵署，先妣以府君与诸姑离别日久，念之深，乃遣仆往迎诸姑于鄂、于苏、于杭。夏六月，不孝敦复妇郁氏卒，先妣悼之甚，而又俯鞠诸孙，劳感交集，肝疾骤发，既瘳，而率不孝等回里谒祖墓、外王考妣墓，并令不孝等应试。秋九月回署，是秋，长兄举于乡，明年，长兄成进士，官户部主事，而府君以瘁于奉职，遘患疟痢，先妣驰书长兄，促之归，而自率不孝等侍奉汤药，昼夜无间。府君病卒不起，先妣哀痛欲绝，不孝等吁恳，始少损抑。十月，不孝等护丧归，哀慕感怆，诸疾蜂起，服药调治，时作时瘳。壬午，长嫂方宜人殁，先妣益难为怀。甲申春，府君窀穸告成，先妣亟命长兄续娶于许氏，既又率不孝敦复北上，续娶于孙氏。讵不孝敦复继妇来归，二十日而又谢世，先妣于是益大伤郁而类疟，咳逆诸证作矣。时长兄以待竣府君茔工，留居杭州，病肺已剧，眷恋先妣，惧病状之或闻于先妣也，悲忧迫萃，而迄以不起。呜呼，妣之病长兄不能详知，长兄之耗先妣竟不及知，不孝等至今犹茹痛也。先妣之病初服养阴之剂，胃纳渐增，自入今年春，肝木益炽，克土益甚，唇舌干燥，起坐殊艰，医者咸谓真阴亏损，亟宜峻补，顾滋补品味，动嫌腻膈，仅能投清补之剂而止。不孝等心窃忧之，犹以神明未衰，或不致有他变。乃自三月来，厌弃谷食，亟进扶土、柔木等剂，胃纳略动，旋进育阴益气诸味，冀以扶元，而进食复少，又改投润肺降气之剂，胸膈似舒，犹冀医药得宜，转机可望。讵二十五日，忽痰涌气逆，延至二十六日丑刻，竟弃不孝等而长逝矣。呜呼痛哉！伏念先妣勤瘁，毕世未尝耽片刻之娱，自府君成进士后，居北日多，先妣侍奉高堂，体贴微至，祖考妣时深倚闾之望，先妣必称说他事以解之。得府君一函，亟走相告曰："远人固无恙也。"祖考妣喜，先妣亦喜，欢然者竟日。洎祖考妣相继弃养，岁时享祀，必致洁致虔。而亲爱诸姑，视前益笃，以故诸姑于先妣，见则未尝不喜，离则未尝不忆也。居恒相府君以礼，志趣雅，与府君同，当府君供职翰林日，困阨至人不能堪，而府君与先妣均能淡然忘之，府君尝谓不孝等曰："汝母识度颇不可及也。"性极慈，待戚族里党暨婢媪仆从，罔弗有以周其急而恤其患。往岁北上，一戚一仆均贫老且病，先妣捐百金，为之备棺始行。而自奉殊菲，饮食美者，辄勿御曰："吾舅姑未尝有也。"惟教督不孝等则不少贷，不孝等有过，必白府君，使受训知改而后已。自府君见背，不孝等迷惘若失，诸事赖先妣指示，始有遵循。庐州吴壮武公闻府君之丧，悯遗孤无藉，书来招不孝敦复参佐戎幕，意将以脩脯佐菽水也，不孝敦复请于先妣，先妣曰："吴公盛意可感，顾儿未娴军旅事，奚滥竽也。谢之便。"吴公督军山左，将有勘平朝鲜之役，一再驰书敦迫，意不仅以脩脯相酬也，不孝等复请于先妣，先妣正色曰："士当困阨，不可过受人惠，吴公用意愈厚，愈无以当，宜亟谢之。"不孝敦复遂不敢行焉。呜呼！以先妣肫于仁而挚于孝，安于贫而止于义，勤苦俭约以惜福如此，宜有膺天之佑者，胡为仍灾洊祸，五载四降，致我先妣忧伤憯悴，不获永享大年，而我先长兄之丧，且冥冥而无所告也。呜呼痛哉！

先妣生于道光辛卯年六月初一日□时，卒于光绪乙酉年三月二十六日丑时，享年五十有五，子三：长庚复，庚辰进士，户部主事，前先妣一年卒，先聘徐氏，娶方氏、许氏；次不孝敦复，县学生，恩赐举人，刑部主事，娶郁氏，续娶孙氏、任氏；三不孝偕复，幼读，特旨俟及岁交部引见。女五，皆早殇。孙四：循垍、循垲，庚复出；循坦、循堂，敦复出。孙女三，均幼。先妣卒后三月，不孝敦复等奉柩归里，遵例入城治丧，择日合葬于大清岭府君之墓，大惧先妣懿行嘉言，日就湮没，用特和泪濡墨，撰次百一，以备当代立言君子采择。倘蒙锡之铭诔，以光泉壤，则不孝世子孙感且不朽。光绪十一年乙酉，不孝孤哀子夏敦复、偕复谨述。

右先公年谱、先妣行状，皆先仲兄厚庵公所手纂。先公逝后，先伯兄松孙公任营窀穸，既卜葬于杭州，留下大清岭，而伯兄亦以忧劳卒，仲兄任纂年谱，稿凡数易，叠就正于南通张季直，同里邵正言、谭仲修、褚伯约、吴子修诸先生。而仲兄愸焉，以不克表彰先人之志行为虑，尝命偕复悉心校读，冀亦有所献助。嗟乎，吾仲兄虚怀若谷，而童昧如偕复者，七龄而丧吾父，十一龄而丧吾母，前言往行百未闻一，更何能赞一词乎？是以终仲兄之世，年谱行状均未刊行，偕复既不善述，壮而驰驱四方，复不早竟仲兄之志，寿诸梨枣，传播当世，垂示后昆。今距仲兄之殁又十余年矣，怠忽之愆，宁可逭耶！近年使遄自美，息影沪滨，侧闻史馆征集事实，乃亟发箧，写校付印，以备史官之采择焉。中华民国九年二月男偕复谨识。

附　录

《清史稿》夏同善传

夏同善，字子松，浙江仁和人。咸丰六年进士，选庶吉士，授编修。累迁右庶子，充日讲起居注官。十年，粤寇陷江南，诸军无所统，请属之曾国藩；又以北塘之役，僧格林沁军退顿通州，桂良再就议款，同善建言敌情叵测，宜专任僧格林沁备战守：敕并依行。父忧归，服阕，起故官。同治六年，迁少詹事。其时传言车驾将幸惇亲王府，召集梨园，同善闻之，与孙诒经合疏谏止。略言："皇上冲龄，敬天未至南郊，游幸先临府第，未安者一。圣学端资养正，耳目玩好偶有所娱，恐疏而不密，未安者二。近顷军事未宁，游观之事传播四方，曷以慰臣民望？未安者三。英、俄人士杂处京畿，稍示以懈，何能帖伏？未安者四。夫孝以礼为归，礼以时为大，非时不举，古有明箴。乞罢止以彰圣德。"出督江苏学政，遭继母丧去职。起詹事。十年，迁兵部右侍郎。秋，患霪雨，奉其状以上，乞申虔祷，实行敦节俭、广赈济、开言路、清庶狱诸政，语至剀切。十三年，偕尚书广寿诣四川按事，奏请撤永川等兵差局、绵竹等伕马局。

光绪元年，命直毓庆宫授读，固辞不获，益屏家事勿问，退唯默坐观书，思所以为献纳地。先后累言盗案刑例宜复旧制，分首从；畿辅旱，请凿井灌田苏之；晋、豫饥，请移海防关税经费恤之。四年，复命视学江苏，陛辞日，力陈捐纳有碍民生，无裨国用，称旨。明年，被命巡视山东黄河，条上治下游三事：曰浚海口，曰直河湾，曰通支河，请移机器局经费治之。其秋，阅缘江炮台，又历陈三不可恃，请合数省力助守江口，已筑者毋废，未筑者毋增，上然其言。尝割俸浚江阴城河，植松五万余于君山，民德之。六年，卒，德宗闻之遽泣，其忠诚荷主知如此。遗疏入，赐恤如例，谥文敬。子庚复，主事；敦复，御史。①

《近世人物志》夏同善传

翁文恭日记（同治六年正月二十三日）：夏子松来，谈至初更去，有心人哉。又：子松有封事，言临幸诸邸非故事，且传已集梨园等语。谕旨宣示，并无演剧，并着惇亲王停撤，为之额手。又（同治六年八月二十三日）：吊夏子松丁内艰。子松食贫养亲，糠核不饱，甫得差而丁忧，可闵也。又（光绪元年十二月十二日）：派夏同善授读。又（光绪四年正月十二日）：召夏侍郎独对，前此未有也。又（光绪四年十一月十八日）：闻子松放江苏学政，为之骇诧。学政放缺，即不得入乾清门，上问夏何以不来，对以外放，为之不适者良久，百方开譬始读。盖自夏迄今，皆余带书，子松看读，至是始复旧式也。又：子松陛辞，至书斋跪安，先请懿旨准来始来，一跪即退。又（光绪四年十二月十八日）：夜送子松，倾吐一切，挥泪而别。世有真挚识大体如此君者乎？又（光绪六年八月七日）：闻子松长逝，不觉失声，朝失正人，我丧良友，伤哉；子松久患痢疟，屡致书未复，即虑其不起。又（光绪六年八月十日）：上问夏某何日归，因对已故矣。上嗟叹陨涕者两次，此极难堪也。②

---

① 《清史稿》卷四百四十一，列传二百二十八，中华书局 1977 年版，第 12419—12420 页。

② 金梁辑《近世人物志》，北京图书馆出版社 2007 年版，第 112—113 页。

《近代名人小传·官吏》夏同善孙诒经传

皆杭人,起家词馆。同善大考数前列,孝钦称其文学。光绪丁丑,遂命与翁同龢值毓庆宫,授德宗书,具毓固辞,谓"虽官京师久,而犹操南音,弗便讲授"。未几卒,官至内阁学士,兼礼部侍郎衔。诒经官至户部侍郎。同善字子松,笃实谨饬,有君子风。朱逌然授四川学政,濒行以所揭债属为料理,而未久逌然殁于任。京俗营官债者,官死则债亦已,同善独谓不然,乃以朱寄资二千金偿诸债,不足者己以千金补之,后朱眷属归,以俗例责让,索所寄资,苦其烦扰,竟质衣举债,如其数以给,诚信长厚,今无其人矣。诒经明敏开通,不早死者,或膺爰立矣。二人子皆出使异国,还朝皆管外交,诒经子宝琦自有传。[①]

《词林辑略》夏同善传

夏同善,字舜乐,号子松,浙江仁和人。散馆授编修,官至吏部右侍郎,追谥"文庄"。[②]

《昭代名人尺牍续集小传》夏同善传

夏同善,字舜乐,号子松,浙江仁和人。咸丰丙辰进士,官至吏部右侍郎。谭廷献撰墓志。公奉命赴毓庆宫授读,拜疏力辞,不许,于是日夜思所献纳,退食横经,蠠没求诸古训。再奉命视学江苏。陛辞面陈:"今日捐输已成弩末,徒病行政,无裨度支。"公未出都,已诏下

① 沃丘仲子著《近代名人小传》,中国书店 1988 年版,第 135—136 页。
② 朱汝珍《词林辑略》卷七"咸丰丙辰","中央刻经院"1929 年版,第 9 页。

停直省捐局矣。①

夏子松先生手书函牍

少伯仁兄同年大人阁下：

两奉手书，碌碌未复为歉。比维道履延和，潭庭萃吉，定符心祝。

为调梅兄家属致子授兄一节，已得覆音，云每年必有以将意，其数亦断不致视来书见少也。

兹有恳者，舍弟平叔向充上海夏隆泰经商，去岁来都应京兆试，而八月间，由洋关获到岱私二船，贩私者为俞达三。俞达三曾经舍弟荐，令在洋泾浜经理子店事宜，被获后，匿不到案，甲商局员以俞系舍弟所荐，且此案当时漏未举报，从中媒孽者多，颇与舍弟为难。兹据舍弟来函，谓此时经商业被革去，司批勒令将俞达三交案，不交则案悬莫结，交则彼造串通多人，伪造帐目，为诬陷之计，众口铄金，孤立无援，属弟为之设法。惟弟与中丞虽经谋面，素无交情，都转并无一面之缘，从未通过寸楮，是以无从函托。而案情较重，关系身家，又不能不代为筹画，再四筹思，不得已，特令舍弟走诣台端，将前后情节逐细奉闻，面求一切。伏乞吾兄大人垂念旧交，力为援手，将此事应如何理涉之处，详细斟酌，代为主裁。如局员甲公等处，宜用疏通之法，亦望鼎力调停，弥缝其阙，而匡救其灾，则感荷隆情，实同身受。老兄啸傲湖山久矣，不闻外事，故弟自握别以来，从未放以不情之请，烦渎清听。惟此事谊不容辞，非我兄又别无可托之人，用特沥情奉恳，务祈原鉴下忱，勿少推卸，幸甚幸甚。

景师处奠仪及唁函送去后，交来谢函三封，谨附呈览。辉亭同年，景世兄因忘其号，昨甫开去，故须迟日再奉，调梅、润生两同年家，

① 陶湘编《昭代名人尺牍续集小传》卷二十一，南昌大学藏宣统辛亥(1911)版。

久未稍尽寸心，今交上京私十二金，祈分致为荷。余容续布，即请台安，统惟爱鉴，不一。

年愚弟夏同善顿首，四月廿八日

少伯仁兄同年大人阁下：

月初由阜康奉布寸缄，内附复子望先生一书，亮已早邀荃察。比维颐祉潭祺凡百绥吉为颂。

浙抚咨查赵鹿泉先生予谥一节，仪部积久未复，托友催之，始办复咨，兹将稿底录呈，未识中丞肯即奏请否，如有端倪，望即函复子勉太守，盖渠于此事甚悬悬也。董处存项事，一切具详公信中，总之，为乡贤宗祧起见，所恃为衣食似续之计者，全在于此。务望鼎力代筹，幸勿稍存推诿，至祷至祷。

顺天磨勘，大致已归消释，后来之卷，自可风平浪静，然于崇尚实学之道，梁鸿少亦未为无益也。滇中夷案尚未得覆奏情形，此间往来节目，亦未议出，想年内定可无事矣。余容续布，即此，顺请冬安，统惟朗照，不一。

年愚弟夏同善顿首，小春二十七日

少伯仁兄同年大人阁下：

顷奉还云并景苏同年书，详悉壹是，即稔起居夏健，即事多欣为慰。

子望先生失明旋里，曷胜扼腕，来书所嘱，极思竭(棉)[绵]以报。此事四月廿五日奉旨，弟于廿四日午后抵京，因未覆会，与绍彭同年同往庙中，一人不见，一事不阅，安能与闻其事乎！况力峰有造于吾浙，亦何忍与之为难也。惟如来书疑有异议云云，势不能不受以需，盖恐转有所碍也。望翁前乞先为致意。至景苏所转嘱一节，弟自己已北行后，与冠老未曾通过一书，且官场中事，弟实不愿干预。即希婉覆，容再致致函，景苏知我有素，谅断不以此见怪也。

顷寄上复徐世兄际元一信，银十二两，葆怡兄奠分，乞代封。祈转交。又为厘局事与子授联名谢信，并乞饬纪代投中丞处。耳封亦读悉，当转致子勉兄。余容后布，即请颐安，统惟心照，不宣。

年小弟夏同善顿首，七月朔日

少伯仁兄同年大人阁下：

数月以来，未得教言，弟亦以试事历碌，致稽言敬，念甚歉甚。比维道履潭祺凡百鹤吉为颂。

珊图同年德度渊懿，校阅亦极认真，惟此事极费精神，六旬以外人恐未便常常拖累，拟如前约而止，想吾兄亦以为然也。

浙中近事如何？中丞励精整顿，而清查荒田比比滋事，究系何因？苏省多有患旱之处，未知吾浙如何？均希便中示及。

常郡试事，月之十七日告竣，此后仍有两日小休，惟月来河鱼之疾，虽不甚剧，然积久不愈，恐成脾泄，现改服补运之剂，未知能否获效耳。大、小儿礼闱获售，再实之木，弥深惴栗，幸点用主事，或不致盈满为灾否，以后如何，望老兄有以教之。专此布臆，即请道安。

年小弟夏同善寄，五月廿四日灯下

少伯仁兄同年大人阁下：

昨、今两奉手书，诵悉种切。

朱世兄复来，弟借其五十番而去，惟自远方来者纷纷不已，以后真难乎为继，于此服阁下处置之得宜也。家叔事但愿如来书所云，亦可少慰。倘并经商一席而不得，不但无以解家叔之急，弟亦倒眉之至矣，还祈鼎言关说，俾获有成，则感激之私，真如身受。

试用训导钱唐廪贡钟莲裳名学聚，为弟之表叔，然踪迹甚疏，并面貌亦不复记忆，其品学如何更无从悬揣，阁下如知其人，乞即示知为荷。并希秘之。专此布臆，即颂冬安，不一。

年小弟夏同善顿首，十一月八日

少伯仁兄同年大人阁下：

前月接读新正五日惠书，祇悉壹是。春光明媚，伏惟履缦凝整，潭庭萃祉为祝。

沈郑□世兄昆仲到都后，即延章霖伯兄课读，功夫皆早，但愿潜心力学，乃可上继家声。在杭诸事，悉蒙挚谊关垂，知感者不独沈氏一门也。

华啸云同年名条乞寄下，俟石公到京，遵即面交。惟迩来相嘱者纷至沓来，势难周到，奈何。知故乡不免有抱怨者，阁下曾有所闻否？弟自问□□，叨窃至此，惶惚万分，极思趋步高踪，惟所处境界不同，一时尚难自决。

至于都门时事，又非公在都时可比，即以科场事而论，亦属莫名其妙。今科会试，弟忝充知贡举，三场幸获平安，惟愿揭晓后不生枝节，则去年荧惑入文昌之应，斯过去耳。余再续布，即请道安，不尽。

再，吴小予兄馆事，尚祈随时留意。杨中丞处弟前亦有信致恳，惟至今不复，阁下便中春风及之，得有机缘，不胜感甚。四月十三日又注。

年小弟夏同善寄，三月廿七日闱中

王祖畬年谱

像　赞

弇山巀嶪，娄水澄清。渟峙郁积，实诞魁英。卓哉先生，硕德茂行。文学起家，循良报政。居忧誓墓，辞荣葆真。采薇长往，是古遗民。家祭毋忘，明夷有录。慨想音容，瓣香心祝。戊午秋仲，嘉定秦绶章谨题。

预绘衣冠像记

余以道光二十二年十月二十二日丁酉生于州城太平桥东恭寿堂，祖父命名曰祖畬，字岁三，余因更号漱山也。六岁识字，即能辨四声。年十一，四子五经卒业，学为制义，喜规橅先辈大家，得石门吕氏天盖楼选本，晨夕研玩不去手。咸丰己未，年十八，县试冠童子军。明春，补博士弟子员。是年，粤匪陷州城，转徙海门，假馆通州吕四场彭氏，借舌耕以养。同治甲子，应京兆试罢归，得陆清献公《三鱼堂集》，昕夕读之，始知为学之要。癸酉，举本省乡试第二人。越十年，光绪癸未成进士，改庶吉士。会吾母多病，假归，休于家。戊子秋九月八日，吾母弃养，服除。壬辰，散馆二等，选授山西崞县知县，亲老告近，改授河南之汤阴。癸巳，充河南乡试同考官，明年正月履任。又明年，闰五月十日，吾父考终于家，奔丧归，遂不复出。岁戊戌，新法萌芽，喟然叹曰："舍三代圣人之教而用夷变夏，而又破坏祖宗之法，吾见神州之陆沉也。"是时主之者南皮制军。先是，辛卯夏，会南皮于武昌学院，纵谈经史颇洽，拟移书止之，既而憬然思曰："一齐傅，众楚咻，无益于事而徒博异时先几之哲，吾不忍为也。"自此，闭户逃世，戒子孙毋入学堂，曰："非学堂之咎而教术之谬也，三纲五常扫地尽矣。"孝钦皇后谨守成法，德宗春秋鼎盛而贻误至此，此真明庄烈帝所谓"君非亡国之君，诸臣皆亡国之臣"，尚何言哉！吾家卜宅在文庙东偏，近市而不嚣，门对文笔峰，三面环水，因自号"溪山老农"，寓终隐之意。年七十，遭宣统辛亥之变，更号"溪山饿叟"，首阳高蹈，虽不能至，心向往之。生平不骛名，尤深恶功利之说，坏人心风俗甚于洪水猛兽，他无所长也。癸丑春，嘱族侄葵忱预绘衣冠像，自知不久人世，且亦叔孙祝宗祈死之意也。先妻陆宜人，长余三岁，以光绪丙申六月十二日卒于家，祔葬州境二十七都上六图弁圩先封公之昭，宜人无子，周姬生子保譿，弟子保诜幼失恃，吾母育之，迨老病，命余抚为子。今两儿各有二子，而以保诜之次子为从兄子元后。吾家入国朝，归愚公始应试为诸生，拈花公起家翰苑，为知府，逮保诜、保譿，八世矣，诗书之泽，久而弗替，不幸世变，痛何如之。昔我总戎公丁明季乙酉之变，志事未遂，抑郁以殁，年才四十余耳。余则垂老不获死所，而犹饱食暖衣，觍然人世，尚何颜哉！癸丑四月，镇洋王祖畲自记。

溪山老农年谱卷上

镇洋王祖畬漱山自订　男保谌、保譿校录

道光二十二年壬寅(1842)　一岁

十月二十二日子时，生于州城太平桥东恭寿堂。前夕，吾母梦庭桂盛开，中有二果大如枣。既生，体冷无气，老妪将弃之，吾母急置诸怀，周时身暖，呱呱而泣。既弥月，大父补巢公命名祖畬，曰："'经训乃菑畬'，望其以经术大吾家。"

是年五月，英夷陷吴淞，江南提督陈化成死之，随陷镇江、扬州，至金陵议和，偿兵费银四千万两，未敢奏，闻沿海各省督抚设法挪移了事。

癸卯(1843)　二岁

正月下旬，吾母归宁，见于外大父张公。公赐以端砚一记，其背云："外孙王祖畬生三月来见，以斯砚授之，砚故象田，他日耕耨有获，必能副乃祖命名之意。"侑以白寿山大印章一对，及水晶笔架、古铜水盂。庚申兵燹失去。

甲辰(1844)　三岁

是年九月二十七日，女弟生，后归同邑文生季屿。

乙巳(1845)　四岁

丙午(1846)　五岁

七月,大人应本省乡试,结伴过昆山,猝闻大父病,遽归,昕夕侍奉,旋愈,遂不复应试。一日,指畲顾吾母曰:“君读书胜余,明年儿六岁,终教之,无烦余矣。”吾母笑而颔之。

丁未(1847)　六岁

始识字,吾母晨妆时教之,过目不忘,即能辨四声。自后四子、五经暨《周官》《仪礼》,皆吾母口授,至十一岁毕业。

是年二月三日,二弟祖畴生。

戊申(1848)　七岁

是年八月十三日,二伯父卒,年四十六。伯父名敷旦,字春泉,为伯祖炽尔公后,居边巷,外家陈氏,临殁前数日,谓吾父曰:“寄声弟妇:侄聪明,异时当出人头地,读书勿太苦之。”

己酉(1849)　八岁

自四月下旬至于五月,雨四十余日,街道成河,余家地形尚高,然水几及堂室矣。父老云:“今年水大,甚于道光癸未。”米涌贵,每石至六千余文。大吏请于朝,发帑振恤。

庚戌(1850)　九岁

自八九岁以来,每晚饭后侍先大父,为述古来忠臣义士、孝子悌弟事,颇能启发,大父顾而乐之。

咸丰元年辛亥(1851)　十岁

是年八月二日,三弟祖田生。

壬子(1852)　十一岁

癸丑(1853) 十二岁

受业同里姚芷轩先生,先生名墉,总角时与家君交好,见余,甚爱之,曰:“此子可教也。”因留受业,同砚七八人,惟李孙筠文镳、康伯文钊最称莫逆。

彭城中丞由赣抚归,已十有三年,于大父为中表昆弟,又曾受业,昕夕往来,见余初学制义,曰:“是儿天资好,当不仅以八股见,盍多读书,缓作文,俾成大器。”大父曰:“君言良是,特我家贫士,冀早博一衿,为砚田生涯,感子言,当令稍缓一二年尔。”又窃聆中丞论诗,谓当先作古体,五古从康乐入手,七古从昌黎,庶不流于率易,盖甘苦有得之言。

读《昭明文选》。会重阳日,大父喜晴,赋七言一律,和者颇多,余亦仿为之,改为五律,大父不知也。

是年二月,粤匪陷江宁,警报日数至。越数日,提督向公荣率师扼其冲,人心稍定。七月,广匪刘丽川作乱,据上海。同时,青浦奸民周立春以浮收漕粮为名,煽惑乡愚,连陷松郡各县及州属之宝山、嘉定,州城□岌岌,绅士轮流巡夜。一夕三更,有夫役肩绍酒两巨瓮出城,止之,曰:“州署物也。”孝廉周君焕阶以足蹴之,曰:“果酒,当偿若。”则累累皆白镪也。州守方传书以病告,乘夜去。八月十二日,贼窜太仓,入城,至州署,前署州蔡公映斗率粮勇击走之,斩贼百数十级。十四日黎明,贼大股攻东南门,蔡公及刘河营都司周建勋固守。周君于十二日闻警,三更余进城,仅带经制兵三四十人,居民皆登城,妇女儿童亦号呼击贼,自卯至午始退,追斩十数级,获枪械无算。余于五更亦登东城,以瓦砾投贼。十八日,候补府丁公国衡率师攻嘉定,微雨,不克,丁公之幸童某郎殉焉。翼日,嘉定举人吴林来约,伪为采樵者先入,官军继之,遂克嘉定。数月间,郡县相继复,独上海以刘丽川死守,至明年十二月而后定。

甲寅(1854) 十三岁

时塾中盛行《仁在堂时艺》,家置一编,关中路德所著,私以叩先大父，曰："余不知路德为何许人，盖路少于大父，未尝读其文也。然则文当以何者为法，曰：独有王、唐、归、胡、金、陈、章、黄大家耳。"因遍检书簏，得《石门吕氏天盖楼评本》。余之致力于先辈大家文，自此始。

乙卯(1855)　十四岁

读《关圣帝君觉世真经》，为之注释，姚师见之，喜谓："可劝人为善也。"为润饰刊行，名曰《〈觉世真经〉做人要语》。是年十一月始应小试。

大父于十二月十六日丑时弃养。先时，同里邵植斋先生，大父旧雨也，新正，梦冥司折柬召诸老人，首赵小孟，植斋及大父与焉。小孟就养贵阳，五月而讣至，八月，植斋无疾逝。十二月初旬，大父起居如常，以为不验矣，十二日，身微热，然犹每日自书日记，延医诊视，以为无病也，十五日晚神思散乱，至五更而怛化。岂人之死生真有定数邪？

是年四月，弟祖同生，二岁而殇。

丙辰(1856)　十五岁

岁大旱，蝗蔽天而下，庭宇遍地皆满。

丁巳(1857)　十六岁

戊午(1858)　十七岁

冬应小试，县尊钱唐吴戟门先生激赏之。先生名梁，穀人祭酒之孙也，爱才礼士。阅文者为其从兄旃林先生名树檀，见余文，击节叹赏，二覆卷评语至七八百字，中有云"此种文，非多看子书及江右五先生稿，加以三五年苦功，断不能到此地位"云云，拟拔置榜首。时余姊婿杨涵溪式金年三十矣，三场点名毕，县尊拱手向余曰："汝本拟第一,前程正未可量,杨君年长,姑让之。"乃置余第三,州试亦列前十名。

是年五月二十六日,六弟生,逾岁而殇。

己未(1859) 十八岁

院试取,列佾生第一名,吴县尊大为惋惜。冬,县试冠军。

庚申(1860) 十九岁

学院孙莲塘先生科试,取入县学。

四月,余父挈家避南乡,几濒于危。五月,六伯父自海门归,挈余与二弟渡海,寓麒麟镇沈氏。沈漪云先生名丙煃,受业先大父,二子廉江名之瑛、仲瑜名之瑾,皆受业伯父,故视余兄弟如骨肉,因得与廉江昆仲订交,昕夕谈文,有邢迁如归之乐。

是年二月大雨雪,金陵大营兵溃,江南提督张国梁死之,总督何桂清弃常州走,钦差大臣和春至浒墅关自缢。四月十三日,苏城陷,巡抚徐有壬、署按察使朱钧死之。四月二十八日,州城陷,越数日,贼去,署布政使、前知州蔡公映斗入城,守六月,贼大股攻城,三日不克。吴县尊募勇营于北门外与战,死之。署州杨锡麒弃城走上海。八月十四日,州城复陷,大伯父缒城出,坠而死,年六十矣。

辛酉(1861) 二十岁

馆通州吕四场彭氏,东人名维聪,号训彝,与乃兄宝荣以海舶起家,宝荣名维皋,孝友诚信,力行善事,为乡里敬服,道光己酉大水,独力振十余里饥民。学徒三人:思仁年十四,思恭、思敬孪生,年八岁。一日,东人以青钱数串置余床头,骇曰:"是阿堵胡为者?"曰:"此间东家得产,先生分润中金,例也。"余曰:"若毋污我,束脩外誓不取一钱。"固辞之。东人出,谓人曰江南人避难而犹不要钱如此。

自辛酉至癸亥,馆彭氏三载。课暇,读《史记》、前后《汉书》、徐庾全集、《全唐诗》、陆游《南唐书》，择其要者摘录成帙。

同治元年壬戌(1862)　二十一岁

四月，太仓四乡起义，不克，贼四出焚掠。吾父挈吾母、弟妹渡海而北，寓凤凰桥东施氏圩仓。

作《哀江南赋》及《吊娄城勤王殉难文》。

癸亥(1863)　二十二岁

二月，官军复太仓。十月复苏州。

甲子(1864)　二十三岁

二月，渡海至崇明，谒舅氏张养梧先生，先生名浩，道光己亥举人，工诗、古文、词，留信宿，谈文甚洽，谓余曰："古文自马、班而下，首推昌黎。昌黎而后，惟半山为近。欧公之文非不至，然斤斤焉摹拟之，或为优孟之衣冠。子固湛深经术，然非真有得于心，则或入于肤，庸而不觉。三苏才气盛矣，然或逞才而背理，昔人谓其杂于战国纵横之说，信然。"又论制义："曰如题，且曰文者，肖心而出者也，其文之华而不实者，必其人之虚诬诈伪者也。"又曰："文之有为而为者，必非真文也，故应试之文往往不如平昔者，有所为也。"

三月，由海门动身，偕沈廉江暨通州周子冲之鹏同应京兆试，寓宣武门外球芝庵太仓会馆，受业于同乡陆憩云先生，先生名奭棠，咸丰辛亥举人，官刑部主事，其子年十五，兄事余，初学作文，时相质正，即今伯葵总宪也。

六月，得江宁克复之信。九月，报罢回南。十一月，应本省乡试，荐而未售，房师为云南人康先生，名元。

乙丑(1865)　二十四岁

正月，自海门归里，旧宅已毁，赁周海涛表兄宅，仍与六伯父同居大房。归杨氏姊挈一幼女，割一室居之。买得陆清献公《三鱼堂集》，日夕读之，以朱笔点勘一过，始知为学之要。又假得张武承烈《王学质疑》、陈定斋法《明辨录》手录之，二书皆辨阳明之学，剖析毫厘，不少假借，旋读李二曲《四书反身录》，摘其语之近于陆、王者条辨之，自是始留心正学。

丙寅(1866)　二十五岁

四月，陆宜人来归。宜人世居岳市，父名炜，字右彤，同邑廪贡生，宜人其季女也，仲兄名延垲，与余同岁入庠者。

学院鲍花潭先生岁科并试，连列一等，兼取经古，补廪膳生。时有杨姓者，海门人，拟昌籍应试，导之来者，邑某孝廉也，余悉其颠末，告之州县学师及各廪保，垂成而止。某习于姚师，尤之曰："君独不能为我地，而令及门，沮我乎！"师正色曰："此子本无私，余何敢以私废公？"某怃然而罢。

贼据州城二年余。诸生中有应伪试得生员、举人及效力于伪馆者，事平，同人纷纷议其罪，将以呈学院。余曰："罪名，朝廷之事，清议，学校之事。凡若此类，皆不得复列于士林。"清议所得主持也，作《明伦堂私议》，其后挂清议者率避匿不出，或逃之他方。

丁卯(1867)　二十六岁

是年春二月，上海道应公宝时创建龙门书院，以性理及经世之学课士。余正取第四名，覆试日，公面谕能否住院肄业，余以处馆辞之，后公来阅刘河，学师迎谒，极称余覆试文之佳，当为三郡冠。

八月，应本省乡试，荐而未售，房师为候补知县温纯斋先生，名粹之。同邑李君国棠与余同房，中式后往谒，先生曰："君同县王生卷甚佳，得卷迟，以额满见遗，可惜也。"

乡试前，州守有离任之信，属道意诸生："凡与名保留者，皆有馈贶，事成更酬谢。"友人以告余，余曰："州官之贤否去留，乃以利市乎！

且斯言何为入吾耳哉!”严拒之,州守即癸丑年告病之方传书复出补官者也。

戊辰(1868) 二十七岁

学院童薇砚先生科岁并试,列一等。二弟入县学。

馆苏州牙厘局督办南陵何子永先生处,学徒三人:长廷光,少余一岁,已入学矣;次来寿,年二十;次来礼,年十八。先生名慎修,道光甲午举人,辛丑考取中书,当京官二十余年,依旧手不释卷,与霍山吴竹如、满洲倭艮峰诸先生论学,于程朱、陆王之辨尤严,馆课之暇,时相讲论。先生曰:“君于学问之道,已了然于心,但须躬行实践耳。”又曰:“余初谒竹如先生,谈论终日,纵横骋辨,先生但微笑。有顷,问余曰:‘君在会场作文,有无功名之心否?’余为之悚然,因曰:‘凡人有为而为之者,皆功利之见也,功利最害事,此根不拔,终不可以入道。’”余主先生家六年,颇得切磋之益。一日,余谓先生曰:“厘局腥膻之地,乃以处先生,何也?”先生曰:“余之出京,李少荃奏办军务,余未之知也。至金陵,以母老丁单辞,上游拟以报销局处余,竹如先生曰:‘渠不能说谎,不可办报销。’曾中堂强余厘局,且曰:‘厘金既不能裁,正须贤者知大体,但宽得一分,民即受一分之惠。’故余到局以来,力持米粟不可加捐,洋价照市一律,商人不轻罚,捐局员不比较捐数,但愿厘金日减以至于裁,则百姓之福也。今又兼水利局,或可稍尽吾心耳。”后知每岁平余不下十数万金,另储以备振荒浚河之用,故先生办牙厘十五年,身后不名一钱。

是年十二月,迁居州西宅。

己巳(1869) 二十八岁

科试仍列一等。

校《说文段注》及《史记》。《史记》假震川评本点勘一过,又买得《震川全集》,辑各家评语录于上方,阅两年而毕。

庚午(1870) 二十九岁

应本省乡试,三场同号,晤江宁杨朴庵长年,宿学也,谈甚洽。出场后,以古文稿相质。是年中式,年五十余矣。试之前月假归,子永先生谓余曰:"吴竹如先生,此当世大贤,不可不一见,某已先函达矣。"余谢曰:"侍郎位高德重,某一介寒儒,知其人,读其书,可也。"卒不往。

六月,母舅张养梧先生卒于家,年六十岁。

姚师以拔贡举本省乡试,门人何来寿中副车。

辛未(1871) 三十岁

学院彭味之先生岁试一等,兼取古学,通属第二名。

冬十月十三日,二弟卒。

壬申(1872) 三十一岁

科试一等举优行,应考选拔。

买金陵局本两《汉书》、《三国志》,《汉书》固少时熟读者,兹更博采先儒之说,取其有根据者,录于上方,参以臆见,积年成《汉书校证》八卷。校释《春秋》经传,亦自是年始。

子永先生之幼子来智,年六岁,始入学,识字后改名毓骏。

癸酉(1873) 三十二岁

本省乡试中式第二名,房师为安徽知县鄞县马子桢先生廷棫,座师为副都御史南皮刘缄三先生有铭、翰林院编修安化黄鄞虞先生自元,太镇同举者,州闻眉川福增、县汪闰生曾荫。是年,门人何廷光得南陵选拔。

甲戌(1874) 三十三岁

应礼部试,荐而未售,房师为给事中郭定轩先生从矩。

谒两座师，始知余卷本定元，监临皖抚英翰以寇平后三科解首皆在下江，固请易之。自后上、下江挨科定元，遂为成例。

应江苏书局襄校之聘，提调为候补直隶州刘泖生履芬，浙江江山人，校《五礼通考》暨《诗集传通考》，自前年校刊，会办溧阳强赓廷汝询意秦文恭初本必无误，遽曰："照写付刊可尔。"迨二三十卷，而错误甚多。余与叶涵溪征君到局，力主重校，然已刊者不及追改，未为完璧也。坊本《诗集传直音》，非朱子之旧经，余一手校正，依元罗氏《音释》，间参以他本，凡遇庙讳、御名，谨缺末笔，不以他字代。

光绪元年乙亥(1875)　三十四岁

新正四日亥刻，三弟得一男，初名凤韶，改名保诜。四岁丧母，吾母育之，稍长，命余抚为子。

三月，永康胡生福畴、萧山来生锦章来受业。胡号苇卿，应敏斋方伯同乡，其舅氏应选卿万青率以来。来号絅斋，同事陈辰田兆熊之玉润也，年俱二十一岁。假刘泖生《三国志》校本点勘一过，兼阅《新五代史》，圈点，以朱墨别异。《志》于高贵乡公之人，历书其避止西厢、不听法驾迎及答拜下舆之事，元年详书幸学与诸儒讲经，以见帝之孜孜为治，而司马氏之罪大恶极，愈无可逃。寿，晋人，而其词之微而显如此，真不愧良史。又阅《魏志・王昶传》戒兄子及子书，为持身处世之格言，与马援诫兄子意同，而尤为畅密。

十月七日，同砚友李孙筠文镳病殁。孙筠长余三岁，自幼意气相得，性亢直，无城府，近年渐进于道，乃弟心冶来告，趋而哭之，为处身后事，作行略，告于灵前。

是年，介眉族兄寿枏中本省乡试一百十四名，陆伯葵宝忠、嘉定秦韶臣夔扬中顺天乡试，皆余同谱弟也。

丙子(1876)　三十五岁

应礼部试，同年闻眉川中二十三名，谱弟陆伯葵中八十一名，皆得庶常，报罢回南，仍至书局。

闰五月，抚委候补知府田寿孙祚来议修州志，州尊来请至署开议。九月，两尊关聘纂州志，局设娄东书院，同事顾雪堂师轼、叶涵溪裕仁、汪稚泉承庆、徐棣花应台、沈子复嘉澍、凌宝斋锡祺、缪衡甫朝荃、族兄雪门程，与余凡九人。二年余，成《太镇志》稿若干卷，余分纂《人物传》，并作《州志余论》一卷，以属县志未成，暂撤。

余家宗祠旧在八洞桥西，毁于兵。前年，六伯父偕吾父创议，商诸近支兄弟捐资，买邵氏副宅，今修理毕，奉安神位于此。

是年，雪门兄中本省乡试五十一名。

丁丑(1877) 三十六岁

应礼部试，介眉兄中式三百八名，以知县即用，余报罢归，仍至书局。

六月，西北乡蝗，两尊出示收蝗，斤十六文。秋，乡间有霸租一案，省委前署州沈玮宝查办，鞭数人，监禁一人，其实事起细微，大都城乡不肖董事酿成，此以威众耳。

十月，陆憩云先生之丧至自京师。

戊寅(1878) 三十七岁

校读《唐宋文醇》及韩文公、曾文定公全集，圈点，以朱、黄、绿色别异。

得澄泥古砚于旧肆，形如古瓦，右篆刻“玄赏斋挥毫澄泥”，下“太史氏”图章，左篆铭云“温润而有守，此吾之石友，日就月将，乃至于不朽”，下刻“烟客珍藏仙洲”。族兄见之，谓真奉常公物，固请归之，爰志数语，属异日刻于其端，因遗余青花端砚一方以报云。

眉川同年散馆，授四川庆符知县，假归，将赴川，余前致书勖之，今别录一通，附以跋语，中有“时可为则为，不可则奉身以退”之语，副以陆宣公奏议。

十月七日，三弟妇朱氏病殁，弟妇于癸酉九月来归，性和顺，与余妇相处六年，和好无间，至是以痨疾殒。

十二月二十日，六伯母徐太孺人去世，寿六十七岁。伯母昭文，徐市人，慈厚性成，视前子如所生，尤爱余甚，与余母相处，至老弥笃，晚病目盲，既殁，余哭之恸。同里陆生朝琮来受业，生字礼南，余族姊之子，而余妻之再从弟也。

己卯(1879)　三十八岁

左氏浮夸，或有不合于圣人之旨，又最晚出，多后人窜入之文，拟于读时摘出，纠其缪，辨其伪，积年，成《读左质疑》四卷，嗣于卷首采历代先儒之说，合为五卷。拟读《通鉴》，借古监今，如任法而吏售其奸、用人拘资格，及捐纳保举之滥、衣服舆马上下无等、俗重利而士鲜气节、东南漕务之坏、盐法之弊、兵政之弛、学术之伪、士大夫家冠昏丧祭之不讲、僧道师巫之惑众，驯至天主耶稣流入中国、煽惑愚民，且自中外议和以来，大防已溃，几于举国效夷，将来更不知何所底止，当于读时摘出，《通鉴》本文为一行，另行提起，引先儒说，或发挥己意，总以有益于世道人心为主。本朝立法綦严，阉宦不得与闻政事，二百余年从无宦官之祸，今则稍不如前，拟于汉唐宋明宦官乱政之事提出发论，以为殷鉴。

曾叔祖母刘太宜人《焚香刲臂图》，兵燹后完好无恙，亦钧从父出示余，嘱跋其后，又题高叔祖岳阳公《金台施诊图》五古三首。

思得日录之法，除十三经正史、《通鉴》及周、程、张、朱五子书外，凡前人著述有关学术治道，可为后世法者，随读随录，一书毕，再阅一书，以免杂乱。录出后，各归各卷，将来汇萃成书。谈太极心性，自以五子为主，不必录他人之杂说，或有发明五子说，间亦录之。

所录以学术治道主，其空言剿说，及门户攻讦者不录，文词虽佳无实义者不录。专为自己读书工夫，原文有节去，仅采其精要者，各家各归一卷，不杂乱以存前人面目。其有一书而仅有一二条可录者，当并诸家为一卷。

《制义正宗》成，首洪、永以来先正文，次王鏊、钱福、唐顺之、薛应旂、诸燮、茅坤、瞿景淳、周思兼、许孚远、归有光、胡友信、赵南星、章世纯、艾南英、金声、陈际泰、黄淳耀、徐方光，国朝熊伯龙、李光地、韩菼、方苞，凡千三百有九篇，厘为三十六卷，自序之。

读吴柳堂侍御可读《自尽遗折》，言穆宗立后事，词旨恳切，并遗诗云："回头六十八年中，往事空谈孝与忠。坏土已成黄帝鼎，前星潜祝紫微宫。相逢老辈寥寥甚，到处先生好好同。若问孤臣恋恩所，惠陵风雨蓟门东。"朝廷下群臣会议，礼亲王世铎与"群臣会议"一折，语近模棱，学士黄体芳以群臣激烈巽懦为言，亦未能自申其说，御史李端棻所陈五条，亦微有矛盾处，惟徐桐、翁同龢、潘祖荫所云，总之"绍膺大宝之元良，即为承继穆宗之圣子"，最为简要，司业张之洞折大意略同，而尤反覆详尽。

同乡亲友以经董违例，请派亩捐，公禀止之，并嘱余函致州守万公叶封。盖余馆牙厘局时，万以何氏姻戚，曾与相识也，事得中止。

闻刘泖生之变。泖生提调书局，与余同事六年，孜孜好古，人品亦和，而介官场中正不易，得代理嘉定，遽遭此惨，闻系刀伤身死。后竟以自戕结案，因为文记此事。

是年，友人陆森榆祖诰中本省乡试八十五名，门人永康胡福畴中浙江乡试七十一名。

庚辰(1880)　三十九岁

应礼部试，三场同号，晤常州同年陈养源允颐，渠于前年为使俄大臣崇厚随员，因询崇使俄颠末。据云，由中国开洋轮船，行四十余日，抵俄境，先发文书关会俄国衙门，并示以敕书。越数日，其首相某来迎，极隆礼，以国主所乘六马车迎大臣，而以宰相大臣四马车迎随员，护兵千余人，夹道观者皆脱帽行礼。至皇宫，历七重门，俄皇迎于殿下，宾入，东西立行三磬折礼，授翻译官开读国书，宾主相劳问。礼毕，俄首相引使臣宴，随员皆与宴。明日，见俄皇后、太子、公主，亦略问讯。又明日，俄皇请听戏，后妃、太子、诸王、公主均在坐。又数日，崇复见俄皇，因致命曰："使臣来修旧好，且有后命，昔贵国有言曰：'中国若平定回疆，当以伊犁相还。'今回疆定矣，请如约。"俄皇曰："然。然吾亦有他事与贵大臣商。贵大臣系全权大臣，自可便宜行事。"因要约数事，崇犹豫，然得伊犁心急，亦未有以拒之。时四年十二月也，越数日，闻左中堂移师至伊犁，俄人来责，曰："贵大臣来修旧好，且索伊犁，既有成言矣，左某何故如此，岂中国不我信耶？我今定不还伊犁，当何如？"崇心怯，惧事败，急告俄曰："我全权大臣，左若此，当移文止之，无失两国欢。"俄人曰："既贵大臣可挽回，当如约，然须依我所约：一、仍割伊犁要地一面；一、南八城免商税；一、许通商入嘉峪关，取道汉中、西安两路；一、伊犁之产，在俄者归俄，在汉、回者归汉、回，如广东、香港例；一、归地划界后，回人愿归俄者听自便。此外，贴兵费二百万两。"崇惧，不得要领，一一如命，余与参赞记名道邵君友力谏不听。既约，以条款寄军机，不俟诏旨即归，而留邵君于俄以待命。崇自去岁到京后，各衙门参本络绎，革职交部勘问。上谕有"违训越权"四字，而崇奥援力大，且外人以公使下狱，为轻外国，卒从宽出狱云。

场后，于三月二十七日大挑得二等，以教职用，榜罢，航海回南，于端阳日至家。

买得六安涂氏仿刻嘉靖本《朱子大全集》，假何子永先生手校本点勘一过，以陆清献公《读朱随笔》及霍山吴竹如先生案语录于上方，凡年余而毕。

族侄子冶缵京就医吴门，殁于舟次，妻胡氏随往，即时服毒殉，兄子驭载两丧归，殡于西门外，时九月也。

辛巳(1881)　四十岁

正月，唐生文治来受业。生字蔚芝，年十七，去岁入泮，乃翁若钦，余总角时文字交也。昭文吴生望岁、同里李生以炳并来受业。吴字稻芬，李字虎臣。

从母舅张晓溪邀至常熟偕游虞山，先至观音寺右，旋至虞仲墓，稍前，过周章坟，俱不甚大，稍下，至言子墓，规模较大，左右列二亭，中立圣祖、高宗遣官致祭碑。循级而下，至山脚石梅啜茗，归途至慧日寺，寺方兴，工未竣。明日，殷子佳、归旭如、浦玉圃、张念修诸同年邀余钱馆午饭，肴馔甚精，仍至石梅茗饮，过游文书院，院依山傍石，进而益高，胜境也。

崇厚获罪后，朝廷简曾袭侯纪泽为使俄大臣。俄所要各条，侯峻拒之，惟许兵费若干万，盖俄以兵力取之于回，不为无因也。余尝谓俄所要各条，一事不可许，独兵费尚为有名，而中国亦不失大体，且俄之所重在利，我之所重不在利，以我之所轻，予以彼之所重，今果然矣。

壬午(1882)　四十一岁

读《仪礼》及《小戴礼》，校证其经注之同异，录为若干卷。

四月，镇民桥南宋张氏房屋卖于耶稣教堂，已成交矣。闰生同年暨揖韩侄陆森榆与余商，告之两尊，嘱宋张氏之夫侄少峰提前成交，售归书院，一面立提教士到堂，士民千百人四围环列。教士吴虹玉初犹不服，县尊谕之曰："书院买在前，汝何得强夺？且百姓汹汹，众怒难犯，汝知之乎？"吴诡曰："契已归教堂，当商之。"县尊以询余，余曰："条约'教堂不得内地置产，即置产，须先照会地方官'，是以必吴姓出名，只须虹玉收回原价，出收据，契作废纸。"复谕之，吴不得已，允收原价，书收据。旋见众人环绕千百，不敢出衙。余晓之曰："汝在此行教，民弗顺，故甘心于汝。今归，是客也，当以礼相待。余绅士也，当保护汝，为汝唤舟，送汝出境，保无他虞。"且嘱县尊封四洋元为赆，吴拜谢而去。数日，忽有兵道文札："州据领事官，移牧师吴虹玉来州行教，大受欺凌，请为查办。"同人皆惶惧，余笑曰："是何妨，余早知有是,故临行贶之。”以告州,州据情申覆,得无事,复另具详文通禀大宪,谓教士虽有行善之心,但此间少见多怪,且恐不肖棍徒借以愚弄教士,适足滋事,而丧教堂之名誉,请姑缓来传教,以期彼此相安,上宪如详立案,并移领事官照会教主云。当时同人公议以房屋改建陆、陈、江、盛四先生祠,春秋社日致祭,即于是月二十八日奉安神位,来送者五十余人。

是年,友人金蓬生篪中本省乡试十四名,门人唐文治中二十名。

癸未(1883)　四十二岁

偕金蓬生、陆森榆、唐蔚芝同伴北上会试,中式一百六十一名,房师翰林院编修日照尹琅若先生,座师为礼部尚书汉军徐荫轩先生、兵部尚书宗室瑞睦菴先生、刑部尚书南皮张子青先生、刑部右侍郎满洲贵隝樵先生。殿试三甲,朝考入选一等二十八名,改翰林院庶吉士。嘉定秦佩鹤绶章、韶臣夔扬兄弟同榜,以二甲入翰林。初,余殿试对策以法祖作柱,每道中历引圣祖心法治功作证,交卷时,中左门收卷,诸前辈以为必当鼎甲。小胪传日,尚有传余第三人者,后有人告余谓读卷中五六人皆知江苏有是卷,拟拔置前十本,适落满洲某公手,置诸后,有某公欲为道地,置二甲,高阳李公曰:“不必,将来朝考前列,点词林可耳。”后朝考卷适落高阳手,初拟第一,以诗中复字,与仁和黄福楙卷互易。后谒高阳,曰:“汝不以字名,然亦古雅,殿试太屈汝,今得词林第一也,且本朝三甲进士如陆清献公、近时曾文正公,胜鼎甲多矣,勉之。”

为已故总兵陈国瑞作传,尹师暨邓给谏属之也,给谏名承修,广东人,有“铁面御史”之目。

八月,由船航海归里。

十月,至镇江,谒乡房师马子桢先生,先生以降调改官江苏,当镇江保甲差,呈时艺,乞作弁言。

晤独山莫仲武绳孙于扬州。仲武父名友芝,字子偲,精校雠之学,隶书自成一家。余在苏曾一面,因出示唐写本《说文》木部若干页,后有米友仁题两行,首尾宋、元、明图印十余。子偲为之笺异,附曾文正题七古及归安吴云跋语,真至宝也。另有摹刊本,仲武赠余一册。

谒史忠正公墓,墓在梅花岭旁,中有屋,设公位,悬画像于中。庭前梅花数十株,景致颇佳。旋至天宁寺,进山门,有大雄宝殿,后藏经阁凡三层,巨丽可观。寺僧不下百人,东首方丈室甚幽雅。

为族父省真先生作遗书序,先生名应鹤,嘉庆丙子举人,著书数十万言。兵燹,手稿散失,赖其甥张君默斋录副,携行箧渡海,乱定,雪门兄手录成帙,编次为若干卷,属余序之。

十二月,徐季和前辈来信,致宿迁钟吾书院之聘。

甲申(1884)　四十三岁

二月,阅邸报,给事中郑溥元参尹师酗酒滋事,奉上谕:"着掌院查覆。"旋给事中邓承修参溥元挟嫌妄参,奉上谕:"着都察院查覆。"既掌院奏所参尹某各款,尚无实据,惟其人性情疏漫,细行不矜,都察院覆奏溥元挟嫌有迹,奉旨:"尹、郑着俱休致。"尹师秉性刚直,为小人所中,而小人亦以自毙,且言官而以挟嫌罢官,尚何言哉!

拟作西湖之游,约蓬生及妇侄陆翰章为伴,翰章名庆钊,亦受业于余者。过苏州阊门外,游留园,园旧为刘氏别业,兵燹后,毗陵盛旭人观察得之,德清俞荫甫太史有《记》。易今名,壁间嵌石刻颇夥,闳丽过拙政园,而疏雅不及。过吴江学宫,学在东门外,三面环水,前有塔一座,进城里许,至城隍庙,大殿东有园,名"共怡",已废,仅存山石。归途过仙里桥,桥下有仙人洞,光绪七年重建,有碑记云桥以陈仙得名,载在邑乘。

至杭州,住介眉兄公馆。三月三日,游城隍山,山在藩署前,登山远眺,左西湖,右钱塘江,心目为之开朗。山上有阮文达公祠,祠于光绪五年落成,为官场燕集之所,祠后有泉,名"青衣",石下刻"青衣泉洞”字，泉水涓涓而下。

初六日，同人步出涌金门，有金华将军庙，俗传为《水浒传》中之张顺。出城渡湖，由东而西，过湖心亭、阮公墩，一云脱脱坟。循苏堤，入西内湖，穿卧龙桥、通利桥，至茅家埠上岸，西行二里许，折而南，一路石板铺地，涧水淙淙不绝。进下天竺，至中天竺，沿途乞者载道。登上天竺法喜寺，纯庙曾临幸，咸丰末毁于寇，同治五年重建，巡抚马新贻有《记》称雨旸祈祷于此，载在祀典，并言寺重建迎观音像，方旱三日而雨，穿凿附会，殊可笑也。折而北，至灵隐，游一线天，石壁刻佛像甚夥，旁有石，乾隆间仁和关槐隶书“龙洞窈窕，鹫峰嶙峋，岩树偃盖，涧草敷茵，六月无暑，四时有春，听泉品石，养性怡情”，凡三十二字。进韬光径，循石板而上，一路涧泉陡下，水声与风声不绝，两旁竹木如林。山半有亭，名“韬光”，中有“黄鹤飞来”额。循级而下，望见北高峰，为诸峰最好处，询之寺僧，云有三里许，以足力不及而下。至吕祖庙，其旁新建诵芬阁，湘乡彭玉麟题额。又曲折上数十级，登炼丹台，内有韬光泉源，进炼丹洞，供吕祖像，登台远眺，两旁夹山遥望，对面浙江如匹练，悠然有出尘之想。寺僧捧茶至，泉水芳洌，下至罗汉堂，中塑罗汉五百尊，内有一名无量寿尊者，世俗附会，以为圣祖系尊者转世。出云林禅寺门，有四金刚，法身极大，两旁塔二及碑亭二，一为御笔题诗，一为同治年重建云林寺碑记，前有冷泉亭。东北行三里许，至岳忠武王墓，墓前两旁旧铸秦桧、王氏、张俊、万俟卨铁像，粤寇之乱，四像断其三首，将方伯益澧重铸四像，而以旧像置于旁。墓门照墙大书“精忠报国”四字，旁有明华亭相国徐阶碑记，大殿供王像，两壁石刻甚夥，为王手迹及宋高宗御敕、后人题记。后殿供王及夫人像，两旁屋数楹，供王诸子及部将像。出庙门东，至刘果敏公祠，果敏名典，曾任浙江按察使，为湘中名将，卒于甘肃。光绪八年，奏准建专祠于崇文书院之旁。出苏堤，进钱塘门而归。明日，同人游兴未阑，仍出涌金门上船，先抵三潭印月，其地四围绕水，两岸垂杨，穿以石桥，间以红栏，有石墩三，即所谓“三潭”也，旁有彭庵，湘乡彭雪琴大司马筑室于此。至平湖秋月小饮，旁有亭，立纯庙御制诗碑，楼上供唐陆宣公位。登孤山放鹤亭，访和靖先生墓，下有咸丰庚申阖门殉难典史林公墓，全椒薛慰农太守时雨撰联云：“大节匹阎公取义成仁青史于今尊县尉，忠魂依处士补梅招鹤孤山终古属林家。”最下有菊香墓，到水边林下，呼之成两声，三呼三应。旋过苏小[小]墓，在路旁，以亭覆之，四旁亭柱有联，中植一碑，刻“钱唐苏小小墓”六字。进凤林寺，内有薛庐，慰农太守所筑也，绘太守生像，自撰联云：“白社论交留此间香火因缘割半壁栖霞暂归结十六年尘梦，青山有约待异日烟云供养挈一肩行李重来听百八杵钟声。”旁有君子泉，山僧捧茶至，芳洌亚于韬光。仍过刘果敏公祠。登数峰阁，明弘光时建，以祀抗珰殉国诸公，兵燹毁，梅中丞启照重建，有碑记。至皇宫，为宋西太乙宫故址，毁于寇，近复营建，鸠工未毕，庭前山石极玲珑之致。登文澜阁，阁新成，凡三重，中层贮书籍，盖近时新购者，阁外一方沼，矗立一峰，名美人峰。下至太乙分青之室小憩，旋登观星台，足力疲竭，蹶而上台，前后临湖，湖山风景，一览在目。石上刊御诗无数，不能尽识。游毕，回舟至涌金门上岸，过钱武肃王祠，阅表忠观碑，有新旧二石，旧石仅存二块，惟新刻者全。归途日已暝矣。

三月下旬，至二十都四图八世祖总戎公墓，墓旁即族叔季良宅。扫墓毕，叔出示灵芝一茎，云于壬午年生于坟上，误为樵者所断，因携归，匣而供之，色正赤，本有二茎，断其一。季良谓余去岁词林之兆，余愧未敢当也。

夏五月，赴钟吾书院之聘，道出清江，过天妃闸，至马头镇上岸，诣金龙四大王庙，庙有碑，载王姓谢名绪，宋末士人，元灭宋，投水死，临殁谓其弟子曰：“异时黄水北流，是我报仇之日。”及明祖与元蛮子海牙战于吕梁，元兵乘胜而下，忽若有神兵助战，拥河水北流，明兵遂转败为胜，太祖祷神祈示姓名，夜梦神告之，遂立庙于此。

宿迁书院建于道光三年，在马陵山麓，因古钟吾国名焉。后有玉虚馆书院，规模宏敞，门两重，中为讲堂，后建文昌楼，下为厅事。

东紫阳阁三间，上祀朱子，下居主讲，西报功祠，上祀名宦乡贤之有功于书院者，下居经董。东西斋八十间，东西外斋十二间，大门三间，零星余屋不计。书院规条颇明备，常年经费，则取于骆马湖涸出田租云。

黄生以霖来谒，生字伯雨，癸酉选拔同年康侯晋业之兄子也，颇有向学之意，以所携元《程氏分年日程》授之，后晤黄漱兰前辈，询及书院人才，以黄生告，是科竟得选拔。

邑人王仲立德中来，谈次，知乃祖惜庵先生相曾属余族父子若先生摹刻高南阜《砚史》，功未及半而子若殁，后徇浅人说续以木刻，草率卒业，未能惬意。乃祖因检子若戊戌迄辛丑四年中往复商订手牍，编次附刻，以识当日之苦心。仲立因以刻本及手拓《砚史》二十余纸见贻。

阅《申报》，载德税务司璀琳廪总理衙门请开铁路，条陈八则，余著议驳之。明年春，得季和信，言去腊争论铁路，身虽获谴，而事亦中止，仰见朝廷从谏如流之美，为臣子者，何敢计一身之得失哉？此真古大臣格君之义。季和独能如此，吾乡生色矣。

六月，闻眉川同年之丧至自蜀，眉川品学俱优，屈为知县，又不永年，其居官操守廉，而处事亦谨慎。去年卸事，拟告归，而竟不得享林下之福，可哀也！挽联云：“颇闻彭泽归来秋以为期好收拾梅香菊影，犹忆江干握别天胡不淑忍凄凉蜀水吴山。”既，乃郎锡奎以行状来乞为传。

张生培堉病殁，生字海民，前年受业于余，颇能自奋读书，不幸夭亡，可惜也，为撰哀辞。

十一月至崇明，纳妾周氏，年十九岁，祖籍嘉定，世习岐黄，居崇明三世矣。自述前夜梦人掖之登楼，见一物大于牛，跨之，旁有人曰：“麒麟也。”比晓，即有人说亲，感是梦，心肯焉。归，内子方病喜，为名“近云”，谓其近于朝云也，余愧坡仙耳。

王仁山挈其弟德夔，施秋江挈其子汝衡执贽来见。王字少卿，年二十。施乳名锦荣,年九岁,过目成诵,试以《文选》《括地略》,果然文理亦通顺。余嘱其一意读书,勿早作时文、求速化,深恐乃父村学究不克解。此后数年,有自崇明来者,询之,云此子一日闻雷震,顿痴呆如常儿,岂前此有物凭之耶?

十二月,赁边巷金宝善堂南偏上下楼房,以州西房屋不敷也,内子挈周姬同住。

溪山老农年谱卷下

镇洋王祖畬漱山自订　男保谌、保譿校录

光绪十一年乙酉(1885)　四十四岁

昆山文生孙邦俊来受业,生字铁千,介余友黄也莲以请,为定课程数则。

《申报》载皖垣官场琐事,有"癸未翰林王祖畬奉左宫保委后路粮台事务,正月某日,路过皖省拜客,各宪登舟答拜"云云。大为诧异,余因函嘱友人倪桂山将此假冒情节登诸报章,以破其招摇。阅年余,始查知系族人某所为,某在杭州,以商籍入学,曾为嘉应州吏目,以事罢官。去年回里,晤见余,索乡会试朱卷,并询翰林与内外官相见仪注,余固心疑其人,今竟如此,闻其撞骗得多金,回至杭州而殁,遗一妾,卷之而逃矣。

武静如出示陆治摹王安道《华山图》,安道原本藏镇海卫指挥武政家,静如远祖也,后失。此为弇州属包山临本,凡四十幅为一册,其弇州及后人题跋别为一册,静如之祖父于嘉庆间得于毕氏。

徐棣花来询:"有族孙丧其嗣父之生母,而嫡祖母尚在,应何服?"余曰:"此与生祖母无异,庶无承重,自与嫡祖母有间,从其厚服,孙为祖母之服。惟嗣父已殁,无他昆弟,则已固嫡孙也,以义掩恩,应以嫡孙例,而依嘉庆年新例服小功,惟贵族裁之。"

校读徐太仆《留垣疏草》。太仆,余六世祖母之曾大父也,其九世孙菊生明经敦穆,得道光刊本于常熟潘允升,重刊之,苦无太仆原本,仅据显误者为正二十余处。

九月五日,六伯父去世,年七十三。伯父敦根本与吾父白首无间,兵燹后,建宗祠,修祖墓,皆伯父主之。又与吾父同赎花婁老坟田,修支谱未成,尝以命祖畬。闻耗,悲来填膺,哭之不成声,而吾父老怀益伤已。

门人何葆麟中江南乡试九十四名,生原名来寿,前年梦观乙酉榜有何葆麟,因易名,竟符其梦,岂功名得失并姓名而亦有定数耶?

是年,和约成,以谅山为界,北圻以外尽归法人保护,并许中国边界通商,镇南大胜之后,而仍以全越让人。夷狄之祸,正未有艾也。闻此事合肥主之,大司马彭公玉麟力争不得,左侯相于七月二十六日薨于闽防军营,和议已定,而大星遽陨,若有天意使然。

丙戌(1886)　四十五岁

应海门师山书院之聘,三月至院,晤院董沈仲瑜,余与仲瑜昆仲联谱谊已二十七年,甲子冬一别,癸酉晤于金陵。甲申春过江,复晤于书院,信宿而别,至是昕夕聚首,颇有友朋之乐。

海门厘捐委员胡香九来拜,香九名廷玉,江西都昌人,甲戌进士,由中书外捐知府。人极儒雅,相得甚欢,赠余七古一首,书于团扇。

徐明经石愚先生来晤,年七十二岁,人甚矍铄。二子彰吉、孚吉,均在院肄业,孚吉天分甚高,不染时下习气,余极赏之,勉以读书稽古,其后进境日新,每课必冠其曹。五月,由海门宋季港渡江,进荡茜归里。

友人李稚白率其兄子尔奎来受业。

随大人至武静如处,嘱画师余倩云昭绘《独立图》。翼日邀至家,为母亲绘《课孙图》。

契买金蓬生青云顶房屋一所,东即宗祠,古人于居室之左设家祠,义正相合。西隙地二亩,可以为圃。州西旧屋转售于稼生族侄。

沈子黼出示董文敏致家奉常手札十,装成手卷,下有陆润之《时化图记》,末附跋,云奉常以文敏手札分授九房,此卷乃授第六子者,不知何时归平原,辗转入子黼尊人手。又示司农仿元章山水,恰是米家位置，而枯老苍劲，不失自家本领。子黼云二卷于兵燹时航海携出，得完好无恙。

学农族侄出示《晾曝图》卷，盖康熙辛丑岁，秋涯检讨侍西田相国于京邸，相国自晒书画，秋涯乞得范文穆《朱子手简》行楷二、赵承旨书陶诗一，因付装池，复取东坡诗意，绘《晾曝图》，貌相国于中，以志其所自。后相国复授以文肃、太史、奉常三世墨迹，并装为卷。嗣又将范、朱、赵别装为册，附以西田原跋，而属王虚舟临本装卷。今图后首附虚舟临三种，次虚舟跋，次文肃、太史、奉常三世墨迹。凡文肃题《成祖四骏诗》四首，太史《西山杂咏》五绝十四首、《壬辰寓瓮山》七律一首、《游圆通庵》五古一首、《再游望湖亭》五古一首，奉常临十三行一纸八分，书靖节诗二首。次西田跋语，次虚舟临西田原跋，次虚舟跋，次小山太守跋及七律四首，次安宜乔崇峰跋，次虚舟跋，次嘉定张云章跋，皆秋涯存。时题末混同，顾琮跋则秋涯殁后，其子古岩太守属题者。卷尾有"毕泷涧飞"藏印，盖是图曾归毕氏，其后余姚张石兰方伯得之，方伯于湘帆族父为表兄弟，故以是图归之，兵燹得完，真传家世宝也，但不知别装之宋元三迹尚在人间否。

十月初，始起寒热，月底遂不能起身，历请诸医诊视，至岁底，神识稍清，然于病中及以前之事，了不省记矣。

丁亥(1887)　四十六岁

病几百天，恍如隔世，至元宵日，勉强起坐，内子为一一述之。当病剧时，母亲每夕焚香祝天曰："天若幸我家者，愿以我易儿。"且恐父亲忧虑，不敢以病情告，内子带病扶持，周姬日夜服侍，目不交睫者累月，三弟日日奔波，亲族友人来问者不下数十人。晋蕃弟及寅士、蓬生、翰章调护医药，不辞劳瘁，康伯目盲，每日扶来，知余病情，暗中流泪。最后服子香族父方，渐有起色，至二月下旬，始能出门。四月，至师山书院，尹师于闰月至，申信来约余到苏一叙，此间不能脱身，而师又不能久留，因作《嘉谷篇》附函寄呈之。

阳湖廪生赵椿年介唐生蔚芝请受业，赵字剑秋，瓯北先生之五世孙也，现肄业南菁书院。

八月二十六日，为严慈称七十觞，去年大人七十生辰，犹在伯父期服中。今春，余病新愈，不能起拜，故迟至此。

偕内子至重古里诊病，归途过望仙桥，晤俊三、季敦两表弟，因检视外大父《梅花小墅图》，当时绘图不下数十，题诗盈千，今画图无一存者，题咏尚有百。表弟言乱后图尚无恙，镇中人见者，任意取去，裱作立轴，以至散尽。余因言："外祖一生汲汲风雅，而零落至此，九京能无恸耶！弟等能收拾一二，使先泽不至泯没，幸甚！"

十二月十八日，姚芷轩先生去世，亟往哭之。前月，余至先生处，忽顾余曰："余殆不久人世矣。我门下惟子最契我，两儿子当以弟畜之。孙鹏图当令从汝学，俾之有成，则余心安矣。"余姑慰之，不自觉其泪之盈眶也。师主讲瀛洲书院，歿后，余为庖代者二载，而以脩脯归之。作祭姚师文。

戊子(1888)　四十七岁

正月，两学来关照，学院王行文至学，檄取余时文稿，朱笔亲标云："王紫翔太史卓然成家，世所推重，稿藏家中，须往求取。"足见前辈倾倒之诚，然余不敢出而问世也，固辞之。

莫州尊详芝固以志事相属，再三言之，余谢不敏。曰："君岂以乡里故耶！昔余先君暨先兄修《遵义志》，今三十余年，谤烽未息也。"余曰："否，某学殖浅薄，又大病方愈，精神不济耳。不然，兹固乡士大夫之责也。"则又曰："余知君久矣，俟精神稍复，为之能事，不敢迫促也，且当属张季直佐君耳。"季直名謇，通州人，而居海门长乐镇者。

九月八日子时，母亲弃养。先日向午，腹微痛，吐清水，他无苦，延医诊视，云："六脉平和，无外感。"母亲夙谙医理，语余云："三宝告竭，身若烊去，恐不复起矣。"未几，四肢厥冷，额角微汗，急取吉林参，煎未透，竟弃不孝等而长逝矣。呜呼痛哉！明年十一月，既葬，始述行略,检遗箧,得诗四十余首,文三篇,录为一册。越二十年戊申,及门唐蔚芝为排印,并为之跋。

是年夏,两大人迁至青云顶宅,内子病,至母亲弃养,始扶病至新居。

阳湖门人赵椿年中本省乡试四十名,族弟康寿中副车,弟字晋蕃,亦受业于余者。

己丑(1889) 四十八岁

同里陆生长、青浦诸生李元鼎来受业。陆字莲史,同案生肇夫之子。李字寅生,住安亭镇南二里许,地名张家角,是年中本省乡试四十三名。

闻莫州尊猝以中风去世,莫由曾营保举,同治初任怀宁县,中间蹉跌,仅至今职。闻其年少时颇有肝胆,近则深自敛抑,然尚时露锋锷,任太仓,一见余,极道倾慕之诚,谆谆请教,余告以此地只须清静为治,与上洋不同。此公深韪余言,故治太二年,相安无事,亦近今不易得之官也。其力争钱敏肃公祠典礼一事,尤为得体。

幼园族叔为定坟地,地在州境二十七都上六图弁字圩、归愚公墓西数十步,共九亩三分三厘三毫,易之汪闰生同年者,南北约三十五弓,东西约六十弓,居中定坟,仍依老坟子午兼癸丁向。易盘:坐复向姤,西北自北至南开浜约十六弓。幼闻叔谓此地天然凑泊,适合乾坤坎离四正之局,于卦理纯一不杂,乃可遇而不可求者。五月开浜取土,筑方基,计见方约八丈,浜河东西阔三丈,南北进深七丈余,深约一丈,合土方一百五十余方。十一月二十日,葬母亲于新阡,弟妇朱氏祔穆位。

幼叔赠余庐州公所撰《海阳公兄弟同封墓志铭》,系公手书,旁有删改字。

揖韩侄处获观传家宝翰,首昙阳大师朱书《心经》,次缑山公书《心经》,次文肃公书《昙阳三叹》,次《调气论》,次《沁园春》词,次居长卿《恭送昙师七绝十九首》,次文肃与屠青浦信稿,次屠长卿跋,次陈眉公跋,次莫云卿跋,次董文敏跋,次汪学金同观跋,次松叔公跋,次又补跋,次于鳌图跋。

腊月十五日,友人李寅士病殁。寅士于去岁二月望骤中风,沈绵床褥几二年,大半为庸医误也。有二子,大者八九岁,小者仅周岁耳,以后事托余与蓬生及其从侄康伯。因为料理一切,哭之恸,挽联云:"君近狷我近狂计知交落落几人今又弱一个,生同岁幼同砚忆永诀谆谆数语余敢负九京。"

庚寅(1890) 四十九岁

族弟乃昌、族孙家骏及同里黄生彬琳、陆生长康、长葆均来受业。昌字炽甫,骏字翔衢。彬琳字玉如,余友浚之之子。长康字乂民,馨吾之子。长葆字真卿,晴衫之子也。

客有携朱子遗像索售者,像三尺余,面微侧,手执朝板。外图亭子及树木,不著何时人绘,像首载景泰七年御笔题赞,左右两旁皆宋元以来先辈题赞,以其时考之,当为明季人手录。上方列敕书二:一为绍熙五年封婺源县开国男,一为宝庆三年追赠太师信国公。纸色暗淡,真宋时物,且先贤遗泽,亟以兼金得之,后以两敕别装成卷,跋其尾,并乞常熟相国署"先贤朱子敕书"六字于首。画像重裱立轴,腊祭悬之,以寓报本之意。

为青浦淞滨先生锡祺作遗书序。去冬,其门人刘南墅汝锡编校毕,修函来请,兹复面恳,阅其书,于理学颇有心得,故允之。

质卿弟谈及前任甘草司巡检钱仁甫恩培病故。此公任巡检五六年,廉洁自守,烟灯一切陋规,概不收受,事事实心为民。有盐局委员某不悦某行,借事送司,仁甫察其冤,释之。某大憾,构于臬司,勒公,公访知钱之得民心,某之挟嫌也,置之。丁忧起复,刘人留之,穷困以死。余每遇刘人士,无不称钱之清介爱民者,心窃佩之,然无一面缘也,其后续修志书,为列入名宦。

辛卯(1891) 五十岁

正月,为诜儿聘李康伯之次女为室。

去年,赵翼之同年尚辅修函来请,意极诚恳,翼之时为湖北学政也。二月,至湖北学署。

访黄鹤楼故址,楼于兵燹后重建,光绪五年毁于火。址后有官文恭、胡文忠合祠,其旁为吕祖殿。登高俯瞰,城外大江环绕如长蛇,江北诸山在目,豁然为之开朗。归途,过新建两湖书院,工未成,讲堂已竖,高四五丈,规模极闳敞,亦南皮好大喜功之一事也。

同人便酌曾公祠,祠在蛇山之尾,左有湘楚昭忠祠及江罗二李四公祠,登高远眺,大江环绕,与黄鹤楼略同。

崇明施闰秋谱弟启华出示所藏倪愚绘《圣迹图》,自圣母祷尼山及生平历聘周流,迨汉高祖至鲁亲祠孔子为止,凡二十四幅,前二十三幅皆白描,极其工致,独末幅祠孔子设色。闰秋云咸丰末得于江南旧家避乱至崇者。

翼之按临荆州,临行赠余襄阳新出土唐碑两套,及《字辨证纂》书凡十七卷,为京山易眉孙本烺所纂。

制军张香涛先生约期来会,自巳至申始去,纵谈经学及诗、古文、词。制军曰:“文断不可分散骈,须先会骈体而后可作散文。”余曰:“公言良是,然必先学骈文,是尤扶一边倒一边矣。文之有散骈犹天之有阴阳也,阴阳二气不离亦不杂,安得谓先有阴而后有阳?故谓散骈不可太分界限,则可谓必先骈而后散,则不可。”制军良久曰:“谨领教语。”次及弇州、震川,制军曰:“震川目弇州为妄庸巨子,而弇州顾韩欧推震川,度量之相越如此,即其文可知。”余曰:“公知震川所以致隙之由乎?弇州稿中言之矣。熙甫公车负盛名,或以其文示弇州,皆寻常应酬之作也,姑置之。有某者,佥人也,构于熙甫,以是大憾。士君子处世,往往为小人所卖而不觉,此‘亲贤臣,远小人’,武侯所以格君心也。”时制军昵于常州赵某,为督辕内巡捕,惟其言是听,故纵言及之。制军悚然曰:“命之矣。”因邀余至署,固辞。招宴,又以腹疾辞。

同人出武胜门，过江，登晴川阁。时俄太子游中华，方抵马头，制军于明日设席晴川阁，陈设甚备，四面阑干，间以五色彩绸。办差者候补府常州史樾，常悠庆同乡，金季尚之亲家也，邀余同乘小火轮车至古琴台，即伯牙台也。前龟山，后月湖，地甚幽雅，去夏重修，工犹未竣。

登江裕轮船，晤巴县廖养泉纶，曾任新阳、锡金，有循吏名。并晤日本某君，以笔谈，询其国事，曰可叹可叹，盖日本变法效西人，此公守旧者，深不以为然也。又晤江宁督销委员蓉城孙葆均，其弟名叔谦，癸酉同年也，其仲弟名葆田，甲戌进士，官合肥县，以人命事不阿李氏罢官者。

李生联珪介蔚芝来受业，生字诵侯，年二十岁，住新塘市，其母余族姊也。

至闻稚川处，阅明王损仲《宋史记》，是书藏少谷太年丈家，计本纪十五卷、表五卷、列传二百卷、志三十卷，合二百五十卷，检视之，缺列传一百十六至十九四卷，闻当日曾已录副，不知亦缺否。至甲辰岁，副本归余，亦缺四卷，命譓儿补之，遂成完璧，原本已先归其族人孙蓉矣。

应角直镇甫里书院之聘。书院为沈君宽甫国琛独力创造，介友人王安之来请主讲，束脩虽微，而来意诚，故允之。

为翼之润色湖北试牍，兼代作弁言寄之。

八月二十六日，为粤东之行，李稚白谱弟同伴。九月五日，过香港，其地本荒山，英夷开为商埠，为入中国第一口门，夜中登船望之，上下电灯照耀如白昼，亦奇观也。明日，偕稚白上岸，居民房屋自山脚螺旋而上，久为夷人所踞，设港督领之，中国无官长。前年，制年拟设领事而夷人不允，中国土地反受制外人，可慨也。夷人居此者，不过数千人，华人数十倍，异时取之反掌耳。回环眺望，慨然兴怀。

十一月朔，上富顺轮船，三日抵香港。夜大风，有外国轮船断猫顺风下，撞坏本船左边铁阑干及上层木棚。余梦中惊起，幸此心镇定，殊不为动也，两船相持二时许，风定始离开。明旦视之，损坏不少，停四五日始得开。十一日，登船最上层，见两面夹山，海阔不过十余里，水手云此为小路，惟富顺能行，船主外国人，年已七十，熟悉海道故也。此间东山外为大海，西山则福建沿海州县，亦天造地设之险。

是年九月十八日辰刻，周姬产一男，即保譓也。

门人姚鹏图、宿迁门人黄以霖均中式海门，及门徐孚吉中副车，黄、徐二生皆余主讲书院时最赏识者。

壬辰(1892)　五十一岁

正月，至无锡访太湖王少谷念孙。少谷与余乡会同年，同选庶常，又同教习，别后不通音问者九年。至是，选授金匮令，招往游慧山暨各名胜，盘桓数日，汲泉水而归。

二月，偕唐生蔚芝、姚生柳屏同伴入都。下海琛轮船，晤上虞孝廉王济卿佐，谈及渠家住上虞城内县前大街，族姓不下千余家。其二十四世祖名泽元者，在宋末传孙，分二十余支，以谦一谦二为行，渠支谦一公后也，并言谱上载有一支迁太仓，其后为文肃公，故文肃三草祠中亦有藏本。余考吾家远祖荣公，扈高宗南渡，传数世，至求一公，始迁太仓，迨余十有九世。泽元之世，当在荣公后，求一公之前，求一公以上世数莫考，或即泽元后亦未可知，疑莫能明也。轮船进大沽口，乘火轮车至天津，雇船至通州进京，仍寓太仓会馆。

张锡侯同年述廖仲山来三次，寻余未见，意欲观所书散馆卷。余嘱锡侯转致，字固不堪入目，且愿仲山勿以俗情相待，则两得也。

蔚芝中式三十一名，朝考一等，应得词林，乃以主事用，盖与二等王仁俊互易也。张季直来，谈及今科会元刘可毅，主司以为季直，三名，以为湖北关棠卷，蔚芝卷以为曹元弼。余谓主司虽系爱才之心，将来标榜声华，转为世道人心之害。忆癸未榜下，余得词林，声名籍籍，归后十年不出。丙戌年，有人致书，谓："吴县潘伯寅先生雅慕君，若来散馆，必可得意。”余笑曰：“此君乃欲罗致我耶！”季直又赠余联云：“此意可为知者道，虚名乃是实之宾。”意谓名下无虚士也。余谓：“主人贤而宾客自归之则可，若竟存主宾对待之见，势必喧宾夺主，主人必至失所。此士君子所以重暗修，而名至没世始疾也，生前赫赫，将死后而泯泯矣。”盖隐以箴季直也。其后，常熟为康有为所愚，有胜臣十倍之保，卒至败坏国事，至今阴中其毒，不可收拾，未始非爱才之一念误之。

陆蔚庭前辈招往课其次子长俊及侄长禧。俊字季良，书法极佳，禧字篯士，年各二十。馆课之暇，录前辑《春秋经传考释》，至岁底而毕，凡三十卷，属蔚芝为之序。

吊瑞睦弇先生之丧。余癸未获隽，系瑞师取中，假归十年，师每晤苏、太人，必询余近况。今春晋谒，意尤谆谆。先生于乙酉岁放江宁将军，未履任而告病，优游林下未及十年，年仅六十二岁。世兄名延长，仅七岁，陪余者乃其缌服侄孙，名续良，字子常。

泰州优贡生卢求古来受业。卢字羲侣，是年廷试一等三名，以知县用。介蔚芝一再来请，辞之不获，定师生之礼而去。

陆孟孚出示潍县陈氏《十钟山房吉金文字》，拓极精。又出乃祖星农先生汉魏六朝砖砚拓百五十种相示。先生藏古砖最夥，已成砚而可拓者尚有百数十种，他未成砚之砖，更不计其数，亦可谓好古之尤者矣。孟孚名长佑，蔚庭之长君也。

费屺怀太史念慈出示奉常公缩临元六家册页九帧，旧藏平原陆氏，后归毕涧飞，有涧飞跋语，咸丰年归上海徐紫珊渭仁，徐庾死狱中，物归某氏，今为屺怀所得，至宝也。又出示董文敏山水挂幅，系晚年笔。又山水册页八帧，有“男祖原珍藏”图记。又赵文敏大行书二百余字，有明卞某及弇州、文震孟，国朝英和、成亲王题跋，此卷弇州旧藏，归刘文清以授英中堂，今归屺怀。又恽、吴合璧山水小帧七页，甚精，为顾子山临终留别之物。又董蔗林着色山水小品二十帧，每页有睿庙御题五律，并内府“石渠宝笈”及“宝笈三编”等图章。又廉州墨笔及设色山水各一幅,皆有"内府宝笈"等图章,此二幅旧为毕尚书所藏,有"涧飞收藏"图章,殆籍入内府,而自咸丰十年后复流落人间。又司农墨山水一幅,似东庄代笔。又出示宋贤真迹,凡欧公札二、富公札一、大苏札二、山谷札一、吕文穆札一、朱子不全札一,又明李文公东阳诗跋三、本朝翁覃溪小楷诗三,旧藏江秋史家,去岁屺怀于吴门得之。

崇明宋幼芗出示所藏宋王晋卿《蜀道寒云图》卷,约三丈,画幅前空处,首元俞紫芝五律二首,次吴镇五古一首,幅尾晋卿自跋画后,首邓文原七古一首,次黄公望跋,次王蒙跋,次明吴宽跋,次沈周七古,次陈继儒七律。卷系玉签镂刻,甚精,似曾入内府者,然却无内府图章也。

曹再韩同年福元出示温公隶书曹孟德诗,有陆清献公图章,前后俱有收藏图章,而无题识。再韩云此本藏吴下旧家,为人割去题跋。余于温公书从未见过,未敢辨真伪,惜其录阿瞒诗,宜乎帝魏寇蜀也。

钱履樛表侄绥槼出示手卷,一为桴亭寿盛旭初先生六十序真迹,附亭林、安道及知旧门人手札,末有叶涵溪征君跋,甚详,载《归庵文稿》。是卷向藏吕祖庙,咸丰庚申兵燹,张耕霞司庙事,携以出,寇平,耕霞父子相继殁,仅存一螟蛉曾孙尚幼,张子丹于嫠妇手得之,以归履樛之尊人伊臣,获三十金焉。一为伊臣九世祖浩川中丞手札三通,题跋十余本,再亭京兆所藏,后归叔云明经,其孙芝亭以归伊臣,辗转皆属浩川子孙,可谓能世其泽者矣。

新疆巡抚陶模奏疆界事,词甚迫切。先是,阁学洪钧使俄划界,俄先以界碑移进千数百里,依此绘图,洪信之,竟定界。陶抚争之,已无及矣。此地径封印度直北,英人忌之,来责问,适晤陆凤石,谓此本口外瓯脱,刘锦棠在新疆移卡伦于外,俄人争之,而英亦瞰焉,不审庙堂何以处之也。

嘉定夏蕉隐曰:"盏言上海姚子梁文栋向充出使随员,极留意中外疆界事。某年自某国回,夷人循例送出境,至云南界外野人山。止之曰:'此敝国界也,不敢劳远送。'夷人忌其能,阴间于总理衙门,撤其差。姚两函致廖仲山、徐小云,言此山为云贵门户,不可不争,某不足惜,接手须择能者,二公亦以为然。而某公从中为外国地步,以自文其前此划界之非。总理诸公亦各执己见,不能和衷也。吁!君子小人消长之际,往往小人胜而君子败,天下事正未可知也。"

是年七月,签选山西崞县,告近。十一月,选授河南汤阴县。

癸巳(1893)　五十二岁

临行,谒别座师徐师,谈良久,并述道光时,有乙未进士满洲某君选甘肃某县,地极苦,仅携一仆往,终日坐堂皇,一吏一役供呼唤,有来讼者,呼与语,多方劝解,俗以丕变。道光末,林文忠公由新疆赐环,以三品衔权陕抚,耳其名,奏调陕西,署首县,任半年,不得志,幸文忠左右之人为部曹,转庶子,终学士。其人不喜标榜,世鲜知者,师盖举此以相勖也。贵师言尤恳至,谓凡州县衙门书吏,家人鲜不通同作弊,即幕友亦不尽可恃,我亦岂能尽察,惟有遇事格外快速,使作弊不及。又近日刑钱幕友,本领日低,仍靠自己把握,关聘时不妨与之说明,须彼此商酌,则异日公事,即有改易,渠亦无辞。又言地方官谁无公罪,"公罪不可避,私罪不可犯"。师言皆金玉,而余尤服膺末二句曾文正尝以之训人者。临别又曰:"豫抚裕君与余有旧,要信招呼否?"余谢曰:"吾师节信中提及门生,或推爱屋乌,公事不致挑剔,若专函则不敢请也。"师笑曰:"他人方求之不得,汝顾如此,余失言矣。"珍重而别。二月九日到家。

柳屏夫人,毛君平甫之女也,寄名余膝下。前此,久有成言,以余将赴汴,故来践约,女名珍,字寿荃,书法褚河南近学郑文公碑,貌不娇艳而有书卷气。余无女,得此亦足自慰也。

三月十八日,由家起身赴汴。四月朔至清江,过天妃闸,至高良涧,有敕建禹王及风神庙,庙颇闳敞,堰旁有铁牛,铭其背云:"维金克木蛟龙藏,维土制水龟蛇降。铸犀作镇奠淮阳,永除昏垫报吾皇。康熙辛巳所铸也。”又有“宪庙高堰大工告竣”碑，峙立道旁。十六日抵亳州，登陆。二十日，至开封府。

晤前任汤阴令陈子逊其昌，为余言汤阴东乡水患，非汤河之水旁溢，实广顺陂之水对冲。今欲保南岸之堤，必先救北岸之淹，欲救北岸之淹，惟有将广顺陂入汤故道，照旧开宽挖深，两旁筑堤，使水有所归，此即所以救北岸之淹而保南岸之堤，舍此别无他策。去岁，据绅士禀委员勘明，而安阳阻挠，藩司惜费，竟成画饼。余深感其言之诚。又言汤邑钱粮向事敲扑，某不然，而事亦办，闻此公官声甚好，而以公罪镌级去官，惜之。

铁塔在贡院后，偕友人胡健侯同游，盘旋而上，着足处甚滑，不敢及顶而下，旋至龙亭，宋故宫也，仅存一殿，中即宝座，下有石，四面琢十四龙，工致无比。

乡试得内帘第二房。正考官王懿荣，庚辰翰林，癸酉副榜同年也，副考官李桂林，丙子翰林。余房呈荐五十五卷，榜发，中正榜八名，副榜一名。房首裕州张作霖，癸酉拔贡。十六名，陕州张金镜；三十八名，灵宝袁孝纯；四十名，鹿邑王瓛；四十二名，巩县宋铭三；五十七名，镇平刘方鼎；六十六名，长葛李抡元；七十九名，郑州黄赞熙。副榜七名，睢州田忠询。诸门生先后来见。

讯魏大牙案，县府司已画供，定斩罪，至院翻供。余与蒋大令世芳三次会讯，供认为从行窃而并未鸣火入门，与县供异，蒋君反覆驳诘，意在符合原供，而犯坚不肯承。余曰：“罪疑维轻，此案仅获一人，罪定先决，万一获余犯，供无此人。奈何?”且生死关系甚大，因拟发回本县，俟获余犯及真赃再定。

友人金蓬生于十一月二十一日去世，长子鹤伯上年先故，次子仲质及少子相继殁，仅存三子叔琴。好友凋丧，痛何可言。

门人毛祖模中顺天乡试三十七名。

是年九月，为诜儿成亲，三弟在家主持其事。

甲午(1894) 五十三岁

正月二十五日,到任接印,是日雨雪颇大,百姓望泽孔殷,颇为欢抃。

勘视五陵堤,廪生郑金梁、石清溪先在彼伺候,阅西涵洞,洞西即浚县界,有雍正年碑,两面有文。循堤而东约五里,至瓦查村南口,此为东涵洞,有乾隆三年杨公碑,嘉庆二十五年、道光七年阮公两碑,又大字"杨公涵洞碑",俱两面碑文,又光绪十七年前任陈公碑。曲折向北而东约三里许,有未堵决口十余丈,应归五陵镇修筑。盖自西涵洞至五陵集堤长十余里,分工四段,最西为菜园所工,稍东为塌河所工,又东向北为邶城所工,又东至南小章村,为五陵所工,每段均有界石,旧章分明,案卷班班可考。前任李偏听武弁杨全德一面之词,忽废旧章,并将石清溪之侄及瓦查村乡长责押,郑金梁等不服,控府,发余查询。至五陵集,绅董吴全善、杨全德等十余人出镇西迎,接暂憩大寺,寺有积谷六百余石,系去年捐存,经董即吴、杨诸人也,偕至西门外,阅五陵堤,吴、杨等言此处为东涵洞,前没于水,视之毫无痕迹,不足征也。余告以总凭旧章案卷,秉公办理,后屡次提讯,反覆晓谕,吴、杨等理屈,始肯具结,照章修堤。禀覆后,六月中,大水,适堤工告竣,不至灌入高梁,尚有收成。至任固,集汤河南岸,邑文生张丽金来迎,同视新堤约十余里,堤根六尺余,面阔三尺,高四尺余,土人不得已筑以捍水,张与文生王金宝为首,李任时并未禀,余履任,始呈明批准。张先来见,余告以筑堤须让地于河,庶不以邻国为壑,前年安阳争斗之事可鉴也。张心领之,堤成,邀余相视,并恳豁粮,名曰"王公堤",具呈来县。批准,粮由县立案缓征,堤由诸人辛苦成,且由辛留村起,名曰"辛留堤",以留示后人。

谒岳王庙,裔孙永昌出示墨迹手卷二,一写《文选》诗,有徐中山王、王守溪、海忠介跋,一写自诗,为居母忧时书,亦有忠介跋,系前苏抚岳龄得于吾娄张趾祥,以归岳庙者。

七月九日,任固报命案。事起傅姓与冯姓争田禾事,械斗,傅死三人，冯死一人，伤者共二十余人。越日，两姓送凶手及起意者凡五人，各供不讳，讯以有无冤枉，皆曰无。心窃讶之，后知此数人皆系顶凶，因另辑凶，而置此数人不问。随至任固验伤，自菜园东四五里，舆夫由水中行，百姓攀辕号泣，且于水中代为肩舆，沿途勘视，一路谷禾大半淹死，余谕以定为报灾情请振，皆泥首谢。回署，将水灾情形具稿通详，十余日批回，又十余日，藩委胡大令金淦府委赵大令枚会同覆勘，自八月二十五日始，至九月四日止，凡勘二十五里一百零一村。余于途中思得一法，每至一村，召大户粮长至前，勘定已淹亩数，应免银米若干，手书一纸交大户收执，且告之曰："余照此详缓，万一上游不准，当以去就争之。"皆叩首欢散而去。回署，立即会委详报刑钱，萧君曰："浑报乎，抑报清灾乎?"余曰："何谓浑？何谓清?"曰："浑灾者，但报若干分数，将来征进有余，则本县之利。清灾则逐里逐村，分别甚难，且恐反被驳诘。"余曰："余惟实事求是，且已明谕百姓矣。百姓之利即官之利也，他何计?"遂分别每里每村实淹若干，开折呈报，凡免征田亩二千四百七十六顷六十亩有零，随后请得振银四千五百两，设粥厂九处于灾区适中之地，俾易于就食，嘱大户司其事，余捐柴火银计振银十之一，凡活灾民男妇大小口万数千人。其后余卸任时，为盘谷迁延月余，东乡百姓屡次来送，有送出境者，万民衣伞等件，却之而不得。职员苏佩温者，旧家子也，控其弟，驳斥再四，开谕以兄友弟恭之义，至第七禀弟将持刀杀兄，恐酿事端，姑准提讯，仍捺搁不行，冀其悔悟。会勘灾下乡，佩温大户也，来见，问曰："汝即控弟之某乎?"曰："然。"曰："汝知天下最难得者弟兄乎？汝今有子否?"曰："无。""汝弟有子否?"曰："有。""然则弟子即汝子也，汝前年父殁，去年母殁，吾若听汝一面之词，责罚汝弟，汝父母之心安乎？汝又何以对父母？吾访闻汝母爱怜少子，临终以所蓄诒之，此妇人常情。且闻汝妇兄实导汝控，确否？汝再四控弟，而汝弟无一言辨，是尚知有兄，持刀杀兄，无是事也。吾若竟此事，当惩汝妇兄以间人骨肉之罪。"佩温闻余言，泪涔涔下也，余知其天良未昧，适有一苏姓者同来，顾问曰:“汝与佩温远近?”曰:“三从兄弟也。”曰:“吾观汝诚实可靠,此事吾不复出票,即烦汝晓谕其弟,吾非瞻徇其弟,欲其兄弟和好也。可挈其弟到佩温处,悬父母遗像,彼此行礼,誓终身和好。”某及佩温均叩首曰:“大老爷真青天,祖宗感德。”遂为兄弟如初。

狱中有监侯、待质二犯,例不得援恩开释,须三十年后始得出狱,则必庾死矣。余阅案卷,心知其冤,悯之。会万寿恩诏,监犯减释者若干人。余坐堂提二犯,并释之,各赏大钱一千,勉以回家安分,皆叩头流血,誓来生犬马报。幕友萧君曰:“监犯月报有数,倘查出,奈何?”余曰:“带印上省,面陈情迹,不许,宁救此二命,不惜一官也。”萧曰:“公存心如此,天必佑君。”越两月,释犯适多,竟未查出,心为之快然。

日本争朝鲜,与中国构衅,调兵过境者凡四十余营。料量车乘,每雇一乘,至车厂,挨次亲自给钱,惧差役家人之干没也,凡昼夜不寐者七八天,供给米面麸草及统领营官酒食费,不下三千余金。

统领中有方汉卿友升者,旧为刘毅斋爵帅前部,克复新疆,身经百战,后与冯、苏二军门败法人于镇南关外,嗣授南韶镇总兵,与提督不协,为所倾轧,降副将而归。倭事起,起湘中诸将,刘毅帅于八月八日得旨,越二日,病故,临殁执方手而嘱之曰:“勉为国家出力,吾死,命也。”至是,与余相见,谈论甚欢,谓:“我湘楚统领惟服毅斋,毅斋死,无有能统湘军者,刘坤一幕府才耳,碌碌不足道。此次朝廷用我,若再不许打仗,后此无人肯出力矣。”言次大有忘身殉国之意。并与余约为兄弟,汉卿长一岁,前有人谓其忠勇而有脾气,独余一见如故,亦前缘也。后数年,知其放台州总兵官。

是年,门人何葆麟会试中式,归本班主事用。陆长俊中本省乡试三十三名。徐孚吉三十五名。何来礼、毓骏兄弟乡试同中式,即葆麟之弟也。

乙未(1895)　五十四岁

正月,得调署中牟之信。二月十五日卸事,汤邑百姓揭帖府署前，云："王大老爷到任以来，我们百姓仅受一年之恩，何故调任？我们当约众百姓到藩台大人处，要还我好官。"府委赵功夫来告，余因传各乡大户，谕之云："藩台因兵差络绎，恐赔垫不起，故暂调开，七八月即可回任，须嘱百姓安静无哗，若必欲留我，我亲老准告终养，不到中牟，以谢众百姓可也。"大户归，以余言遍告百姓，始无事。其后各乡村绅耆百数十人陆续来送牌匾、万民衣伞等件，固辞不获，且言"各村妇女儿童，无不惜公之去，望公之来"，余滋愧矣。

携譓儿谒扁鹊墓。出城东南十五里，至伏道村，又三里，至其地。据庙碑，扁鹊即秦越人，过荡阴为仇家刺死，葬道旁，后人即其地立庙，墓土成丸，旁植艾，相传能愈百病，因饬家人检泥丸合许，庙祝以陈艾一束相赠，有诗纪之。百姓咸来候余，并问几时回任，余告以七八月间，皆递相告语云。

五月二日，由汤署起程，绅士铺户、四乡大户路饯者不下数万，沿途停顿，内子歇轿，民居妇女皆来问曰："太太几时再来？""期以七八月间。"自城至宜沟仅十四里，黎明动身，至初更始到，尚有欲于明日送至外境者。余命家人告以太太病发，当住数天，公等且去，不久复会。明日五更即动身，初七日至省。

闰五月十三日得电报，吾父于初十日午时弃养，仅一日病。生不能尽奉养，殁不及视含殓，痛哉痛哉！即报丁艰，领抚院咨文回籍。十月朔家祭，初三日葬于州境二十七都弁圩之新阡主位。

溪山老农年谱续编

男保譿泣血谨述

光绪二十一年乙未(1895)　府君五十四岁

府君奔丧归，水陆二千数百里，以八月五抵家，亲友陆续来唁，于哀痛之中摒挡一切，心力交瘁。安厝毕，致书友人云:“某既遭大故，复感时事，从此苟全性命，读书教子，无复出山志矣。”

州尊陈公谟来拜，府君辞之。翼日，使来，固请约期，必一见，以兴修水利等事询，并谈及书院。府君谓尊道本以日记课士，后改制义，遂无课程，宜稍复初意，注重经史。

上海姚子梁先生过访，拟举经学会，专以正人心为守先待后之计。府君曰:“公志甚大，公意甚善，所恐邀约成会，便开标榜声华之渐，且人多必杂，明季事可鉴也。”嗣以章程数则寄示，且商办法，府君作书答之。是年，中东和议成，割台湾全省，赔兵费银二百兆两，约凡十一条。闻德宗初阅之，坚不用宝，军机孙毓汶与翁师傅入见，首言:“上慰太后之心，下全生灵之命。”德宗涕泗交颐，不得已而用宝。府君叹曰:“大臣如此，孙固不足道，翁夙负清名，为士林所仰，奈何国事尚可问乎?”因将去年翰林院六十余人联名劾李鸿章折录于日记，盖深惜常熟之有始无终也。

李君寅生于夏间病殁。

丙申(1896)　府君五十五岁

主邑中安道、尊道两书院及崇明瀛洲书院讲席，同里缪君砚馨谷诒、陆君景周修祜，宝山张君峙门承启，先后来受业。

嘱杨氏表姊授保譿读，姊即乱后同居大房姑母之女，归季苹族兄承霈，少孤，又早寡，依府君如父，爱譿如弟，生时母病无乳，赖姊保抱以存。至是，教读颇严，望之綦切，吾父弃养，姊哭至失声，可感也。

客以沈石田山水巨卷求售，长三丈余，七十一岁所作，府君惊为神品，亟解囊金易之。

六月十二日辰时，先妣陆宜人卒，春秋五十有八。先妣痰瘾病，始于光绪初年，成于癸未甲申之交，历年医治不效，至是，有游方医生自言能愈此病，服其药丸，痰如涌，府君知猛攻也，急止之，而元气大伤，遂不起。九月十一日，祔葬季愚封公之昭。越十四年，宣统庚戌，保譿谨述事略。

州尊蒋公体梅相见于尊道书院，极称府君汤阴治行，不识何以知之。蒋公铅山，心余太史之曾孙也，以《忠雅堂集》及《清容外集》为赠。

丁酉(1897)　府君五十六岁

三月五日，子元伯父卒，年五十八。伯父讳祖钊，春泉公子，少孤，习商江北，补巢赠公手书“诚实”二字为勖，终身守之不忘，读书虽无多，而恂恂儒雅，望知为长者。性喜栽花木，古玩玉器，摩挲不去，手书学颜、柳，能为径尺大字，晚依府君，友爱弥笃，称其立品持身，士夫中所难得。以多病未娶，嗣桂轩伯父次子凤图，弱冠而夭。至是，府君以庐州公后宗子义不可绝，谋于诸昆弟，定议补巢公曾孙十一人中无论何人先生，次子即为凤图之子，子元之孙，以符“支子为后”之义。挽联云：“未立子乃望孙余心伤矣冀如愿以偿免为贤者责，生吾馆死吾殡兄灵犹在惟姑集于此徐俟后之人。”逾月，葬于二都三图胜圩炽尔公墓之穆。

吴戟门先生之孙士芬来。知自先生殉难后，家属流离江北，近年零落殆尽。此君年二十五，虽已入泮，尚未结姻，独与孀母旅寓东台。府君为之惨然，商诸邑董暨州县尊，皆慨助资斧，复为设法于江北得枝栖。临行,赠以书籍数种,勉以发愤为先人争气。未几,仍飘然而来,府君流涕曰:“先师为国捐躯,后辈乃至不堪培植耶!”辞不忍见,赆而遣之,后竟不知所往。

八月二十日,子香族祖去世,年八十七,为吾宗本支第一高寿。殁之前日,揩洗上下身,明旦命孙扶起,悠然而逝。府君挽之云:“人寿最难九世以来寿考颇多吾公第一,天恩不易两次得拜恩纶之锡国老无双。”

九月李康伯谱丈病殁,丈少府君四岁,总角同窗,交最契,遗嘱其家惟府君之言是从,故为主持身后一切。挽联云:“落落知交惟余两人如弟如兄相孚以心性讵料从今永诀,呱呱在抱只此三尺以养以教俾至于长成庶几慰我良朋。”未几,其子亦殇,府君叹曰:“天乎,命也,其奈之何?”

常熟张念修年丈祖仁来权吾州学正主,府君昕夕谈论颇洽。

十二月为保譿联姻闻氏孙蓉先生福圻之女,眉川年丈胞侄也。

是年来受业者,同里吴君吉士宋鼎、朱君子久恒昌、徐君松孙国栋、昆山王君佐臣邦绥。函辞瀛洲书院主讲。

陆君彤士增炜中本省乡试第六名,彤士为先曾祖姑之曾孙,以表侄受业府君者。

戊戌(1898)　府君五十七岁

李君简生文镛来受业,寅士谱丈之子也。

得汤阴门人苏卓人斯倬书,并致其九世祖恪甫先生《敦朴堂诗集》。府君在汤,甚赏苏君,谓不举乡试,必得下科拔萃。今果膺选拔,深感赏识之不谬云。苏后官山西翼城知县,闻于国变后归隐。

陆君彤士、阳湖赵君剑秋俱捷南宫。陆会元,以主事用,赵归本班内阁中书。

闰三月二十七日,孙鸿栻生,保诜出。

府君假得常熟张莼卿先生宋本《通鉴》,以所藏明本对勘。自去年六月始，寒暑靡间，至是毕，成《校勘记》若干卷。谨案，府君手校书籍，以此本及《朱子大全》为最精。莼卿名瑛，常熟宿学，世称退斋先生，念修年丈之胞叔也，近与府君寓书论道，索阅古文稿，序之。

书院诸生来告，有人自北京回，函致蒋州尊，限十日将三书院尽改中西学堂，否则此人自禀大宪，且有斥孔孟尊耶苏之说，声言如有阻挠者，当交南洋大臣查办。众颇汹汹，或欲径兴问罪之师，或欲具其平日劣迹，公呈当道。府君固谕之曰："今乡、会及生童试，仍以四子六经命题，书院自无可废之理，不过朝廷误入康有为之言，欲兼习西学耳，然究竟无用，诸生果有志圣贤之学，虽无书院，亦可暗修，凡事总由地方官主持，幸勿争也。"事得止。未几，康梁之狱起，新法罢。

或以张南皮《劝学篇》见寄，府君阅之，谓："内篇用意尚正，外篇则全是功利之见，且大旨在用夷变夏，与孟子之言相反，其学之博而不纯，于此可见。历数内外大僚，必以此公为巨擘，而所见止此，天下事可睹已。时局至今，百弊丛生，只宜除弊，不宜兴利，除弊而利即在其中，兴利而弊愈滋矣。"又阅《京师大学堂章程》，大抵本《劝学篇》，所谓普通科学者十，专门学十有五，笑曰："如此可称囊括宇宙，虽圣人复起，亦恐终身不能尽也。"

十月，父执李心冶先生文镠病殁，府君挽联云："忆同堂讲艺同室谈心济济群英五十年来存者有几，无一亩生涯一椽托足茕茕弱息九原灵爽伤如之何。"十二月十一日，三叔父卒于杭州，年四十八。叔父为人坦直，无城府，刻苦时艺，困小试二十余年，去冬服阕，以试用巡检到省，当保甲差，上游以其勤谨调繁段，益辛苦。性嗜酒，酒后每和衣睡，致为寒气所中，客中无人侍疾，又乏良医，以至于此，可哀也。明年正月，柩至，又明年三月，葬于季愚公墓之穆。

腊祭先儒，始于今年，后又定礼节，作祝文。先儒为汉鲁国毛公、赵国毛公、龙门司马公、北海郑公，唐南阳韩公，宋庐陵欧阳公、陕州司马公、濂溪周子、横渠张子、明道程子、伊川程子、建安朱子，凡十二位，或经师，或良史，或文章家，或理学正宗也。乡俗，皆于岁终设筵，杂供佛像,谓之烧利市。吾家独祀此,以寓报本之意。

是年元旦日食,天阴不见。考晋天福二年元旦日食,其后契丹灭晋。元延祐七年元旦日食,是月仁宗崩,至正七年元旦日食,是年沿江盗起。今则新法萌芽,辛亥祸机实伏于此,天人相感之理固有然也。

己亥(1899) 府君五十八岁

延季调卿表兄汝梅于家课保譓,从兄邠仲保岐同学,季师亦受业于府君焉。

四月,念修年丈约府君为琴川之游,李君诵侯伴,与退斋先生纵谈畅游者累日,同至罟里瞿氏。瞿君良士启甲出示先世遗像,墨宝甚夥,宋本书目不暇给,府君叹谓获此眼福,真前生修到,以所携四书校本依淳祐大字本重勘之,成《校语》一卷,并嘱诵侯校宋《纂图王注本周礼》,暨元至正本罗氏《音释诗集传》,凡四日而毕。临行,瞿君以《铁琴铜剑楼书目》及宋纸数页为赠,又假得钞本陈安道先生日记、张止庵修撰稿归,录副藏之。

为吴芷芗先生作家传,先生为先曾大父门下士,称其穷而苦志,晚获乡举,天所以偿之。其孙孙彤祖诚泥首乞传,府君允之。

得嘉定徐季和先生之讣,府君谓此公于同乡中最有丰骨,情谊亦最亲。壬辰,都门纵谈,尝请其谏草一读,季和曰:“余虽不及魏郑公之焚草,然温室之树不对,为恭俟身后向吾子孙索观,可也。”挽联云:“数吾郡三百年为清臣为直臣为名臣晚近来惟公不愧,与君交四十载论学问论文章论气谊从今后知我其谁。”

念修年丈再权州学,仍主府君。

庚子(1900) 府君五十九岁

辞安道书院讲席,应娄东院及宝山学海书院之聘。金君叔琴文梓来受业,蓬生谱丈之子也。

六月中旬,娄东书院收卷人来一传单,称太镇同学公启拟集书院,俟吴县尊临行,纠众索宾兴捐款,府君深恐人多滋事,将单留下,另书片纸,劝谕书院非议公之地,宾兴事自有经董主裁,事得止。越数日,忽于街衢遍揭匿名帖,谓吴县尊贿通府君及董事缪蘅甫,赖去应捐宾兴公车费三千串,同人须往问罪追回云云。即由某为首,聚众二三十人,打毁缪氏书室,随哄至吾家,复入州署。嗣蒋州尊以此事通详上宪,会拳民之乱,两宫西狩,刘制军从宽惩为首者,余免深究。为首即戊戌年欲尽改书院学堂之人也。

是年七月,各国联军陷京师,两宫幸长安,督办军务李公秉蘅死之,崇公及徐中堂自缢,祭酒王懿荣暨妻谢氏、长媳张氏同时殉节,文武官死者甚多。祭酒字莲生,为府君癸酉副榜同年,癸巳主试河南相见,极推重。府君称其人品清超,学问长于考据、金石,今得正而毙,可钦也。

辛丑(1901) 府君六十岁

崇明朱君盥薇诵韩来受业。

四月,得张退斋先生之讣,念修年丈函求作传,府君并寄挽联云:"惟大名天所贵昌黎衣钵涑水功臣公独立言不朽,与小阮情最亲石梅峰头语濂泾上我曾杖策同游。"

十月十一日,桂轩伯父卒,年六十二,身后萧然,府君资以丧费。

壬寅(1902) 府君六十一岁

赵君润民宗泽来受业。辞学海书院主讲,同时尊道书院裁撤。谨案,府君不喜标榜声华,罗致门生,顾爱才出于天性,常以造就实学为己任,来者莫不循循善诱,教养兼施。尤引掖贫士,不受脩脯,或且设法赡给,以故归之者自众,主讲尊道六年,院中受业生被赏者无异及门弟子,其后大半散食他方,或先去世。追闻耗来哭,陆续尚二十余人,佥谋所以不朽府君者。

唐君蔚芝以外部主事参赞振贝子出使,贺英主加冕,遍历各国,假归,与府君不相见者十年矣。留宿斋中,致所撰寿序及新刊《陆桴亭先生遗书》。

小田族叔病殁,盛暑无以殓,府君与质卿叔分任后事,复约亲族鸠钱恤其遗孤,至今母子赖以存活。六月下旬,府君染时证,颇剧,恐有不测,口占预嘱,请质卿叔代书,由陆礼南母舅医治,旬余而愈。谨案,府君气体素充,精力逾恒人,汤阴办公,尝八昼夜不寐,居常早起晏睡,校书数卷,或评文至百余篇,无倦容,又健谈论,须眉如戟,声震四座,自六十后,内证外疡鱼贯不绝,而渐见衰象矣。

朱君叔子文熊中副车,崇明朱盥薇中顺天副榜,叔子尊道书院受业生也。缪君砚馨于乡试后病殁。手录《春秋经考释》第二次稿毕,遂为定本。谨案,府君此书大要有九,曰:明小学、考地里、纠杜失、发古义、详氏族、证经史、阐古礼、正伪脱、申大义,无门户之见,而集诸家之大成。至《读左质疑》,匡《传》之谬,不外黜邪崇正,扶植三纲,内诸夏外夷狄,归本宋儒之说,以求《春秋》之义,庶几有王者起,必用我法,非托之论说而已。客有谓二书一长考据,一精义理,盍刊以相辅而行,府君笑谢未遑。

张季敦表叔于十一月病殁,府君母党昆弟尽矣。

是年夏,疫,死者甚多。

癸卯(1903) 府君六十二岁

四月,李稚白谱丈保莹殁于广东茂晖场任所,其新纳之妾某氏殉,后载州志稿杂记。

八月中旬,府君及保譓同时婴疾,几危,吾母衣不解带者四十余日。

蔚芝由外务部郎超迁商部左丞,报至,府君寓书勖之,并贺以诗。

海门麒麟镇专人来讣沈仲瑜谱丈之丧,邀府君题主,且述遗命求传,府君以病后,辞其题主之请,明春撰家传寄之。

甲辰(1904) 府君六十三岁

府君自课保譿,时十四岁矣,渐授古文门径暨《春秋》之学,曰:“汝生孩提,大父尝谓延三百年诗书之泽者当在是儿,勉之弗失!”

苏州毕君趾应人麟来书,为府君校刊《四书校语》并跋。趾应,秋帆宫保玄孙也。

十一月,汪琢卿谱丈颖琛殁于杭州,丈于同治乙丑从先大父学,府君以弟畜之。

乙巳(1905) 府君六十四岁

蔚芝书来,索府君著述,意极诚恳。府君以所著各书写一总目,并文稿四册寄之,告以敝帚区区,不堪问世。

三月,州尊谢公陶、县尊吴公熙为修志事,请府君及缪蘅甫、徐菊生二先生至署,推府君为总纂,二先生分纂。府君复举钱伊臣表丈溯耆分纂,后所成州志稿十七卷、县志稿四卷皆出府君手,以辛亥之变未竣。谨案,书中封域、风土、水利、学校、两卫诸篇,略仿《史》《汉》、八书、十志例,为志乘之创格,不仅如朝邑武功,专以简括擅长,保譿常置案头,作古文读之。近年邑人徐君兰孙等补辑所缺各门,将就付梓。兰孙名福墉,亦府君门下士。

夏间,有乡里新进以言语微疵,造为不根之谤,登诸报章,将以罗织同学兴大狱,同乡京朝官弗之察,闻于大府,电檄交驰,委员络绎。吴县尊询于府君,得其实,力请州尊合词详覆,事获已。明年,吴公假去,邑人士绘图赠行,请府君序之。

八月,三房迁居南门新宅。

是年秋,保诜、保譿同入县学,会朝命停科举,府君谕以毋入学堂,且读书做人岂沾沾于功名,无科举,正可专心实学。

丙午(1906) 府君六十五岁

三月十二日,保譿聘妻闻氏病殁,距吉期才六日,其家固请缘情归祔,府君怜而许之。是年十月四日,为娶陆氏妇,菲莪侍御七世孙,父名□□,幼失怙恃,育于赵君孙寅。

九月三日,孙女鸿恩生,保诜出。

周君芸轩恩锡病殁,周亦受业府君者,年五十余,贫困以终,府君素周之,至是,复厚赙焉。又岳王市寒士吕省吾应钟,年六十余,贫至断炊,府君怜其十三世儒素,招住娄东书院,俾应月课自给,岁时复助银米,前年身故,资其眷属迁居。

丁未(1907)　府君六十六岁

自订《年谱》至五十四岁,保譓问:"何以止此?"府君慨然曰:"余归隐后,身虽在尘,缘已断,何谱之有?"

父执陆森榆先生于十月病殁。

十一月二十八日,譓妇以产难,母子俱殒。明年冬,与闻氏同祔季愚公墓再昭。

戊申(1908)　府君六十七岁

蔚芝自上海来下榻,留谈数日。府君谓:"其尚不离余昔日所以教之者,为之一喜。特余所主者,由本以及末,渠则遭逢变法,无可如何,不得不先其末,然却极知本之为要,其监督南洋公学,总以修内行、守本分为宗旨,殆苦心孤诣矣。"

芝人族叔以五月中殁于海宁,叔名熙泰,亦受业府君者,能篆刻及倚声,游幕终其身。

陆文慎谱丈之丧至自京邸,府君挽联云:"五十年相与神交岂乡里小儿能间,一封书恨不尸谏知朝廷大度能容。"案,文慎前年与府君书云"五十年旧交,几为乡里小儿所间",盖有所指也。

作《顾讷云先生传》,先生长府君四十四岁,及与先曾大父诗酒往还,又以忘年交府君,尝口占赠联云:"大言不惭细行必谨,爱才若渴疾恶如仇。"府君跋而书之,以识知己之感。是年冬,命保譓与李君惠农订交，且戒之曰："朋友为五伦之一，余所深喜，然当今日，志同道合者不易得也，汝其慎之。"惠农名澍，长譓二十年。

十一月十三日，孙鸿磐生，保诜出，遵前议为子元伯父后。

宣统元年己酉(1909) 府君六十八岁

二月二十七日，为保譓续娶陈氏，玉森先生宝书之女，名景懿，诘朝见于堂上，勉以继先大母之业，出鹤山樵山水、家奉常公隶书合璧手卷、端溪和合双砚等件为觌面之赐。

报载陕甘总督升允奏论宪政一折，府君录于日记，谓言言金玉，字字血泪，而摄政王置若罔闻，上谕至斥为"迹涉负气，准其开缺，有臣如此，国不能用"，痛哉！

八月二日，邠仲兄病殁，年二十六，兄三叔父次子也。后二年，府君葬之于庶庵公墓再穆。

十月，杨瑶圃谱丈泰熯之丧至自宝应，丈为府君少年文字交，名著庠序，时人有"王杨"之目，挽联云："五十年前角逐文坛斗捷争奇惟君与我，七百里外魂归海滋伤心惨目弟后兄先。"既，其子婿陆君星五持亲笔年谱稿来，为撰行略。

是年七夕，有光如球从东南至，北坠，化为二，一赤一微绿。

庚戌(1910) 府君六十九岁

正月，送彭城中丞入乡贤祠。先是，公呈者二十八人，府君居首，前州守合肥蒯公亦于去年邀准崇祀名宦。

胡健侯谱丈秉乾殁于四月，贫无子。府君与蔚芝同助丧葬，丈为蔚芝从母舅也。

炽甫叔父绘《先世祠墓图》成，府君序之。

六月二十日，品芝伯父卒，年七十有六。谨案，府君同祖昆弟凡九人，自此影单形只矣。伯父讳祖珍，六伯祖鹅泉赠公长子，性严重，不少假，而最爱保譓，谓"子侄中惟麒麟有出息"，偶染微病，必携果饵来视,深愧至今无以副吾伯父之望。麒麟,保譓小字也。

黄君伯雨来书,致长沙王氏《汉书补注》《天禄琳琅书目》暨湘中土物数种。伯雨由湖北首府奏调湖南署提学使,尚念三十年前山中之师,府君深为欣慰,即函报之。

徐菊生先生殁于八月十一日,年六十八,先生品学兼优,词章尤为乡里推服,与府君晚益知己,又赏保譓,循俗为寄子。既卒,府君歔悼不已,命譓为文哭之。

十月十六日,孙鸿楑生,保譓出。

辛亥(1911) 府君七十岁

为菊生先生序《宝笏楼诗集》,又撰家云门公《洞阳九种词》序,读御史胡思敬奏“新政骚扰,民不堪命”及大学堂监督刘廷琛奏“驳新刑律”折,录于日记。

四月,地生白毛。

重校段注《说文》,将少年点过之本,采他说相为发明,及纠正之处,楷书眉端,以精力不继,至七篇而止。

是年八月,武昌难作。九月十六日,邑人奉苏抚程德全通令,树降帜,称独立,知州赵景祺、知县胡位周先后跳而免,刘河镇人洪锡范入居州署,与某某等集议,出示安民。时东南各省土崩瓦解,独张军门勋坚守金陵,程德全联数省之兵攻之,旬月,军门全师退驻徐州,会冯国璋以禁卫军大捷于汉阳,倪嗣冲克复皖北郡县,传闻渠魁某某潜逃沪上,而袁世凯总理内阁召冯军回京,停战议和,唐绍怡会伍廷芳于上海。十二月,遂以皇太后懿旨逊位。

得汪棣圃表丈承第殉难双流之耗,府君吊之以诗,又挽联云:“平生傲骨峻嶒一死无惭君若父,此后忠魂归去九京可对祖与宗。”

壬子(1912) 府君七十一岁

三月二十八日,孙鸿朴生,保譓出。

十月，得张念修年丈之讣，其弟仲厦祖礼书来，求传。

癸丑(1913)　府君七十二岁

读前陕督升允自蒙古布告天下文，录于日记。

预绘衣冠像，府君自记之，命景懿书于卷首，又自挽二联云："三百年祖训犹存尔后人学乡饮公庶旧家典型勿坠，九万里天阍待叩余再世为司马相俾新法澌灭无余。""余发种种犹存一去敢忘列圣泽，吾君明明在上九原还盼中兴年。"并预书遗嘱十六条，预备百年大事。府君自去年以来，日有祈死之心，容颜清减，饮食少进，耳重听，鬓发渐白，或冲冠切齿，或长吁短叹。每云心中作恶，万状难过，不可言喻，盖较六十后又一大变，枯槁寂寞，举目皆非，而旧疾新恙并作矣。谨案，先九世祖总戎公以身受明禄，遗命先八世祖乡饮公入国朝毋应试求仕，府君之志，一总戎公也。保譿等苟忘守身之大，不可以为子、不可以为人矣。

壬辰年，先大父定字辈二十世，即自大父始，曰：敬保鸿福传家诒燕谋友恭先训式佑启本身修。至是，府君书付保譿，曰："孟子有言'君子之泽，五世而斩'，吾家诗书之泽，绵延至此，皆祖宗积累之功。勖哉小子，命不于常！"

府君旧病，脾泄肠红，二十余年矣，近又患两足浮肿，便血因大下，春夏间甚危，礼南母舅用仲圣黄土汤方，服之，血止，肿不愈，竟至弃养。时府君虽病，犹勉起坐，书《经籍举要》三卷，附以旧作《读书作文要论》授保譿，曰："恐余一旦不支，汝等无由识涂，但专为子孙初学计，断不可出以问世。"又曰："读书所以为人，汝要立脚得定，非多读宋五子书而析之以精不可，故余此编，尤三致意焉，至阳明偏重事功，在今日尤见以水济水，不如《小学》《近思录》，为学者万金良药。"

甲寅(1914)　府君七十三岁

张君仲翔宇请序所著《沧海诗草》，府君嘉其遭乱自守，为书后归之。

四月,父执王安止先生病殁,府君挽之以诗,同时得秦芍舲年丈之讣,挽联云:“早年角逐文坛三凤齐飞独吾子未登上第,晚岁遭逢世变一身高隐惟我公不愧遗民。”

府君读明张忠敏公、宋进士厉西山先生传,有云:“运当鼎革,苟有人心,必不遽卖城鬻国。而抱材赍略,挟能负气,功名之士,辄不肯槁项林下,而当道或假搜遗逸、征除老成之说以起之。惟晋征士陶元亮以故彭泽令不仕宋,唐司空图、罗昭谏以尝举进士,不忘唐纲目。于陶特书曰‘晋征士’,于司空、罗特书曰‘唐进士’,食薇采葛,操景西山。固纲常之所赖以维,志节之所由以峻也。”为慨然久之,书于日记。又阅劳玉初学使《共和正解》诸篇,摘录之。

十月十七日,孙女鸿彩生,保譓出。

是年秋间,府君又得头眩阳升之病,时一发作,力呼良久乃醒,老态益甚,无复携杖散步之趣矣。

乙卯(1915) 府君七十四岁

三月,为鸿栻完姻,其妇翁即礼南母舅,从世谊及旧戚辈行也。

俞孙汀表丈处假得元刻本《北史》,以金陵局本对勘,并校《南史》。谨案,府君归隐后,手校书籍尤多。记其卷帙繁者,尚有毕秋帆《续通鉴》《明纪》《碑传集》《大学衍义》《文庙祀典考》《桴亭遗书》等,暨金陵局本四书、五经,并以前手加丹黄,不下二三千卷,人谓耄而好学,府君曰:“何敢,借以遣闷而已。”

删定《溪山诗存》二卷,自序之。谨案,府君少工吟咏,兼擅倚声,避难江北时,积稿成帙,自壮岁致力于经学文章,不谈诗词,晚年偶有所作,一变从前格调。菊生寄父谓为文人之诗,白描手段,尤长古风,非吾辈所能步武。府君殊不措意也,兹因保譓及景懿固请录稿,存古近体三百余首,少作汰十六七诗,余全删,笑曰:“聊备儿媳辈展诵而已。”

是年六月十六夜,大风雨,拔木倾屋。

丙辰(1916) 府君七十五岁

二月,为鸿楑定亲李君林士曾翰之女。

命保譿谨订先庐州公诗文,曰《容斋仅存集》二卷,补巢赠公诗曰《补巢诗存》一卷,皆收拾零章断简也。又追述先大父事略,以丙戌年所绘《独立图》与《大母课孙图》合装手卷,先后题咏二十余家。

四月十七日,孙鸿柄生,保诜出。重九日,鸿栻得一女,二岁而殇。

姚子梁先生过访,未晤。时子梁方发起孔教会,谒青浦衣冠墓,赋诗征和,颇具斥邪崇正之心。府君语保譿曰:"孔圣德配天地,非异教所能掩,姚君意则美矣,尚未知所以自处也。居今之世,总以韬晦为第一义。"

十一月,赵君衡士钧炤病殁。衡士为尊道诸生翘楚,苦志力学,遭时不遇,年六十矣。府君挽以二律,有"蓄念徒怀古,幽忧足丧身"之句。

作亡友金蓬生、李康伯、李寅士行略,撰陈玉森大令家传,景懿泣请之也。同时,陆君勤之景周乞传乃翁成甫先生,勤之名起,亦府君门下士。

自十二月初,严寒,滴水成冰者两旬余,二十年来所未有也。

府君丙戌大病中得异梦,恍有导之归者,自谓大限在七十五岁。是年老病颓唐,保譿等不胜忧惧。至岁终,眠食如常,窃喜梦幻无凭,赋诗有云:"一事真堪谢天地,老亲延寿庆平安。"意俗说延寿必一纪,此后骨肉团圞,天伦长乐,讵不二稔,竟至于此。天乎,痛哉!

丁巳(1917) 府君七十六岁

函嘱张九韶表兄钞得外太祖诚斋公《三烛》《北游》二诗草,命保譿校字藏之,又为外大父右彤公赎回廿二都四图墓田三亩余。

手录乙卯年所辑《史记校证》,订为十二卷,编家藏书目以付保譿,且告之曰:"余少时单寒,每从戚友假书以读。一日,借某表亲前后《汉书》,越日索还,汝母陆宜人愤之,拔簪珥质钱为买金陵局本数种。今乃积书万卷,大半得之文字酬劳,此余心血所易,当不至与世俗收藏家同为聚散,然赖汝曹善有之。”又曰:“置书原为读书,藏而弗阅,直以典籍为嗜好玩物,视同夸耀之资,日久徒供鼠食虫伤,毋宁赠之其人,乡先辈徐秋士先生曾有是言,余深然之。”

四月,钱伊臣表丈殁于沪寓,府君挽之以诗,又联云:“君家累世承恩闻冲圣讴歌泉壤亦应含笑,我公晚年归隐比太翁福寿不愧同符时方。”闻复辟也。谨案,府君晚年友朋如王稚春彀、倪镜湖大鉴、杨菊农钦弼、缪蘅甫朝荃、王安止世熙、俞孙汀庆增诸先生,暨菊生寄父孙蓉、外舅闰生、年丈钱朴儒、表丈溯灏,交情虽不同,皆时一晤谈,藉慰寂寥,年来相继凋谢,今伊丈又故,里中父执殆无存者,而府君老怀益伤已。

某君自北京函,述某帅与某军攻战实事,府君为润饰,录于日记,曰:“据此,某公不死,天下事尚可为也,草莽小臣涕泣以俟。”

是年冬,辑庐州公支谱,作介眉族兄行略。家静涵兄寿慈乞序《太原先德集》。又《示儿孙》七律一首,末云“少康祀夏配天日,报与而翁泉下知”,府君自此竟绝笔,迨检遗稿末有标题三:一《谨记先总戎公事》;一《自订年谱序》,注“叙荣公以来世系”;一《书赵世家后》,注“史公好奇,志怪梦多”。而其文不及为矣,痛哉痛哉!

戊午(1918)　府君七十七岁

府君近年步履维艰,食不半碗,起居行动不出一室,然遇岁时荐新、宗祠春秋祭祀,必强起衣冠,匍匐成礼,人止之,则曰:“得死祖宗前,实所欣幸。”去年秋祭,仰瞻祠宇东走颓坏可虞,亟与炽甫叔父倡捐族中,量力出资,期以修葺完固,不事预算。今春兴作飨堂,甫毕工,而府君不及见矣。易箦前数日,语已不清,谆嘱炽叔及保譓务与族中继续好为之,如有余力,东首另起一屋,为子姓聚集之所,尤为有志未逮云。

三月，保譓以与修省志事谒总纂冯梦花先生于沪上，府君戒之曰："此卖文生涯，犹书生本分，慎毋因之转入政界，余不久矣，切记是言。"又曰："余虽久自韬晦，外间尚有相知。汝为吾子，尤宜自勉，刻刻检束身心，勿徒以名士自负。居今之世，惟有危行言孙，严以持己，宽以责人，到处使得。"呜呼，言犹在耳，思之能无崩肝裂臆！

五月二十二日亥时，痛府君弃养。先是，四月五日早起，忽觉肾囊肿胀异常，进以人参，越二日略愈，至夜，两足肿势上延腹部，遂不能兴。亟延昆山王严士先生至，投以扶土泄湿之方数剂，不效，复请礼南母舅及毕君振楣，诊之，历月余。二君竭力医治，府君辄笑曰："吾老，非病也，挽回者除非神仙，矧吾不幸而寿，岂尚求生服药？聊承公等美意，且尽吾儿之心耳。"自五月初旬，肿更甚，几及胸际，加以咳，面瘦声微，脾泄便血大作，昼夜十余次，犹必勉扶下床，止之不可。皮肤久患奇痒，至是，轻搔即血出，色黄，顾谓不孝等曰："是脂膏已尽，必不起矣，但望速逝，少受床席之苦，吾预写遗嘱具在，谅汝遵行平日所耳提面命者，谅汝不忘吾区区之志，汝所深悉，追体勿违。吾五旬生汝，见汝长大生子，已出望外。吾寿如是，汝体薄弱，不必过于哀毁。鸿楼尚聪明，且有天性，须好好教伊，留一读书种子。其余诸孙，将来凭汝看事做事，总要各有恒业。汝兄，吾奉祖母命育至今，汝亦善事之，一切要汝偏劳，不可推诿。汝自待亦不凡，若于兄弟间稍存浅见，将为大雅所讥，即无以慰我泉下。"不孝睹此情状，闻府君言，五内欲裂，会炽甫叔父自京回，因留不行，府君询以闻皇上好否、某公如何云云，暨嘱修竣宗祠，以身后办葬为托，余无所言。二十一日，蔚芝自沪来问，府君已危笃，不能言，痰上升作喘，而神识湛然，微摇其首，示毋系恋意。初，卧食薄糜或藕粉，日二三次，渐减至数勺。十八日后，并不能进，延至此时，奄然捐背。天乎，痛哉！府君少奇颖，有神童之目，守先大母教，首严义利之辨。粤匪乱后，家无一椽，发愤力学，资馆、修月课所得，仰事俯畜，其艰难辛苦，有不忍言者，而抱负甚大，常有揽辔澄清之志。作制义，力戒揣摩，为古文，尤根义理，以此自律,即以此教人,盖欲丕变文风,转移世道人心于无形。四十后通籍,五十后服官一载,遂甘老杜门,食贫茹苦者,又二十余年。每叹曰:"庸臣误国,一至于此,士大夫不能转移风会,岂反为风会所移。"府君初心有教无类,至新法横行,乃不敢轻言造就人才。丙午夏,某某等固请监督某学堂,婉谢不就。当道数以兴学事相咨,同乡京官复络绎函商,但告以毋舍本逐末,感慨发言终无委随之意,用此,东南人士颇相致疑,邑中至引为憾事。近则稍稍叹哲人先见之明,然不知者尚咎府君闭门养望,不肯早为后生小子计也。既遭国变,朋侪零落,旧徒又多星散,恒寂处一室,悲从中来,潸然流涕,偶携杖至茶肆散闷,或以遗老相尊,且云颐养天和,则怫然曰:"国家至此,草莽中亦偷生耳,尚敢借以邀名乎?虽死已晚,何养之有。"有时连夜不寐,竟日谈论,如是者每旬日,人诧为精神转健,颜色重开,实则肝阳病,先大父晚年亦然也。去秋以来,行动不便,偃卧一榻,然犹手不释卷,诲不孝无倦,期能读书做人,毋替家风。不孝得以略知大义,不为一二贤者所弃,皆府君之教。呜呼,父而兼师,方冀长侍膝下,相依为命,讵知不孝学未有成,而府君长逝而永往。遗书满架,手泽宛然,而形容言笑杳然矣。先大父之考终,府君五十四岁,显扬有年,今不孝生不卅年,无一甘旨之奉,而府君复节衣缩食二十年来,致租田三顷有余,尝曰:"吾岂觳于自奉,亦以世俗所重者贻其子孙,要知制节谨度,实为处乱世之定法。"盖目击时势艰危,俾不孝等无至挺而走险,府君之防微杜渐苦心,欲保全不孝等至大,思之,不亦尤可痛乎!忆不孝成童,嬉戏甚常儿,府君弗之禁,吾母偶挞,即抱持至外,独课程有误,则严责无贷。嗟乎!今而后欲求吾父之抱持、吾父之一责,尚可得乎!苟假数年,使不孝容或有以慰吾亲心,则终天之恨庶几能减万一也。殡之前后,族亲友相继来唁,炽甫叔父、唐君蔚芝持不孝而哭,呜咽之中并以大者远者慰之,顾不孝生不能尽养,殁何由继述,哀哀苍天,百身莫赎,只惟凛遵遗命,不赴告,不循俗开吊,谨筮于是年十二月二十日启先妣之兆,合葬焉。泣念府君经济学问,足为后世法者,略具《自订年谱》,而晚节之大未见,苫块既撤,用敢诠次归隐以后应谱者,续为是编,兼述病状,以识罔极之悲。昏迷中和泪濡墨,挂漏自知不免,增饰在所不敢,其他嘉言懿行,道德文章,在士论乡评者,谅府君及门诸君子类能识之详尽,非不孝所能摹拟也,伏希诸君子览而正焉,以备史传志乘之采择。

溪山老农年谱附录

男保譓谨辑录

家谱约书

我太原王氏为周灵王太子后，与琅琊同源，分流在西汉之初。宋时有讳荣者，籍河南汴梁，随高宗南渡，是为远祖荣公，谱所托始。数传至求一公，当元至正时，避红巾乱，流寓平江路嘉定州之乐智乡，明改州为县，属苏州府，后又割其地，建太仓州，遂为州人。国朝雍正三年，析置镇洋县，我六世祖籍遂为县人。盖荣公未尝至太仓地，求一公实为迁娄一世祖，前此世系靡得，而详其迁至松江者求一公弟求二也。求一公子讳伯皋，伯皋公子二，长叔昭公讳道，昭子五，四孟理公讳瓛，子二，次有德公讳赞，子二，长文道公讳伦，子二，长汝贤公讳录，无子，子同祖弟子怡泉公讳洲，子三，次慕泉公讳梦珪，子二，次炼石公讳承爵，字顺之，号炼石。自慕泉公以上九世，潜德弗耀，至炼石公以耕读起家，教子成名，封怀远将军，其时叔昭公之后，兄弟行凡百二十余人，子姓蒸蒸，会文肃太傅相明神宗，父子昆弟元魁名播海内，而我族始大。炼石公生明万历十五年，卒顺治三年，行谊见《太原世次事略》，配陆恭人，葬州境六都七图东木圩慕泉公墓之昭。子三，长戎公讳玑，字璿伯，号颖庵，崇祯庚辰兵部进士，官至淮南忠义营副总兵，授怀远将军，为忠臣孝子，见《世次事略》及州志，生明万历三十七年，卒顺治九年，配陆恭人，继许恭人，殉明季之难，再继许苦节六十余年，钦旌节孝，并见《太原贤媛事略》，葬县境二十都四图玉圩。子五，次乡饮公讳时俊，字秀升，号省微，始移居入城，守总戎公志，不应试求仕，晚举乡饮宾，貤赠中宪大夫，行谊见《世次事略》及州志，生明崇祯五年，卒康熙五十年，配徐恭人，行谊见《贤媛事略》，葬总戎公之穆。子归愚公讳拱，字紫中，号归愚，州庠增广生，诰赠中宪大夫，行谊见《世次事略》及州志，生康熙六年，卒雍正十年十二月十六日，配徐恭人，行谊见《贤媛事略》，葬州境二十七都上六图弁圩。子三，三卢州公讳宬，字辑青，号容斋，又号拈花，乾隆壬戌进士，由郎中加检讨，先后督学川、滇，终安徽庐州府知府，诰授中宪大夫，行谊政绩见《县志》及《庐州府志》，生康熙四十三年，卒乾隆五十一年四月四日，配陈恭人，生康熙四十三年，卒乾隆五十一年正月七日，副室钱，葬州境二十四都上七图西昃圩。子三，长实园公讳庄椿，字友蟠，号实园，国子生，考授州同知，生雍正四年，卒乾隆四十八年，配许，继章，副室宋，葬庐州公之昭。子五，长庶庵公讳复孙，字见心，号庶庵，县庠增广生，生乾隆十九年正月，卒四十五年正月十四日，配蒋，继钱，卒嘉庆七年，葬县境二都三图腾圩。子二，次补巢公，庶庵公无禄早世，补巢公方三岁，故二世行谊未有所纪，补巢公讳曾茂，字如柏，号小村，晚号补巢，道光壬午举人，就职国子监学正，行谊见县志及吾父所撰《记事》，生乾隆四十三年四月四日，卒咸丰五年十二月十六日，配陈宜人，生乾隆四十二年八月二十日，卒道光十年七月十三日，葬庶庵公之昭。子四，四季愚公讳敬顼，字杏生，号季愚，县庠生，行谊别具事略，生嘉庆二十二年二月十六日，卒光绪二十一年闰五月十日，配张宜人，行谊见吾父所撰《述略》，生嘉庆二十二年八月二十二日，卒光绪十四年九月八日，葬州境二十七都上六图弁圩，在归愚公墓西三十余步。子三，长即先考府君太史公，字岁三，号漱山，又号紫翔，光绪癸未进士，以庶吉士恭遇覃恩，加五级，诰授奉政大夫，诰封貤赠二代如例，后出为河南汤阴知县，敕授文林郎，行谊具详年谱，生道光二十二年十月二十二日，卒宣统三年后七年五月二十二日，配先妣陆宜人，行谊别具事略，生道光十九年二月三日，卒光绪二十二年六月十二日,葬季愚公之昭,副室吾母周氏,子保譿,又子弟子保诜。溯自炼石公至先考府君十世,历三百余年,诗书之泽,忠义孝弟之风,久而弗替,非积累之深,何以有此,而府君名德尤著,遭时不幸,晚节殆与总戎公后先媲美。为子孙者宜如何感激自励。《诗》曰:“无念尔祖,聿修厥德。”《书》曰:“聪听祖考之彝训。”爰仿梅伯言《家谱约书》,谨叙迁娄以来十九世本支之讳字官阶、生卒配葬,而阙其无考者,后俟续书云。

府君拟为《自订年谱序》,叙荣公以来世系,痛已无及,窃念世系至重,未可阙如。续谱既毕,更述此篇,列于附录。保譿谨识。

同谱录

李孙筠文镳,长三岁,同里诸生。

李康伯文钊,少四岁,同里诸生。

李寅士钟奎,长五月,同里诸生。

沈廉江之瑛,长十三岁,海门诸生,兵部主事。

沈仲瑜之瑾,长七岁,海门岁贡生。

沈也香之琛,长二岁,海门诸生。

陆云孙懋宗,长五岁,常熟庚申翰林。

杨筱山守仁,少一岁,绛州人,四川知府。

彭友三思益,长一岁,通州诸生,盐大使。

张筠翘镕,长五岁,崇明谐生。

周子冲之鹏,长四岁,通州诸生,工部主事。

冯雨人诵清,原名芳泽,少六岁,崇明丙戌翰林,候选道。

龚心友庆咸,长五岁,崇明恩贡生。

黄厚泉清泽,少二岁,崇明。

陆伯葵宝忠,少八岁,同里丙子翰林,左都御史,谥文慎。

杨瑶圃泰煐,长一岁,同里优贡生,宝应训导。

程芸史嘉树，少一岁，嘉定监生。
周蓉轩荣藻，长一岁，同里诸生。
张子中铭三，长六岁，同里监生。
李铭庭庆恒，长七岁，同里诸生。
邵伯璇启莩，长二月，同里诸生。
金厚卿国桢，少四岁，同里诸生，县丞。
倪桂山维高，少五岁，同里庚午举人。
汪琢卿颖琛，少七岁，同里诸生，府经历。
吴汝舟钟杰，长十三岁，吴县诸生。
金蓬生篪，少一岁，同里壬午举人。
秦韶臣夔扬，少十一岁，嘉定癸未翰林，广平知府。
李稚白保莹，少四岁，同里恩贡生，盐大使。
胡健侯秉乾，少十六岁，同里文童。
施闰秋启华，少九岁，崇明监生，德安知府。
方汉卿友升，长一岁，善化人，台州镇总兵。
李鸣岐凤显，少一岁，太和人，订交时，官河南补用游击。
马筱斋松图，少五岁，亳州人，订交时，官河南补用游击。
李子山葆珠，少一岁，亳州人。

弟子录

彭□□思仁，通州监生。
彭子谦思恭，通州监生，浙江试用县丞。
彭□□思敬，通州监生，光禄族寺署正。
何彬臣廷光，南陵拔贡生，建平教谕。
何颂圻葆麟，原名来寿，南陵甲午进士，候选道。
何叔平来礼，南陵甲午举人。
何季方毓骏，原名来智，南陵甲午举人。

胡茀卿福畴,永康己卯举人。

来絅斋锦章,萧山诸生。

家芝人,熙泰诸生。

家晋蕃,康寿副贡生。

周云轩恩锡,同里诸生。

李忆云文鉴,同里诸生。

顾羹五遵儒,同里监生,湖北候补直隶州。

陆礼南朝琮,同里诸生。

陆翰章庆钊,同里诸生。

唐蔚芝文治,同里壬辰进士,农工商部侍郎。

李虎臣以炳,同里诸生。

吴稻芬望岁,昭文诸生。

张海民培堉,同里诸生。

黄伯雨以霖,宿迁辛卯举人,湖南提学使。

王少卿德夔,崇明。

施□□汝衡,崇明。

孙轶千邦俊,昆山诸生。

徐少芍孚吉,海门甲午举人。

李颂文尔奎,同里诸生。

金孟平崇厚,嘉定监生。

赵剑秋椿年,阳湖戊戌进士,内阁中书。

于玉峰璠,泰兴诸生。

姚柳屏鹏图,同里辛卯举人,兰山知县。

陆莲史长清,改名新,同里诸生。

李寅生元鼎,清浦己丑举人。

乃昌,字炽甫,岁贡生。

家翔衢家骏,诸生。

黄玉儒彬琳,同里诸生。

陆义民长康，同里诸生，湖北候补通判。
陆真卿长葆，同里诸生，候选知县。
陆鲁詹长泰，同里诸生，浙江候补县丞。
陆鹭卿长序，同里诸生。
李诵韩联珪，同里诸生，刑部主事。
毛艾孙祖模，同里癸巳举人，农工商部郎中。
陆季良长俊，同里甲午举人，农工商部员外郎。
陆籛士长蓓，同里诸生，湖北试用知县。
卢义侣求古，泰州优贡生，□□知县。
孙师郑同康，昭文甲午翰林，吏部主事。
陆彤士增炜，同里戊戌会元，兴安知府。
苏卓人斯倬，汤阴拔贡生，翼城知县。
缪砚馨縠诒，同里诸生。
陆景周修祜，同里诸生。
张峙门承启，宝山诸生。
吴吉士宋鼎，同里诸生。
朱子久恒昌，同里诸生。
徐松孙国栋，同里诸生。
王佐臣邦绶，昆山诸生。
李简生文镛，同里文童。
季调卿汝梅，同里诸生。
金叔琴文梓，同里文童。
朱盥薇诵韩，崇明副贡生。
赵润民宗泽，同里佾生。

以下尊道书院受业生，皆同里别院肄业者，不备录。

赵衡士钧炤，诸生。

陆勤之曾业,改名起,诸生。

唐朴臣文栋,诸生。

叶仲穀陆祈,诸生。

陆星五宝奎,诸生。

马沁香启瑞,诸生。

汪谱薰曾保,拔贡生,浙江候补知府。

汪耀甫泰符,诸生。

陆俊卿宝英,诸生。

家企华舜成,诸生。

李稚花家骐,诸生。

宋蔚祥锡福,诸生。

蒋砚农铭焜,诸生。

朱叔子文熊,副贡生。

徐兰孙福墉,诸生。

凌觐如溯瑜,诸生。

吴士莪廷玙,诸生。

马颂野启后,诸生。

家屏华铸,诸生,学部主事。

凌琢如溯珏,诸生。

朱日初文照,诸生。

钱诵三诗棣,诸生。

钱复三诗桢,诸生。

闻孙园森桂,诸生。

陈子馨猷,诸生。

陆孟来家克,诸生。

蒋平阶乃均,拔贡生。

家坤符光大,诸生。

高瑞亭锡祥,岁贡生。

王楚材兰瑞，诸生。
徐昂生如珪，拔贡生。
杨新之福臻，诸生。
管封千圻，诸生。
钱秀仲毓槩，诸生。
季孙南丰，诸生。
朱揖文树谟，诸生。
吴采芝敬恒，诸生。

以下癸巳河南乡试荐卷门生，中式后出处均未悉，此外未谒师者不备录。

裕州张雨苍作霖。
陕州张旭堂金镜。
灵宝袁象先孝纯。
鹿邑王璧六璥。
巩县宋新吾铭三。
镇平刘锡卿方鼎。
长葛李春泉抡元。
郑州黄煦坪赞熙。
裕州王虞臣廷襄，甲午中式。

炽甫叔父以先君及门诸子大都见于《年谱》，谓知旧门人，自昔并重，因为此《录》见寄，且命录《同谱》以志世好。类附于此，弟子以受业先后为次，同谱亦以订交先后为序。保譓谨识。

补　遗

张荣侯恩同，同里诸生。

汪稧亭承修,同里诸生,湖北候补知县。

周华孙本培,嘉定诸生。

著述书目

《仪礼经注校证》四卷

《礼记经注校证》二卷

《春秋经传考释》三十卷

《读左质疑》五卷

《四书章句集注校语》一卷

《读孟随笔》□卷

《史记校证》十二卷

《汉书校证》八卷

《通鉴校勘记》□卷

《读书杂记》□□卷:《易》《书》《诗》《礼》《春秋胡传》《后汉书》《三国志》《说文段注》《四书反身录》

《知困随笔》二卷

《州志余论》一卷

《溪山老农文集》□卷

《溪山老农别集》□卷

《溪山诗存》二卷

《溪山制义偶存》二卷

《溪山老农自订年谱》二卷

《经籍举要》三卷

以下纂辑选录。

《太仓州志稿》十七卷:封域(上下)、祥异、风土、水利(上下)、学

校（上下）、两卫、人物（一至六）、杂记（上下）

《镇洋县志稿》四卷：封域、水利、学校、人物

《太原王氏庐州公支谱》一卷

《汉书选录》八卷

《历朝赋选》二卷

《唐人七古诗选》二卷

《国朝文录》十二卷

《皇朝经世文续编选》□卷，二百五十八篇

《王文肃公奏文草选》□卷，一百篇

《制义正宗》三十六卷

手校书目

《易传》八卷　金陵局本

《易本义》十二卷　金陵局本

《书集传》六卷　金陵局本

《诗集传》二十卷　江苏局本

《仪礼郑注》十七卷　明永怀堂本

《礼记郑注》四十九卷　明永怀堂本

《礼记郑注》二十卷　崇文局仿宋抚州本

《礼记集说》十卷　金陵局本

《春秋左传杜注》三十卷　明永怀堂本

《春秋左传杜注补辑》三十卷　金陵局本

《四书章句集注》合十九卷　浙江局本

《说文解字段注》三十二卷　同治苏州保息局本

《史记》一百三十卷　金陵局本，合刊三家注

《汉书》一百二十卷　金陵局本

《后汉书》一百卷，《续汉志》三十卷　金陵局本

《三国志》六十五卷　金陵局本
《南史》八十卷　金陵局本
《北史》一百卷　金陵局本
《新五代史》七十四卷　崇文局本
《资治通鉴》二百九十四卷
《资治通鉴目录》三十卷
《通鉴前编》十八卷,《举要》三卷
《宋元通鉴》六十四卷,王宗沐撰,以上四种明本合刊
《续通鉴》二百二十卷,毕沅撰,江苏局补刊毕氏旧本
《明纪》六十卷　江苏局本
《朱子年谱》四卷,《考异》四卷,《附录》二卷　乾隆刊本
《文庙祀典考》五十卷　光绪庞氏家刊本
《碑传集》一百六十卷　江苏局本
《太仓州志》十五卷　张采撰,康熙刊本
《直隶太仓州志》六十五卷　嘉庆刊本
《鹿樵纪闻》三卷　钞本
《娄东耆旧传》九卷　钞本
《史通削繁》四卷　崇文局本
《荀子》二十卷　浙江局本
《庄子》十卷　浙江局本
《近思录江注》十四卷　江苏局本
《小学纂注》六卷　嘉庆刊本
《大学衍义》四十三卷　金陵局本
《陈确庵日记》八卷　钞本
《文史通义》八卷,《校雠通义》三卷　道光章氏家刊本
《徐孝穆集笺注》六卷　钞本
《杜工部集》二十卷　同治仿玉勾草堂本
《陆宣公集》二十二卷　江苏局本

《昌黎先生集》四十卷,《外集》十卷,《附录》二卷　江苏局本
《沈下贤文集》十二卷　钞本
《元丰类稿》五十卷　康熙刊本
《曾文定公文钞》十卷　旧刊茅选本
《朱子大全》合一百二十一卷　同治仿明刊本
《震川文集》三十卷,《别集》十卷　康熙刊本
《亭林文集》六卷　康熙刊本
《三鱼堂文集》十二卷,《外集》六卷　旧刊本
《陆桴亭遗书》二十二种,合七十三卷　光绪京刊本
《御选唐宋文醇》五十八卷　浙江局本

右书五十三种,凡二千五百五十七卷,皆先君丹黄所及,或点勘字句,或考证评论,细书眉端,检之,手泽宛然,辄为泣血不止。中间《震川全集》为父执某借失,此外随手圈点近人诗文集尚数十种,以非精力所萃,不备录。录此以期永世保之。保譿谨识。

祭　文

李　澍

岁在戊午秋七月之二十一日,肄业谱侄李澍,谨以清酌庶羞致祭于漱山老伯王先生之灵。曰:

呜呼!陵有时而为谷,海有时而成田,金石有时而泐,竹帛有时而湮,惟此纲常名教之大,文章道德之渊,足以扶人类,存几希,充塞两间,与星辰日月炳耀而常悬。方明季之版荡,迫水火而仓黄,彼士夫之薄植,犹同舟共济,中流失楫而彷徨,独二三君子,崎岖山海,伏处草莽,椎心饮泣,荡气回肠,鸡鸣风雨,永矢勿忘,虽孤行一意,不免众咻之攘攘。及六合清夷,山川增朗,向之因利乘便,依违两姓之间,窃钟鼎而盗旗常者,倏忽可哀,等过耳之蚊虻,而忠臣义士,山林遁世

之徒，抱百折不挠之志，乃昭回于天地，历久而弥光，亘千古以如斯，亦何恫乎！先生所遭不幸，而丁时世之晦盲。溯先生之通籍，固已窥中秘而入木天，试牛刀于小邑，媲武城之诵弦。值奉讳以归里，未七十而车悬，畏仕途其庞杂，甘家食之粥饘。植儒林之根柢，非鞶帨之精专，守程朱之师说，窃有志乎斯道之绵延。而陆清献、张清恪与陆陈、江、盛乡先贤之绪言余论，常心摹手追，口讲指画，无朝夕须臾之或捐。慨咸、同之中季，文盛极而忽敝，振起衰之巨手，恒读书以积理，寻圣贤之奥窔，折众说之同异，纂言提要，纪事钩元，焚膏继晷，兀兀钻研。人第见先生之文章，纯粹无疵，正大不纤，谓近溯姚、方，远接震川，足与两宋诸儒比肩，殊不知其著书立说十余种，皆析理入微，剥肤存液，堪羽翼乎经传，而雪钞露校，丹黄所手及者又二千余卷。喜宏奖夫士类，若陶埴之在埏，开河汾之讲席，蔚桃李之连翩，即如不佞之单寒，无介绍之与先，谓孺子其可教，接謦欬于几筵，命哲嗣而订交，同张、陆之忘年，相赏之深，不啻口出，固在牝牡骊黄以外，非徒资夫束脩羔雁、文字联合之缘。迨辛亥之变革，齐明季而一辙，痛时事之日非，独闭门而谢客，视陇鹤之赴招，如青蝇之玷璧。其志洁行芳，不受世之滋垢，固无殊于正则，而中心耿耿，不为蹈海之鲁连，甘为祈死之士燮，如穷人，如亡子，欲歌欲哭，不能自已，又将上诉真宰，而裂皋台之竹石。然则先生之高风亮节，其决不磨灭者，应与彼苍灵秀之气，往来空中，而常在娄水之滨，弇山之侧。

呜呼！先生一时之屈，万世之伸，屈于一时者，时局气数之偏，伸于万世者，天理民彝之正。善乎，欧阳氏之说，曰同乎万物生死，而复归无物，暂就之形；不与万物生死，而卓然不朽，后世之名。苟修名之既立，亦何羡乎形骸之常存。而澍之所以呜唈唏嘘，悲怆屏营，不独一时恩谊之私，盖老成逝矣，后生小子伥乎无导，失其典型，恐弱肉强食、蔑伦害理之祸将日异月新，所谓纲常名教、文章道德者，必澌灭尽，至无以为人。因咨嗟涕洟，不禁为天下后世摽辟而抚膺。呜呼尚飨！

祭 文

唐文治

维年戊午六月初二日，受业唐文治谨以庶羞清酌之奠，致祭于先师紫翔先生之灵。曰：

昔在戊寅，治年十四，吾父馆苏皋，比随侍，师与吾父，弱冠知交，过从高谈，雄视虎豪，一见治文，乃大赏叹，谓是大器："为桢为干，抗志希古，心摩手追，王、唐、金、陈，非子属谁。"十六掇芹，爰来执贽，先师不鄙，瘏口画指，谓余心传："首在《孟子》，开宗明义，辨析义利，子其慎诸，毋堕厥志。"岁次壬午，鹿鸣之年，先师缘督，期望益专，秋风报捷，师意快然。癸未陬月，随赴春明，惊涛蔽天，黑水沸腾，先师镇定，讲学如恒。治惫而卧，亲抚其膺，师登木天，治磨墨汁，同人匿笑：讵弟子职？壬辰再战，师率以行，谓治羽丰，宜步翰林，一蹶郎曹，勉慰频仍，谓："子年少，乐天知命，立德树功，毋忘吾训。"十年餐沙，谬跻卿贰，先师忧之，言世大寐，马勃牛溲，毋辱高位，謇謇谔谔，庶竟厥事。四十年来，教诲谆谆，文章性道，纬史经经，忞模相期，圣贤中人。客岁谒见，师逾欢颜，纵论今古，操鳌佐筵，绳削治文，口授笔传，自述余造："兆终七五，今已过之，与子常晤。"文治笑言："梦本无凭，从兹晋祝，八千为春。"胡图夏五，书告疾危，命棹亟归，空瞻乌帷，号呼罔应，魂怖心椎。呜呼先师，治来何迟，遗训不作，有賈如丝，迩来世变，群蜚啄天，斯道榛莽，若坠深渊。矧兹泰山，倏尔颓焉，矧兹梁木，倏尔摧焉，吾党小子，将何述焉。先师之学，恪宗程朱，本本原原，累朝名儒，居敬穷理，是则三余，下逮艮峰，以迄竹如，扩之极大，析之弥精，大道之行，三代之英，闻知见知，统系孰承？先师之文，远绍龙门，味道之腴，抉圣之心，韩潮苏海，驰骋纵横，或穿理奥，旁樵周、程，卑卑俯视，龙川、姚江，桐城、阳湖，献帜来降。先师之行，贯彻表里，如冰之清，如岳之峙，万钟弗顾，千驷弗视，一介不取，任圣微旨，彼卑鄙者,吐犹泥滓,志洁行廉,末世谁似?先师之政,务在爱人,下车伊始,出宰汤阴,乡夫肩舆,道左讴吟,澹灾洒沈,王公名堤,振恤亿兆,己溺己饥,鹗恶鸰急,感彼有余,不令兄弟,同气为愈,求生有得,大牙更生,用说桎梏,老妪诵声,上官不憙,口碑独存。先师之节,上薄三光,曰扶名教,曰维纲常,时值岁寒,冰雪风霜,厥有松柏,后凋青苍。溪山郁郁,娄水汤汤,黄农虞夏,薇蕨永芳,天尊地卑,君明臣良,老臣遗志,百代令望。

文治茹痛,来奠棺前,师生情谊,掬泪盈泉,哭献一尊,师其有灵,哭晋一辞,师其有知,神听临质。并告同志,精爽不磨,托在遗著,校雠鲁鱼,写定文字,宜开礼堂,宜刊金匮,先师事迹,宜光《清史》,先师硕德,宜崇名祀,宜述行状,宜尊私谥,百世之称,后生之师,不朽盛典,非以其私,廉顽立懦,用示来兹,先师默许,其又奚疑。呜呼先师,何竟无词。哀哉尚飨!

通告同学书

唐文治

谨启者。太原业师紫翔先生,辨义精严,持躬贞介,学问造程朱之室,文章登韩欧之堂,本末兼赅,体用具备,自壮岁服官,晚年讲学,尤以植纲常、扶名教为己任,以故历更世变,益自刻励于气节,见知闻知,佥为折服。今先生往矣,同学景仰之忱,愈不容已,文治不自揣拟,与同学诸君子商榷者有数端:

一、谨援乡先贤陆尊道、陈安道私谥故例,拟"文贞"二字作为私谥,以质高明。如蒙赞可,或有改拟确当者,均祈示覆决定。

一、先师学术不亚于前明陆、陈、江、盛四先生,现拟附祀四先生祠,以图崇报,拟即于明春举办。

一、列入清史馆《列传》事,现已探明办法,拟联合诸同学,具呈清史馆总裁,胪陈事实,请入《文学传》,倘愿列名,祈即示覆。

一、先师遗著,及纂辑之书,凡二十余种,约在百卷外。《自订年谱》二卷,由其哲嗣屺伯、慧言预备家刻。《读左质疑》五卷,则由文治担任付梓。此外文集等,容与诸同学商校后,集资议刊。如蒙赞同,俾垂久远,幸甚!诸希察照,示覆为荷。

王保譿日记

宣统末叶

宣统三年(1911)八月十九日　湖北兵变，连陷武汉等处，以兴汉煽动天下。旬日间，各省军民变乱，皆以响应革命为名。苏抚程德全称“江苏大都督”，电饬各属邑，守独立以保治安。独立者，叛君降贼之美名词也。吾太仓乱民遂乘此驱逐官长，以肆其滔天之恶。盖自九月十五日始，吾邑殆成乱民之世界矣，爰于是日以后，所有触目伤心之闻见，随时记之，兼涉各处一二要事如左。

九月十五日　知上海于十三日失守，苏州亦叛[①]。午后，接伪都督电文，城中乱民集明伦堂开会。友人李君澍戏作《独立文》以诮之，有“纲常且置，廉耻何知”之句。余谓“明伦堂”宜改“灭伦堂”。

十六日　乱民集数十人，名“志愿团”，并中学堂学生凡百余人，丁午后三下钟结队而出，俱手缠白布，以白旗前导，挟州尊赵景祺、县尊胡位周，步行城市，名曰[②]“宣布独立”，并发传单，令家家门前悬白旗。自高桥以东自飞云桥，大逵白旗殆满。余尚不多，猝不及备之际，或用手巾，或用白纸，或用包足布，或用小孩溺布，以俟更正。有胆小老妪，在街上得令，急奔家中，裂被单为之。至于消息素通之辈，则早已预备矣，有大店户用白绉纱旗两面，左右飘荡，以壮观瞻云。民间喧传已换朝代，今日以后不再用清朝衣冠暨宣统年号矣。州县尊尚戴顶帽，闻大不满乱民之意，未为摘去，幸耳。是日，乡绅钱溯耆门前先有白旗三，俱朱书大字，一曰“兴汉灭满”，一曰“光复”，一曰“独立”，以提倡乡里。旋为人所唾骂，

---

① “亦叛”原作“已独立”。

② “名曰”二字为补入。

谓:“灭满何不于敏肃请兵时灭之?”或应之曰:“彼时灭满,此时无百万家产矣!”乃去其二,止存“独立”旗,然遍阅城中白旗上有字样者,独钱氏耳,乃知世受国恩之大家固与寻常门第有别也。闻溯耆悬白旗时,其同祖弟溯颢力止之,有“欲悬此旗,请先毁专祠暨御碑亭”之语。

十七日　乱民十六人十六人名姓必须查明。集城厢自治公所,名曰“开秘密会”,拟举刘河镇洪锡范为民政长,未能决议而散。锡范本皂隶子,值新法时以运动出身,得充谘议局议员,人人皆知其无行。民政长者,犹五十年前所称之“乡官”也,于锡范身份颇最合宜。闻刘河镇诸生沈君兰征服毒自杀,唐文治行剪发令于邮传部实业学堂,遂改本校为南洋大学堂。是日,邑中剪发者亦纷纷。

十八日　洪锡范引匪徒九十人至,据云由伪军政府所请之兵,或谓即刘河之土匪。城中乱民俱往迎接,溯耆子绥槼亦与焉。匪至州署,声言查盘库银,以充军饷,否则兵力从事,州尊辞以到任仅六日,无钱可输,奉印信授之,乃至县署,迫县尊交出印信,并银元千枚。复哄入内衙,搜取银钱暨妇女首饰殆尽。县尊夫人逾墙伤足,避入民家以免。时县前尚未有白旗,至是,匪为悬之,故借此益大肆凶恶。旋由锡范等引至明伦堂开会,匪首以洋枪指众人曰:“吾等举洪某为民政长,汝等赞成否?”众曰:“赞成。”锡范遂称为太镇民政长。是夜,匪居小北门义仓,民间颇惊惶,多有守至天明而后安睡者。

十九日　洪锡范出伪[1]示晓谕,有“某为公众推戴”之语,以州尊为司法长,富户蒋汝坊为财政长,他如参谋、秘书等伪职,俱以乱民之巨者充之,暂用义仓为办事处。闻锡范又有伪造上海伪官李平书手札,在义仓中遍示众人以固其位云。

二十日　又有匪类数十人至,不知何自而来,寻与前匪皆去其半,余者锡范留以自卫。钱氏族中有兄弟二人,本皆无赖,弟以盗卖坟树故,为溯耆所出族,并不许其兄上门。是日,其兄上溯耆书,大加

---

① “伪”字为补入。

恶骂，且粘其稿纸于茶肆，溯耆遣人去之。余谓此人之报怨，究未得乎正也，何则？盗卖坟树，获罪于祖先也，而兴汉灭满，直无君之贼，获罪于祖先更甚。使吾为之，当邀集族中，亦加以出族之罪耳，虽势弗克行，庶几名正言顺，而溯耆愈难堪矣。

二十一日 锡范又出安民伪告示，自后竟自称"本民政长"矣。时县尊已去，所有物件迁入书吏张某家，锡范用长条将张屋封闭，寻由州尊乞情，乃去其封，而以匪徒数人看守之，不知作何发付。后闻物件由各乱民瓜分去，而以充公为名。

二十二日 锡范入居州署，驱州尊至县署，改州署为伪民政部，县署为伪司法部。伪民政部下有九科之目，各科有伪科长一人，伪科员若干人。按，锡范为此，所以羁縻各乱民，然要不能人人有职，且名分既殊，权利不均，同室操戈，必不免也。

二十三日 阅报，见伍廷芳、张謇、唐文治、温宗尧电致摄政王书，大略请其速行逊位，俾共和早成，以复唐虞之治云。噫，伍、张、温三人，本不足责，若文治，则素以理学文章持身教人，而丧心病狂，一旦至此，岂人心固不可测度，抑天既厌吾周德，故使士大夫气节之大一扫而空耶！可痛可痛！

二十四日 洪锡范、蒋汝坊出名，请邑中绅士二十一人至州署，议独立善后事宜，不到者居多。闻锡范伪告示至各乡镇，俱拒而不受，欲各自举人而各自独立，而彼党中亦多怨之者，锡范甚恐，有伪职易得而难任之说，故欲借人自助，但未知正人君子中，可有肯为之佐者乎？是日，于陈家寨所招之团勇六十人至，时城中有团练，共有六处，志愿团分东、西二队，巡警曰"警团"，各铺户轮流出人曰"商团"，学生所结曰"学团"，新招者曰"民团"，并外来者凡二百五十余人，未知于地方上能暂为有益否。

二十五日 洪锡范、蒋汝坊同出伪示，大致谓二人伪职已由伪都督札委，且准其自行刻印，故其伪印均于本地刻字店制造也。锡范又有伪示二，俱称奉伪都督札：一裁镇洋县并入太仓，"太镇民政长"改称"太仓州民政长",财政、司法亦然;一本年丁漕并无蠲免之说,民间毋得听信谣言,静候苏州开会议决云。闻钱绥槼得秘书长之伪职,秘书者,盖如文案之类,为伪民政长左右手。一日,坐州署,传各差役听令,大略使其照旧供事而已,各差问以"小人等公食亦照旧发给否",绥槼无词以对而退。噫,登州太守,一降而为此地伪官之属下,彭城公子,遽变为皂隶子孙之奴隶,可为泪下,然在绥槼,且忻忻自得也。州尊已去,两学印信暨田产亦归乱民之手,训导及守备典史皆去,教谕及吏目、城守尚在,闻吏目、城守,俱有伪职之望。

二十六日 闻张军门勋于金陵连败贼兵,杀剪发乱殆尽,现已分兵至镇江,江阴炮台仍见龙旗,军威大振。程德全将亲自抗之,苏民迁避者已纷纷,城中所留匪徒皆不见,盖由伪军政府调回,为抵御官军之用。自治所前有通告一纸,大略谓革命军并无大挫,民间勿听谣言,而称军门为张贼。是日,钱溯耆去"独立"旗,携其幼子至上海租界,而特用江北人二十余名看守专祠。按,祠中未必有宝物,其守之者,恐遭毁坏亵渎之患耳,然则于满人虽欲灭,于满人之恩,固未忍遽舍。明春专祠丁祭,未知欲请洪锡范否,然非破抄,恐彼不到也。虽曰无君,犹有父焉,溯耆之天良犹未尽丧也,至其见机而作,不愧"君子戒慎不睹,恐惧不闻"之意,尤为学者所难能。

二十七日 武陵桥南杨姓家昏事,志愿团乱民借端哄入大闹,拘其执柯者徐某至自治所,寻由旁人调停,令徐服罪得脱。

二十九日 闻刘河举陆祖亮为民政长,沙溪、璜泾等亦各立伪职。刘河为洪锡范出土地,更悉其平日奸诈之状,故拒之愈力,洪锡范大惧,以蒋汝坊代理伪民政长,托名赴苏议事以去。

三十日 蒋汝坊出伪告示,略云:由正任民政长洪札开,奉都督程札,自十月初一日起,苏省开临时议事会,其议员即以各处谘议局议员充之。正任民政长本系谘议局议员,现已赴会,故由本民政长代理。又伪示:所有各项捐款、杂税一律照旧征收,以资挹注。

十月初一日 因果桥东米店主叶子元,为茜泾镇某姓代籴城中居积家米三十一石，运出东门，为志愿团乱民所见，谓为私运，将船米一概夺去，名曰充公，实则分利也。噫，本地流通，几曾害事？志愿团名为保护乡里，而行为即是土匪，不尽良民之肉不止也，可恨可怕。团中有李老康者，本纨绔子弟，曾入陆军学堂，稍有匹夫之勇，而行同流氓，又汪阿曾、张小和尚等，俱城中著名之无赖，乘此无法无天之日，益得行其志焉。是日，例祭社稷坛大典也，竟废，岂伪官本无土地之任，抑贼党未颁此典欤？各学堂自十五后停课，至今日，仍行开课，惟中学堂系一州四县合设，乱后不相统属，学生散去殆尽。

初三日 邑中富户十余人至州署见蒋汝坊，告以钱粮既无蠲免，租籽亦须照收，请出示催租，并传谕各乡地保圩长，使之开通佃人云云。盖自各省叛后，佃人皆有幸乱之心，迟延观望，不偿分文，迨州城既陷，租粮二项，城乡俱置之度外矣，今忽有并无蠲免之伪告示，富户盖不得已而为此举。然乡民习俗，但知有州县官而已，伪告示不啻拭矢纸，汝坊之号令恐必不能行。租务依然不办，而漕务将兴，民何以堪？说者谓汝坊之贪鄙罔利与洪锡范无异，而阴狠狡狯之伎俩迴不如也，锡范请其代理，盖逆料目前即有此等难题，故早为卸肩之计也。是夜二更，西门外突有外人声口，托言有紧急公事，喊叫开城，守役以门禁森严，坚拒不纳，旋闻人声甚多，且有枪械之声，当有高城守知照各团齐出，见有小船数只，分路而去。

初四日 闻昨夜东门外曹姓家被盗，幸乡人闻警齐集，当场毙盗一人，余党俱逸，所失尚无多，由事主报案，蒋汝坊委伪劝业课员闻宗潞协同高城守，往相验云。自州县官被逐后，约束无人，地方棍徒暨外来光蛋于各乡镇大设赌场，乡民趋之若鹜，局骗之风大炽。租务既不堪设想，而冬间盗贼之患，历未有已也，所谓民政长者，果足以治民耶？伪民政部更动职员，改九科为六课，定伪课长六人：总务课洪保婴、主计课钱绥槃、劝业课蒋汝坊、警务课钱泰阶、学务课季丰、典狱课何维锵，伪课员不能尽知，维锵本州吏目也。县署设伪军事司令部，毕树藩为其官，统属各团练，与伪民政部并立，而伪财政长之职遂罢去。树藩本县学诸生,毕业陆军武备学堂,秋帆宫保五世孙也。“经训克家”匾焚去否?

初五日 乱民作《太仓共和时报》,遍送人家,大旨不外颂扬革命,奖劝彼党而已。自后,每七日一出云。夫人心至此,大半误于报馆,而一乡一邑复行之,痛复何言,然于特立独行、素具学识之人,固无所损也。闻张军门退守金陵,项城将遣张怀芝南下助战。

初六日 午后,志愿团全队遍行城中,名曰巡街,团长钱三畏乘马押队,李老康等尤意气扬扬,盖是日操衣洋枪使备,故特为此耀武之举也。民团经费用罄,由自治所议员,按户募捐,最多者捐三十元云。自城陷后,各乱民将凡有公款挥霍殆尽,其推钱绥槃为主计长者,以家产最丰故也。讵绥槃知此职之不可任,再三辞谢,亦往上海。或谓绥槃无此见识,乃父教之耳,然守钱之计虽得,而落职之恨难消,所谓名利不能兼全者,非耶?

初七日 接伪都督电文:由临时会议定,成熟田亩、漕银减二成收八成,银每两连附加一元八角,漕每石五元,不收本色。庚戌年以前积欠,一概豁免。有某老辈谆谆然告余曰:“江苏财赋之重,甲于天下,而吾邑尤为江苏中之最重,盖五百年于兹矣。欲一旦减之,使与他省不相悬殊,断不可失今日之机。”余曰:“请问其说。”老辈曰:“当今天下大局,正未定之秋,朝廷与革命党,莫不以收拾人心为要。苟得一游说之徒至北京,设法运动政府,俾特下减赋之令,一面又极力运动程德全,则两相牵制之下,决无不成此事。且异日无论孰胜孰败,俱无复旧之理,此吾民无疆之利也,独惜无此能员耳。”余曰:“先生之策善矣,但有不必为者四,不忍为者五。目下地方贫困之由,半累于杂捐,半伤于浮费,初不在区区之田赋也,不然,何以历来相沿数百年而不闻有今日之贫邪,不必为者一;民间产业既不皆田亩,即使行之,是但为有田者计,非公之大者也,不必为者二;金陵战事方殷,粮饷为亟,程德全万方搜括,纵政府能行之,而彼党未暇有此计虑,不必为者三;天下既定,必大有一翻更动,扰乱中之制度,亦未必是恃,不必为者四。处陷城之中，正人君子方且绝口世事，闭门饮泣，岂画策干时之日，不忍为者一；运动伪都督，即是[1]通贼与从贼，先生亦稍受国恩之人，而出此，于心安否，不忍为者二；山河破碎，宗国云危，何有于一方之利害，不忍为者三；人心之败坏，天下之绝纷乱，实误于‘运动’二字，先生复欲行之，虽此事无关大局，而不免为仁人所痛恨，不忍为者四；天地否，贤人隐，小人道长，君子道消，今非其时乎，复欲建议立功，有背经训，不忍为者五。然则先生此说，于利害是非俱无得焉，窃以先生素具学识，亦尝守旧自命，不得谓非吾道中人，故不惮辽腐烦碎而言之也。”某老辈语遂塞，然要不以余言为是，记此以观其竟能实行此策否。按，此老有田产四五千亩，欲为众人百年之利，亦为自己子孙之利，公意而参以私心也，然不可谓非心得之见，彼且云“若果行此，造福无穷，余虽死，目瞑矣”，真知灼见，一片热心，无论事之成败，不容掩没此意，故特存其说。

初八日　伪民政部议定租界，花租最多一元五角，稻租六斗。蒋汝坊坐堂皇，传到各乡地保圩长，并出伪示催租，如各富户之请，各富户大悦，拟即下乡补开仓，未知佃户能奉行否。是日，共和报馆遍发纸条，名曰捷报[2]，云浙军光复南京，张勋等避入使馆，军尽降，安民告示已出，有识者皆知为谣言惑众也。伪劝业课员闻宗潞、唐尧栋与伪总务课员徐福镛大兴争议，几至攘臂，闻伪部中此等事不时所有。甚矣，利益均沾之难也。

初九日　伪民政部以经费竭蹶，发行公债票，此说创议已久，至是，始由伪课员数人遍处募集，盖实即勒捐以供此辈之用度也。闻钱氏父子先行允出六百元，各处又得千余元，未知能如数取到否。是日，又大收杂捐，搜括无遗，且有支至岁底之说，说者谓以后将吹火抢

---

① “即是”原作“不可谓非”。

② “名曰捷报”四字为补入。

铜钱矣。其不即拍破面子,竟行掳掠者,误于黎元洪辈[1]以仁义为名也,然细麻索之切颈,与快刀枪之杀人,特迟早之异耳,恐迟者之受苦为尤甚也。六师不下,丑类不尽,良民无噍类矣。居瘟司堂街之小康家某君,精会稽,以吝啬名乡里,伪课员至其家,谕以热心为公、踊跃出钱之说,某曰:"吾不日将绝粮,告贷无门,因思公款尚多,本拟告借若干元,君等与吾亲友,可否为吾代告蒋君,乞情布施,救命救命!"伪课员瞠目无言,思欲发作。某又曰:"公中欲与吾借公债,吾欲与公中借私债,既如是,则公私相抵,两不相借,可耳。"说毕,望内室而走,伪课员亦无如何,大呼"痴子"数声而出,未知某君能免后患否。

初十日　得汉阳克复之信,山东未征而复,报馆名之曰"取消独立"。上谕:"赦鲁抚孙宝琦,且仍令供职,以赎前愆。"又上谕:"赐冯国璋二等男爵。"圣天子宽容大度,真伊古未有,而此类复不能发见其天良,吾知非重典不足以济乱国矣。近日,乡间赌风更烈,西门外光蛋赌局设在官厅,且列洋枪数枝以防不测,或有为蒋汝坊辈言者,答曰:"光蛋势力,非各团所能敌,纵令开赌,庶几可免入城生事。"竟以为赌风可救盗患,真异常思想。吾恐农人不日金尽,租籽自不待言,而光蛋亦终难以赌事羁縻之,其不至光蛋农人并为盗贼几希。闻江西巡警道陆长佑逃归后,挈眷赴沪。按,吾乡迁上海者,独钱、陆二氏耳。见钱氏大门前"国恩家庆,人寿年丰"板对已去,未知厅上"世受国恩"匾暨诰命龛等尚在否。

十一日　某报载政府悬赏三万金,购唐文治首级,说者谓文治何不自刎以献,俾子孙尚可为富家翁乎?按,文治目不能视,手无缚鸡之力,又无卫兵。其首级人人能取之,赏格只须铜元三枚足矣,何用三万元?亦可见政府糜费之一端。传闻昭文县伪民政长即推邑令承充,令主张裁书差,各书差执香跪求,坚拒不允,遂致小火枪齐上,糜烂其颈项而死。

十三日　各报载南京已失守,张军门等不知下落,张怀芝军为贼

---

① 原作"伪都统之"。

兵所阻。伪民政部设行政讨论会，以为为广开言路起见，每日三点钟至四点钟为集议时，并收集各界意见书，以备采用。闻此事由唐尧栋发起，又有政友会者，为王熙元发起，日昨发出简章并入会证，广寄各乡，后知政友公所设在学署。暂以自治所为签名处，不日将召集全体会党开成立大会云。有县役顾某，向某乡地保索讨差费，地保以为朝代已换，此等钱宜一笔勾销，致生口角，当由同伴陆某理处，喧声不无达外，突有站岗巡警上前干涉，陆告以同事："小有冲突，现已劝解而息，君等无庸多事。"不意巡警回局，聚集全体，立拿陆等，如获大盗，各巡警讨论再四，拟重予处分，而群情鼎沸，咸为陆某呼冤，不得已判其为巡惊警，服罪释去。按，巡警之遇事生风，以图利益，本属常事，此等行为犹小焉[①]者也。近日，各乡镇盗患纷起，沙溪两次被劫，所失甚巨，附近所称防兵闻警不救，未知城中有踏勘缉盗之责否。

十四日 蒋汝坊出伪示，添招巡警四十人，说者以为恐街上闹事不多也。是时，各乱民以张军门已败，有万全之见，剪发者愈多，剃头店有特悬招牌改为轧发店者，纷纷就剪，贤父不能禁其逆子，良师无以谕其顽徒。有考职典史某，并其四岁小孩所留之胎发亦行割去，友人陆滨石以为此辈皆自用髡钳之刑，余谓实大辟之先兆云。目下剪发者，年四十以上者不过[②]四五人，而所剪者，未有非平日稍染新学之徒。昔学堂草创时，家君即比诸陷阱，至今思之益信。洪锡范于昨日入城，一宿而去，盖探知伪民政长尚无可为也，说者以为至开漕时谅必回任。

十五日 伪军政司令官毕树藩出伪示晓谕，大致谓奉伪都督委任此职，以统辖各团，俾全体联络一气，而防土匪。噫，土匪即若辈耳，何防之有？闻初八夜二更，警报忽至，阖城惊怖，自治所得信后，飞奔伪军政府，以图拒敌之策。讵毕树藩偃卧不起，一时群情惶惑，

---

① "小焉"原作"非最烈"。

② "不过"原作"尚无"。

皆曰:“司令官岂欲坐以待毙耶?”而是夜,竟噩耗虚传,说者谓树藩之从容镇静,梦中殆有奇术驱敌,有胜于武侯之谈笑却兵。异人降世,真数万生灵之福,吾邑从此可无虞矣[1]。土棍王某,习拳勇,向以讹诈为生涯,人有获罪之者,非破钞不免性命之忧,而某颇柔亦不茹,刚亦不吐,以故乱民亦惮之,现入东志愿团,向毕树藩要求伪职,树藩擢为侦探长,此人最能探人阴私事,以资薪水,树藩擢为斯职,真先王量才任官之意矣。月俸十六元,某不满意,未知益至若干而止。按,树藩部下伪职员,即由各团中选举,其详待查。自城陷后,烟禁停办,城中私榻复起,顷又有苏台艳帜移置我娄。有“鼙鼓声中粉黛绿”“鼙鼓声中灯火绿”之诮。闻李老康、张小和尚辈,查夜之余,俱以二者为休息之所,未知可免伤寒症否。团中称教练长者,临事时,例悬指挥刀,李老康允之,是日见其满身绸缎,独步街中,而亦悬此刀。又团中各乱民便服上俱于胸前悬一小铜牌,以为彼党证据,岂有此遂可食人之肉,抑仅仅为夸耀地乎?邑诸生某君,当三年前两宫升遐后,宣读哀诏,一字一泪,呜咽不成声,闻者见者莫不感其至诚,今自通州回里,见其面目言语顿改从前,而头发之去留自不待言矣。或讽以见几而作,不俟终日,或讥其一枕黄粱,斯时初醒,余思滔滔者天下皆是也,区区诸生又奚足责哉!惠农痛恨程德全、唐文治二人,每切齿曰:“虽脔割不足以偿其罪。”盖以德全称独立以降贼,复竭力攻张军门,文治实开吾乡作乱之风也。余告以今日天下之事,总之坏在人人心地,非仅仅上行下效之祸也。遍地乱民,俱如疯癫一般,彼二人亦不过随势行事,以保身家而已。谓二人心迹更坏,为乱民之尤者,则可;必以为时事之败,人心之变,由二人所致,固未然也。农又谓:“二人不死,东南无太平之日。”余曰:“乱民不尽,天下无太平之时。”

十六日　阅报,知江西巡抚冯中丞汝骙已殉难。上谕:“恤典如礼。”按,各督抚死节者,独山西巡抚陆中丞钟琦与冯公二人而已,而

---

① “虞矣”原作“干戈之患”。

即为伪都督[①]者，惟[②]程德全。闻江西失守时，各大员俱被拘九江，陆长佑亦在其中，贼党拟皆授伪职，而以冯中丞与袁内阁儿女亲家，迫令作书招降，中丞告以精力疲倦，须得洋烟。烟至，遂乘间生吞毕命，长佑则以老母不胜惊惶，须亲自送归，得脱身。呜呼，长佑虽有愧于冯、陆二公，然贤于程贼远矣。报又载政府有以张军门兼江苏巡抚，程德全就地正法之令，而贼党已推德全为江苏全省大都督，悬赏格六万元以求张军门，忠臣失势，奸臣得志，无怪乎人人欲从贼也。自张军门败绩后，各报又谓革命大队援鄂兵不日将至[③]，冯国璋必不能支，论者多以为彼之大局已定，吾谓其必不能成者有十：原贼作乱之成，全借报馆为虚张滔天之声势，以摇惑人心耳，自古未有摇惑人心而能得天下者，一也；所招之兵，名为有敢死队，而实皆乌合之众、不教之民，是以南败于张军，北败于冯军，其能陷金陵者，以孤城粮尽失援耳，故彼但恃官军不战而变，要无战胜攻之力，自古未有无战胜攻取之力而可以得天下者，二也；以三代而上论，本朝岂有桀纣之暴，革贼恶能比汤武，以三代而下论，本朝更无秦政、杨广之暴，革贼亦不能比汉祖唐宗，夫以燕伐燕犹不可，矧以燕伐非燕者乎，三也；昔粤匪杀人，今革匪不杀人而惑人，杀人者丧人之身，惑人者丧人之心，革匪之罪，断在粤匪之上，自古未有罪在粤匪上而可以得天下者，四也；国家一旦至此，皆误于用夷变夏，而彼尤甚焉，夫二百余年深仁厚泽之天下，仅仅十数年用夷变夏，尚足以致祸，况初起之盗贼乎，五也；以本朝为胡人据中国[④]，故欲叛之，而独不敢得罪东西洋一草一木之在中国者，显见其茹柔吐刚耳，自古未有茹柔吐刚而可以得天下者，六也；王者之兴，首重儒教，先访隐逸，断无招集数千万流氓而可以得天下

---

① “伪都督”原作“贼党尽忠竭力”。

② “惟”原作“当推”。

③ “将至”原作“北上”。

④ “据中国”三字为补入。

者，七也；以本朝为不得列于朝代，而用黄帝纪元，不通文理，种种皆草寇之为，自古未有草寇而可以得天下者，八也；以“共和”二字引诱天下，名为公而实皆有自私自利之心，同室操戈，必不能免，自古未有同室操戈而可以得天下者，九也；号称仁义之师、救民水火，而丧乱之时，钱粮捐款仍搜括无遗，复兴公债票以诱民利，致元元之苦，有倍于前年，自古未有大事未成、先行病民之政而可以得天下者，十也。况乎京畿如故，山东、河南、甘肃、直隶等，犹未遭破碎，他省亦不过随波逐流，昔日洪、杨之乱，蹂躏十三省，祸患不可谓在今日之下，而曾左卒成中兴之业，夫人才未可预见。今朝廷安知无当时其人乎，一旦王师奏捷，黄黎授首，乱民虽多，有束手受诛耳，何遽不能拨乱反正，又焉得谓大局已定哉。总之土崩瓦解之下，非一手一足之力所能收拾，清室江山固无万全之理，而革命贼尤万万非大有为者，奈何率土之滨，俱入其勾而不觉此也。记此以观鄙见之验否。尝见街上有宁北口气人，声言专为劝谕革命而来，并售各种画报暨各贼小影，曰：“从前欲得一官半职，非半生读书，必须千万金钱。今则但能挺身而出，一旦天下大定，小兵都是大大官儿。即使不幸阵亡，亦有抚恤银四千两，较清朝做兵之白白送命者为何如。”且曰：“军政府随处有侦探，吾若说一句谎，头颅不保矣。”又出女革命贼觉迟小影，指示众人曰：“君等看看，女人尚且如是。”种种历历动人之说不可胜纪，遂致乡愚沿路聚集，竟若看戏。呜呼！贼于稍通文理者，惑之以报章，于乡愚则惑之以图画，惟恐不足，复如此以引诱之，殆有家喻户晓之意，用心可谓深且苦矣。然伊古以来，号为要结人心以拾收之者，尚不能要其终，矧摇惑人心以引诱之者乎，吾恐大事未成，而先开历古未有之大劫也。闻唐文治之剪发也，先于南向设一香案，中奉慈禧太后暨德宗皇帝神位，旁设庆亲王及振贝子生位，仍服本朝衣冠，行三跪九叩首礼毕，除去衣冠，一并掷地，命仆人拾坚硬黄道砖一块，将红顶敲为粉碎，曰：“与君长别。”然后撤去香案，自取王麻子剪刀，牙关一咬，将发辫一剪而下，交厨役曰：“以接豚尾之上。”乃取出诰命四轴、御赐诸物暨自己文章稿本，付之一炬。复以小花翎为扫帚，顶盘为各种铰链；所积诸色顶珠，分给农人为烟荷包轧头；白石顶则钉墙柱上，为挂衣之用，或钉厨门上，为拉手之用；以纬帽暨凉帽，反罩尿桶，暖帽赐与换糖老；缨悬马颈下，线缨悬床上，为装饰品，绒缨备制造印色之用，或改造绒球，为小儿帽上装饰；朝珠为马铃，补子大者为绣花平金坐褥，小者为枕顶，剪衣套子、蟒袍、朝裙等，俱为马衣，披肩改为小儿转馋；忠孝带为扎足带，挺带头亦为小儿帽上装饰，带则缚洋犬颈上，以代皮条，硬领亦然；靴子则裁短其统[①]，改为操鞋式。按，此法与张謇、程德全同，德全独无文稿可焚耳。谚云："还去七百廿文老娘钱，爷娘便可不算你。"文治辈盖有得于此意，但未知历年所食之禄，亦可呕去否，以后吾辈笔墨上再称为侍郎、殿撰、中丞，彼等见之，欲大怒否，抑置之不认乎？又见一字一泪之某诸生在茶肆中大发议论，有"革命不成，生民无噍类"之说，或诮之曰："可惜吾兄两行血泪，一去不能回矣。"生又于国丧中留须，名国须，曰以示纪念之意，今亦剃去。按，某生之父，系某科副孝廉，历事张謇、唐文治，言语不离二人，今尚在南洋学堂；其弟某年十八，于前月二十八日行昏礼，用五品服式，高顶、蟒袍、披肩、朝裙、补褂俱备，而后背独无发辫，新旧贤不肖俱鄙而笑之。滨石告余曰："彼党以发辫为豚尾，吾有一极公之见焉。夫辫者，发也，盈天地间之有尾者，俱不能有发，惟有发者独能无尾。然则彼之自处于无发，即自甘为有尾，我之自处于有发，即自别于有尾也。"又曰："吾辈如此顽固，彼必骂我为满奴，而我可骂彼为满奴所生，或小满奴，何则？彼等之祖父，何一非食清粟、受清恩、奉清制之人，盖彼未能竟作满奴，而的系满奴后裔，故但可称之以此。然则我为彼祖父执，彼为我子孙辈耳。"二说俱谑而有理。余痛诋剪发乱民，以为宜随见随杀，并用铁线贯耳，随处枭首示众，必待有张军门者十人，方能实行此事，此辈既尽，天下不定自定矣。惠农解之曰："此辈视为五十

① 此句原作"惟靴子尚欲留为冬日之用，但裁短其统"。

年前之留发者,可矣。”余曰:“不然,粤贼有留发之令,是留发者出于不得已也,革匪尚无剪发之令,是剪发者出于心所甘也,乌可同日而论?”惠农笑曰:“君言何锋利也。”余又谓:“即以剪发非叛逆而论,但为其自己设想,于是非利害两无得焉:身体发肤受之父母,不敢毁伤,经有明训,故本朝剃发,已不免胡人之风,今又变本加厉,竟效东西洋,是是非无得也;不剪发者,革贼何尝欲杀,剪者在官军难保不杀,且剪者革贼几曾有赏赐之厚、褒崇之尊,不剪者亦何必不能为伪官长以争权罔利,是利害亦无得也。至于欲便于临阵之说,则剪发者何尝为兵,而贼兵却不皆剪发,又谓之何哉?奈纷纷如此,总之误在方寸之间耳,可恨亦可悲。或问发辫为本朝制度,故彼党欲去之,而纽扣衣服独非本朝制度乎,何以十无一二去者。余曰,去发辫可以省剃头钱,去纽扣衣,必须洋装衣服费,而从前之衣皆弃,故不能行也。”

十七日 蒋汝坊出禁烟伪示,盖自城陷后,禁烟局所积敲诈款二千余元,亦归伪部用度,局遂废。至是,各乱民以搜括无策,仍行开办,由伪警务课主其事,名为复前禁以祛害,实则借此为敲诈之望也。或云禁烟只禁良民,不禁彼党中人。(闻)[开]乱民所行公债票,人多允而不借,未知作何办法。又闻各乱民不允钱绥槃辞主计之伪职,连次使人赴沪相邀,溯耆大恐有破财之患,致书自治公所,大抵谓:“小儿蒙诸公推举,本应热心为公,但某老病日甚,朝不及夕,可否准其侍奉在侧,免致不能送终。”按,各乱民何不覆之曰:“侍奉事小,爱国事大,老先生本有兴汉灭满之志,今汉虽兴而满未灭,遽引身自退,岂忠之大者?自当使令郎舍家为国,俾竟先生之志,且博得新朝诰封以贻先生,然后致仕,则忠孝两全,岂不美哉。至于先生贵恙之说,只须在客舍中锦衣黑食,以养其身,或坐轿马车听戏游园,以散其心,否则吟诗消遣,以涵养性情,自然勿药有喜。即使风云不测,而尚有四、九两令郎在侧,先生必不至蹈齐桓公之祸也。”乱民杨麟于昨日死。麟本诸生,少年喜事,得充本地议员。当城陷时,开会议废州县尊立土官者,殆有百人,而土官终不能定,麟乃倡谋,独以同党十六人开秘密会于自治公所，以为如此方可成议。廪生季丰立门前，见他人欲入者，则正色止之曰："今日议绝大事，万不可入，入则为祸匪浅。"人多惧事而退，旋有王某、李某二人，素强横有力，曰："公所到，人人可到。"遂不容阻而入，悉其情，大呼曰："此等事应开阖邑大会，询谋佥同，如何尔等主之，岂以十六人外非人乎？"拳足交下，麟受重伤而逃，遂以吐血至今而死，说者谓此不啻以夷狄攻杀夷狄，亦一快事。吾谓获保首领以殁，历麟之幸也，闻麟下棺，确用高顶蟒袍。

十八日 闻刘河伪民政长陆祖亮奉伪都督令，改称市长云。自赵州尊去后，伪司法部无人，后知伪司法部长仍来，亦居县署。日前，伪审判厅许某、检察厅黄某始至，俱由伪都督府所放。是日，以与各乱民意见不合，不别而行，或云为薪水不满意故，闻蒋汝坊将致书慰留之。后知黄某未来，另有一王某作伪监察，王系嘉定人。阅报，摄政王归政，以徐世昌、世续为太保，皇太后垂帘听政，说者谓竟成孤儿寡妇之国家矣。

十九日 民团兵[①]至伪司令部，以月俸六元不敷饭食，求加给若干，毕树藩不准，遂散去二十一人。闻伪民政部菜饭由某酒馆包办，每日饭须二十九大桶，余亦可知，谚云："猪子养壮，年底可享。"食肉之利，此类果何用耶！

二十日 阅报，上谕准天下人民自由剪发，此谕或云系报馆所造。袁内阁将遣唐绍怡等至上海与贼党议和。叛逆竟可议和，亦千古未有，岂项城真计穷力尽，抑别有用心耶？南乡新丰镇自治议长管某，本为士林所不齿，闻于九月十九日，贼兵从嘉定路过南乡，某借此罔利，向各啚圩保言："今岁租粮蠲免，只须各家捐助兵饷，不拘三元五元。"乡人受其哄骗，颇形踊跃，现各佃户但知已出兵饷，毋庸还租，且恃管某为护符，说者谓南乡租务恐尤属为难也。又闻伪司令部职员陈禹门、钱伯曾于日前乘无铃马至南马头，大发辔头，致撞倒一乡下老，众人方欲与理论，二人已策马而去。

---

① "兵"原作"全体"。

二十一日　邑人以伪部催租无效,追思州县官,于是请留太委员沈君、甘草司巡检郑君为催租官,遍行各乡镇,仍杖责地保,以惧佃人。说者谓伪官虽大,反不如真官之小者,而即此一端,亦可见专制法之不能一刻离云。友人某君,娶妻某氏,生子二,某君钟爱长子,而其妻爱幼子,痛恶长子,以故夫妇不睦非一日矣,徒以夫为妻纲,女子终不能大有为也。是日,与某君大闹之后,竟携幼子而去,曰誓不至君家矣,岂革命之风遽及于家庭闺阃耶,然以偏爱儿子之故,致夫妻离间,亦罕闻也。

二十二日　见友人徐卫丞之发辫亦剪去,遥见余,即曰:"清廷亦下剪发令矣。"余告之曰:"君发既去,非顷刻所能复留,但既为朋友,有不得不尽忠告之言。夫朝廷此令,亦有见于剪发之日多,目下禁之不能禁,将来诛之不胜诛,故不得已为此屈己顺民之举,盖不禁剪发,而亦未尝令人剪发,固仍欲望民之不剪也,君勿误会。然君之剪发,要不过为风会所移,无他道也,以后若能仍行留发,或即装假辫以示悔过,是所望焉。"卫丞颇有惭色,顾左右而言他。榖礽族父亦痛恶剪发,以为不甘作满奴,竟甘作洋奴,名为兴汉,实则灭汉,是何居心。余曰:"不独此也,中国自近数年来,事事沾染外人之习。虽妇人小子,无不甘为夷狄,民之所欲,天必从之,不祥孰甚焉,恐不久将举四百兆人民尽为洋奴,于是虽欲求为满奴,不可得矣。"是日,家君七十生辰,岁友多有责余不为寿者,余曰:"时事至此,正士大夫痛哭流涕之日。讵复为此,是陷父子于不义也。"

二十三日　六渡桥镇人,于西门外沈五丰米行籴米二十石,为志愿团中汪阿曾在吴塘桥边扣住,报告各乱民将米船踏至城内,一并夺去,此事与初一日同。按,各乱民现正以吃米为忧,得此可以苟延残喘矣。建议减赋之某老辈已于日前约集各富户,具呈伪都督,请减府与嘉、宝一律。据云,已付议会提议,有指日告成之望,乃自金陵得手后,都督移节白门,议会中止,是减赋之说应再接再厉,非特设减赋事务所努力进行,恐遂无效。志之以观其如何努力尔。各富户又有公呈伪都督，告以乡人抗租情形，以防追迫漕银之患。或谓此举尚属有益地方，吾以为佃户抗租，业户抗粮，大众如是，彼亦无如之何。伪都督追迫，特为难伪民政长耳，断不能兴师以屠尽一方人，各富户此举，非为众人计，为伪民政长计也。闻金陵之将陷也，官军仅万人，贼兵五六万，日夜用大炮轰击，终弗能破，乃募人混入城中贿通官兵[①]，于是内外夹攻。张军门知不可为，率亲兵四千溃围而出，退保浦口，寻至徐州，今复入山东界，项城资以兵马暨军火，以图再举，张安帅、铁将军已晋京。呜呼，军门本无南京土地之责，而独能死守一月，先后杀贼数[②]万人，生死成败，固皆可以对朝廷矣。若张、铁二公，不无有愧也。

二十四日 阅报，山西娘子关已由官军克复，剿陕官军亦至潼关，盖皖北划归豫省，盖亦克复矣。按，秦晋蜀三省不在议和停战之内，项城殆欲先平西北，俾与直隶联络，以徐图东南各省也。自南京陷后，贼党用度告罄，于沪上万方搜括，复遣人各处沿门托钵，以资军饷。吾邑来募捐者三人，系本地人肄业南洋学堂者，自人家以至茶坊酒肆，到处说法，有“数十文亦吾所欲”之说，或谓此三人本不可靠，疑欲归入私囊，故绝无应之者。闻南洋学堂经费无从开源，唐文治致书贼党四五次，竟无效，而亦不能就此下台，日夜惟虑，至废寝食。按，文治不肯舍此学堂监督，本为利禄之地，其失身贼党者，亦欲保此禄位耳，孰知反贻斯患，使其早能引身而退，岂不美哉。

二十五日 自治所遵苏省临时会议，改名市政厅，并发传单，定于下月初三、初四二日投票重举议员。友人胡登之，矫剪发之非礼，将头发尽留，束成高髻，以复古制，而却戴西洋式帽。或诮之曰：“胡儿学道，到底骑墙。”盖以为留发束髻，未尝不是，特不应戴外国帽也。余谓本朝尚在，全留头发亦不甚合礼，特较胜于剪去者耳，使革命贼

① “贿通官兵”原作“以财帛运动官兵内变”。

② “数”本作“不下”。

竟成大事,行强迫剪发之令,自当全留矣。有剪发者以不剪发为保存国粹,余戏谓之曰:“君等亦保存国粹耳。”剪发者曰:“何故?”余曰:“吾等不剪发而垂辫,仅仅保存本朝之国粹,而江苏本为吴地,始祖泰伯即有断发之文,是君等之保存国粹为尤甚也。”某友责余不应教彼文过饰非之地,余曰:“彼肯如此文过饰非,断不剪发矣。”闻伪部有重设厘卡之议。

二十六日　闻伪民政部亦有人员赴乡催租,亦带枷杖等具,各乡自治所以为不合共和政体,且以伪职员有发辫为诟病,互相冲突,遂不克催租云。邑人周某有风颠病,而颇恨剪发,戒其二子曰:“身体发肤,受之父母,不敢毁伤。”二子不听,将发辫剪去后,掷交其父,曰:“还汝可耳。”周某大怒,遂携二辫至伪署告忤逆,喊叫多时而归。周虽颠,亦难得矣哉。或言不剪发者必至编入废民籍而止,穀祁族父谓但愿编入废民籍,免为贼党,或又言即清政府不亡,亦欲编入废民籍。余曰:“吾等受圣朝深仁厚泽者八九世。时事至此,不能为国家一草一木之用,谓之废民,不亦宜乎。”

二十七日　伪都督参谋厅所派之伪科员二人到太,欲招兵,为入寇北京之用,名曰“征集北伐队”。自贼党有捐饷之事,各处乱民,又借此敛钱。昨日城中有剪发小流氓数人,至各乡镇,极形敲诈,东乡富户陈士勤尤大受其苦。

二十八日　从一品封君毛老家祭,一切排场俱不用,先期亦不发讣闻,盖避“皇清”“诰封”等字也。往吊者惟穀祁族父尚用衣冠,余俱便服白衣,回拜者亦不戴大帽。按,自城陷后,有婚丧事者,俱不敢用礼服,至以便衣行交拜合卺礼,本朝未亡,制度竟若犯禁,可深浩叹。又见杨麟门前,亦无丧牌,而用丧次式牌,书“某老爷于某日仙逝”而已,或以为斟酌尽善。

二十九日　见民团兵出东门,据云,东南乡新到光蛋数船,拟往驱逐之。按,近日各乡镇盗事几无日不有,而未闻有缉获者,恐必至城中而后已也。

三十日 洪锡范至，复为伪民政长，蒋汝坊为伪主计课长，盖钱绥槃竟行辞去此职也。闻汝坊代理伪民政长一月，所填洋元颇多，今复经理财政，受锡范之播美，正未有已，然譬之纳粟拜官，在彼亦无所怨也。

十一月初一日 隆福寺开剪发会，系志愿团中发起，先期遍发传单，颇有强迫之势。到者五六十人，遂建议政界一律剪发，劣生胡受锡为志愿团代表，闻此议确系受锡所倡。又不剪发之人，概不得选举议员。禁烟局于是日发售烟照，领者阒无其人。按，不领照者，俱为私吸，想必敲诈之风可大行矣。考职典史李家骐向以烟、赌、嫖三者主名，三年前毕业巡警学堂，得充本地警员，经理禁烟事务，前州尊姚炳熊受其愚，信任备至，家骐借烟禁到处敲诈，致家破人亡者不知凡几，遂得以身家饱暖，烟赌嫖资无虞缺乏。城陷后，禁烟局停，家骐仍为伪警务课员，而办烟照捐之委员刘君已去，所有什物行李尚存公馆中，家骐生羡，拟运至巡警局，以便入己，房主龚某不可，遂用巡警数人强行夺去，现家骐复任禁烟局事，后患尚可问耶。

初二日 见伪警务课员陆季怀在飞云桥左近，为萧某揪住殴打，由该铺地保劝解而止。按，陆本充禁烟局调查员，与李家骐朋比为奸，萧某屡受其苦，今禁烟重兴，陆亦仍任斯职，意图照旧作威，致受此眼前亏，然必大兴巡警，以报复也，深为萧某虑。

初四日 伪民政部各职员一律剪发。按，职员中年六十以上者，独警务长钱泰阶，故遍察城中年六十以上之剪发人，亦独泰阶，此人本系江西试用杂职，绰号"偷油老鼠"，或为滑稽语曰："警章严厉，幸喜哥勿事偷油。"盖恐其不能洗手奉公也，喜哥者，俗称老鼠之别名。时报载有太仓通信，以本地剪发寥寥为病，题曰"爱尾何为"，疑即胡受锡所为也。

初六日 伪市政厅选定甲、乙二级议员各十人。

初九日 伪民政部置酒，邀集城中各富户，名曰"开富翁会"，劝其出资助饷，各富户俱以租务为难为辞，因要求洪锡范亲自下乡催租,锡范不可。是时,张军门由临、淮渐逼金陵,上海和议亦无成说,不日将有战事,贼党军需殆尽。苏州已屡有抢掠之事,程逆等复欲以仁义为名,派人各处说法劝捐,大略谓:“民军至时,吾守独立以保治安,尔数百万生灵赖免涂炭,今军用万分告急,若不竭力报效,将来北兵至时,吾不能复保治安矣。”呜呼,程逆既叛君即贼,陷吾万民于盗贼之手,复为此言,吾谁欺,欺天乎?所恐者,彼既无从起饷,不得不大兴掳掠,而元元之苦,将较五十年前为尤烈矣,但望王师早捷,丑类芟刈,庶几安民于衽席之上。闻吾邑有派捐三十万军饷之说。按,吾邑此时虽逐户查抄,亦无三十万见银,贼党动辄言本朝之虐政,以离间人心,试问此等虐政从来所有否?奈迷而不悟者复纷纷乎。

初十日　各富户以洪锡范不肯催租,议欲收租余,扣除漕银,请伪部径向佃人征收,复再四促其下乡,洪锡范不得已,拟与伪职员某某二人同行,然仍迟迟未去。本地所招贼兵得四十人,乞丐居其大半,于是日早上送往苏州。闻新阳界以催租事,贼兵开枪击毙农人,致激众怒,用耒耜接战,杀贼兵三名,乡民死十八人。

十一日　邑人集伪市政厅开会,因六河镇人姚某通同洪锡范,建议减去租价二角,并发传单,将于乡间开会决定,故为此举。遂请锡范至,责以“租价之应减与否,自有各业户斟酌,岂容乡间一二人主之,尔民政长置若罔闻,是何意见?”锡范答以并未知有此事,众谓:“姚某昨日在城中,即寓民政署,并用署中干笔版印传单,君知之乎?”锡范无词以对,遂自愿即行知照姚某,使不得开会议减云。嗣闻各业户有允以减去一角之说。按,现在租务情形,无论催与不催,减与不减,总之为难,众人复喋喋争此不休,亦未能看透事情也。传闻杭州有强剪发辫之事,见有辫者,即捉住剪去,上海又有暗剪者,乘人不知,窃为剪去,说者谓以后非闭门不出,断难保全此辫。然按,革党并未有剪发之伪令,所谓强剪暗剪者,亦非革命党所遣之人也。余立誓不肯剪发,以为自有人类,即有头发,头发既无,不啻人类亦尽,剪发者直非人也。或谓:“若遇强剪,将如之何?”余曰:“头可断,发不可断，此与贞女为人强奸一般，舍此一命耳。”又谓：“若被暗剪，如何？”余曰：“暗剪必不能剪尽，只须用髻成辫，即不能，于帽上装假辫，以俟蓄长耳。”表兄季蓉川则云：“若被暗剪，亦在背上粘一纸条，书‘此辫于某日失窃’，以明剪发之非吾心愿。”戏言苟能实行，亦属有理。总之吾辈一介书生，非有土地之责、职位之任，气节之存亡，全视发之去留耳。失节事大，生死事小，牢守此见，庶不为人所惑。

十二日　各报载唐绍怡与革党立约议和，朝命各处停战，召集国会，一俟各省代表齐集后，决定君主民主，说者谓此举定成民主，皇上将逊位矣。按，是时山西娘子关暨省城已由官军克复，陕西潼关亦破，冯、段二帅方预备攻取武昌，张军门由徐州至浦口击败贼兵，不日可进图金陵。以将才兵力形势而论，不战则已，战则必胜。若谓军中缺乏，则亲贵暨各大员已捐集三百万金，皇太后又屡出内帑，宜亦可济一时之急，而贼党实兵力、财力一无所有，何遽出此亡国之策，岂仍是项城缓兵之计，欲乘此时厉兵筹饷，俾军力十分充足，以掩其不备而剿灭之乎？不然，是举数百年之万里江山、亿兆赤子，拱手而送与敌人矣，将来共和竞行，天下无君，成何世界耶！

十三日　知南乡管某一事确有证据，邑人以攸关大局，联名致书伪民政长，请其惩办。讵管某已贿伪课员洪保婴、徐福镛二百金，遂将原信交付管某，并不查究，邑人大动公愤。

十四日　唐文治有文字数首寄示本地高等小学堂，皆颂扬革命，极力以经义、理学附会其旨，并引孟子“民为贵，社稷次之，君为轻”之说。文人之坏，一至于此，吾愿天下人以不识字为愈也。闻文治所寄，不止本地一处，其居心欲何为哉？

十五日　见友人徐绥年、金叔楚俱已剪发，绥年每见老辈，必诡言为人暗剪云。自治所议员金君文梓，有子某，肄业高等小学堂，于城陷后即剪发，金君大怒，几欲置之死地，由亲戚劝解，令其装假辫，复痛恨不已，至学堂中，报某已病故。现伪市政厅重选议员，金君仍被举在中，各乱民令其剪发，遂辞去议员。呜呼，议员中有如此人，亦大异事也[1],故特记之。

十七日　伪民政部接到伪都督府通令,出红纸伪示,饬各界于二十七日举行庆贺升旗典礼,并补祝民国元旦,自奉文日起,一切公文,即改用阳历,惟关系财政出入事,仍以岁除为结束。南洋学堂不能开办,会贼党改历,唐文治遂以年假遣散学生,闻学生有以学费已缴至岁底,向唐文治算还一月饭钱者。有自文治校中回者,述及九月十九日邮传部尚有经费洋一万元,汇至上海银行,一面电告唐文治,令其收取,文治立遣心腹人陆某持电报至银行,坐索二日,乃得领归。有此,故得支持五十余天。其后,唐文治致书陈德全辈五六次,复极力运动,以图发款,彼竟置之不理,故此校万难振兴云。按,十九日,文治早已悬白旗,改学堂名,行剪发令,敲碎红顶,乃复收受朝廷之款,真无耻中之无耻矣。降附贼党而不能得利益,至以文字谄媚,希图见知,尤无耻中之极无耻矣。或又谓文治之姊夫许沐鑅为邮传部曹,司会计,文治于上海将失未失时,逆料此堂经费无从接济,即以电报运动沐鑅,时京城未得此信,故竟发是款,其说恐亦未必不确。然使文治得款后,即借端脱身,亦不失为小富翁,顾不出此计,岂欲名利两得,抑万金不足于心乎,但未知今日之下,可有悔恨之意否?

十八日　阅报,知唐绍怡罢职,和议未成。盖以前所议各条约,唐俱未行声明朝廷,擅专签定,实与贼党私通也。袁大臣遂取消其代表名目,条约一概不承认,电告伪官伍廷芳:“以后应议事件,由本大臣直接往返电报商,至召集国会,亦须改定条约后,请旨定夺,方为作准。”并责其不应于国会未集、君主民主未决时,先举总统。山西、河南、汉口各路将帅亦皆有电至京,不愿议和云。

十九日　时报载有“汉人尽忠满人”一节云:“据新任弥勒县杨某禀称,旧任弥勒县胡令国瑞于九月十日卸任,适值滇军起事,各省独立,遂于二十九夜捐躯署后东井,遗书言阅报知京沦陷,皇帝被囚,用

① 此句原作“如此者,真议员中之难得者也”。

以身殉，后事敬以相托。有钱一百串，金钗一枝，乞代购棺殓云云。”按，报记此等事，决非妄造，杨既受伪令，亦不肯为此妄言，顾胡公以区区卸任县令，已无守土之责，而能如此，其志盖尤烈于冯、陆二中丞矣。天下不乏贤人，信然，惜未悉其出处，并不知能上达天听乎，亟为志其事。

二十日 伪司法部开庭，定例往观审判者出铜元二枚，除审判、监察二厅外，伪职员若干人，亦皆本地乱民为之。先是，伪司令、司法二部同在县署，今以房屋不敷，伪司令部迁设义仓矣。

二十一日 早上，枪毙盗犯九名，由毕树藩乘马带领民团押赴校场，洪锡范乘四人肩舆，候在城隍庙前，盖仍照老例，一为州官，一为监斩官也，殊属可笑。闻此项盗系刘河镇所解来，其行刑时，绑缚板上，用数枪乱击，皆中至七八弹子，血肉狼藉而后死，亦有击出脑浆者，状极可惨，缘枪手无法，不能的中要害也。按，洪锡范为伪官后，出入未尝乘舆，乘舆之始，盖自今日，说者戏谓才有官长威风，旁观啧啧不置。昔汉高祖于叔孙通定礼，曰：“吾今而知皇帝之贵也。”洪贼于杀强盗，亦当曰：“吾今而知官之贵也。”洪贼有知，以后断不可失此威风。是日，伪都督劝谕剪发告示至，阅之可发一笑。时江苏伪都督已更换庄蕴宽，程德全升为伪政府民政大臣。庄本革职广西候补道也。

二十二日 报载张军门致京中亲贵暨各大臣电文，略云：“勋昨奏赞成君主立先，顷知革党必欲共和，专制迫胁，令人发指。勋决不承认，已严整战备，立待出发。勋军马在此，声威颇振，甚为革党所惧。业电内阁，乞发援兵暨速发枪炮，以资应敌，并通电各方，同仇敌忾。惟用兵最先筹饷，我王公大臣与国休戚，千祈协商，速为凑集银千万两，俾我军士得效命疆场，以救国难。”按，是时姜桂题、冯国璋、张怀芝、王占元、倪嗣冲等大小诸将凡四十余人，亦与张军门联衔函致各亲贵暨内阁，主持君主，并求军饷，以事速战。汉阳军士指望进取武昌，得退兵百里之令，俱不肯从命，几致激变。可见兵将皆有忠勇之气，不战则已，战则必胜，而北京新时发出内帑黄金八万两，约值银三百万两，各亲贵报效银二百万两，又认爱国公债一百余万，计共有银六百余万，查各王公大臣在外国银行存储之款，不下数千万金，亦可尽数购买爱国公债，则军需亦何尝不能接济。又当此天气严寒，贼兵不能北上，而官军利于南下，如此情形，若袁内阁复惑于议和之说，不发军饷，不准开战，是消磨将士之志气，(老)[劳]师费财，而反使敌人得布置一切也，天下事不可为矣。议和之说，不独有害无利，亦无此情理，各将帅同仇敌忾，实制胜之长策，亦剿除叛逆常道也，若不从其所请，各将帅不能用命，必至自立为群雄而后已，即能用命，则犹十二金牌之召岳武穆，而袁氏之误国，将更甚于秦桧矣。报又载资政院以和议不成，开会议战事，其大旨有三条：一，宣布革命罪状；二，取消国民会；三，即行进攻。资政院中坏人大约已尽数投入革党，今更换一番人，不无二三正人君子，故有此议。此与各将帅意见合，社稷之存亡，全视三条之能实行与否耳。南京缪筱山太史有信至缪衡老处，述及张军门守城时，军法极严，秋毫不犯，所杀者特革命党耳，报馆所载军门种种暴虐之事尽属凭空妄造，自城陷后，贼兵日夜抢劫，尽据民间大宅，行为与粤匪无异，故城中除贼兵暨贫民外，阒无其人云。又知金陵戒严，时城中又有土匪出没，张人骏、铁良，俱毫无效力，军门以一身率士卒，外御贼兵，内防土匪，并特派兵二十人驻学署，保护文庙，每获贼党探子，必亲自审实，然后正法，常曰："吾极力保守此城，待援兵至日，庶可逐渐恢复，还我皇上之土地。"及粮饷既尽，城中有某富户仓储千石，军门亲至其家，拟于减价粜出，再四告以大义，讵某竟不允，军门含①怒而去，某惧，遂于是夜乘军心惶恐时，一面举火尽烧粮储，一面通贼党，运动淮军起变，遂致不守。迨军门退至浦口，贼兵追袭之，军门还战，复杀贼数千人，以故现在虽兵少食尽，贼兵终不敢②与迎敌。呜呼，军门者，不得仅仅以武夫勇士目之也，为国家计，正宜

① “含”原作“文”。

② “敢”原作“能”。

使为两江总督，予以大队军火，俾得尽用其才，则江苏之恢复如反手耳。

二十三日 胡受锡于昨日午后至伪司法部观审，不肯纳观审钱，遂与站门巡警起冲突。伪司法职员徐桢徐桢，刘河镇人，本留学生。命将受锡捉住，受锡大闹，声言志愿团代表竟被如此凌辱，今日司法部捉志愿团中人，明日志愿团必捉司法部中人。桢颇有惧意，遂由各伪员劝解，释去受锡，而于今日早上乘轮赴苏，为上控之计，讵受锡亦在舟中矣，遂相与同至伪都督府告状。按，受锡又曾于日前在伪府禀控洪锡范揽权罔利，未准，此等事皆俗语所谓"蛇吃蛇"也。前日枪毙之人，临死俱大声呼冤。闻其中有拐盗王姓者，系浮桥乡民，确罪不至死，他亦未可知。洪、毕二贼如此儿戏人命，以示威福，不知何时恶贯满盈耶。又闻毙此七人后，伪部大开筵席，可恨亦可笑，一旦反正后，此类正法，必须使其死状更苦，而吾辈亦大排筵席，互相庆贺，方为快事。是日，洪锡范又有催租伪示，说话极为严厉，计催租伪示，前后凡十余出矣。闻武昌已于四五日前克复，官兵至时，贼兵俱不战而溃，黎逆逃至南京，九江大致亦复，此信某君得之吴淞，而各报俱不载。

二十四日 志愿团乱民于伪市政厅开会，议不公认徐祯为司法员云。阅报，冯国璋与各亲贵甚为固结，现在极力主战，津浦铁路连日运军队军械南下，到徐州接济张勋，大约袁内阁亦主战矣。知本地女革党有三名：一伪警务课员汪某之妻，娶自嘉定，曾充某校女教习；一平原陆某之女，未嫁时，从一漆匠而逃，为原聘夫所退，旋嫁一染坊司务，后又背夫而逃；一刘河朱某之媳妇，未婚守节，曾往上海开办女学堂，耗费家产大半，现皆投入伪军矣。按，各处女贼大抵此类，贼党于临阵时，用以编入末队，名"女子队"，并不动手，但使其装束齐整，以为撩乱我军心之计，无事时，使其募捐军饷，以为易于令人出钱也，其募捐之状，与崭戏法妇女一般，上海优伶，以戏资捐助贼兵饷，又有学生做戏，得钱捐饷，此类何不竟作野鸡以捐饷乎。伸手不拘多少，或厌其纠缠不休者，掷与铜元一二枚，或悦其姿首暨言说法软静者，则多与数文，妇女亦具叛逆之心,痛复何言。日前,某报载某处女革党若干人为土匪捉住强奸,不从者割去双乳,足为警戒。余尝戏言反正后,此类不必加诛,但宜一概没为官妓,或发给小兵,以当犒赏。或谓女贼引乱军心,亦属可恶,余曰:"不妨,各兵既欲得女贼,必须极力攻克后方能到手,则彼之恶计,正我之利也。"传闻曾、左、李氏子孙,俱毁家纾国难。

二十五日　报载资政院奏章暨各将帅往来电文,皆言言剀切[①],字字血泪。朝廷果能如法行用,天下事无虞矣。爰全录其文如下:"资政院议员奏云:奏为泣请严旨,取消议和,用兵决战,以纾民困,恭折仰祈圣鉴事。臣闻成周之世,成王幼冲,周公秉政,管蔡弄兵,周公东征三年,削平大难,始建八百祚之宏基。方今皇上冲龄典学,委全权于总理,付大政于朝臣,国计民生,责任巨重。自革军倡变,至今已弥数月,四海鼎沸,九庙震惊,宜如何速定方针,以全宗社,乃诸臣主计,倏战倏和,迁延容与,视君位如弈棋,举手不定,平日唯阿附媚驯,至误国殃民,至于此极。此时何时,举朝臣工,游移瑟缩如此,此臣等所为椎胸泣血,痛哭无地者也。臣维世界竞争,有强权,无公理,中国现势,非坚持铁血主义,万难重享太平,夫岂口痛舌瘏所能旋转乾纽,是以不计利害,泣请严旨,立速取消和议,召回诸臣,宣布各国,誓师决战,责诸亲贵大臣担负军需,诸路将帅负弩前驱,东攻宁沪,南取武昌,西克秦晋,胜则与诸贤共天位五等之封、万户之侯,国家之福,苍生之幸;不胜则为守社稷,人臣殉职,将军死绥,史册光荣,名垂不朽,千古不易之定论。以视奴颜婢膝、苟且富贵,为千秋万世所唾骂者相其去为何如也!臣等谨遵宪法第十一条,照章议决,速请严旨取消和议,用兵宣战,以誓图存,勿再审顾迟徊,贻误大局,天下幸甚。是否有当,伏祈皇上圣鉴。谨奏。"张镇军怀芝致各军电云:"冯军统、姜军门、王统制、陈统制、李统制、张钦差、曹统制,盛京潘统制、张统领、聂

---

① "剀切"原作"金玉"。

统领、吴统制、洪统领、周统领、赵统领公鉴：续订停战，期限将届，申江讨论，大局未定，内阁主持君主，革党主持民主，宗旨既殊，时局难望平和。现在各地土匪四起，而革党扰商殃民之举又层见叠出，且各地都督互相谋害，要皆不出'自私自利'四字。四字的中各贼之心窝。程度如此，君主立宪犹恐不及，倘一改民主，则扰乱情形，何堪设想，势必不瓜分不已。谁非国民，讵忍听其沉沦，因思军人之义，首在合协，敝部数十营及直省各路防军，均赞成君主立宪，贵军如表同情，盼即电覆，以为最后之准备。"又致张军门勋电云："张军门鉴：昨奉覆电，甚佩甚慰。朝旨以君主民主付诸国会公决，而以上海少数人私见代表全国，专制太甚，且有迫令前敌退出百里外之举，我军人以血肉战胜所得之地，被代表一二言失之，死不甘言。以现势论之，国会断不能成，如决为君主，革党必不承认，如决为民主，我军遂能俯首就伏乎？现在内阁亦有为难之处，故我军人必须发表意见，以为内阁之后颈。鄙意所有赞成君宪各军，应速设一总机关，以为至此派员协商之地，在汉在津，究以何地为室，切盼酌覆。再电请亲贵捐款一节，今又照昨发原文电奏，以得力布闻。"又致各亲贵电云："庆、恭、肃、礼亲王，洵、涛贝勒，伦、泽、振贝子，那、世中堂，内务府大臣钧鉴：革党坚持共和，我北方将士十余万人均主张立宪，觋奉懿旨，君主民主，付诸公决。然革党强横，断不容有正式选举，则必以少数人私见偏主共和。我将士往返电征意见，均主欲战，然言战必先筹饷，军兴以来，朝廷屡发内帑，已将告罄，懿亲与国同休戚，亦应将存放外国银行之三千余万全数提回，购买公债，以充公用。懿亲以财产报国，我将士以性命报国，国存则款仍有，国亡即身不保，倘再昧暗，吝惜饷源，其祸有不忍言者。沥血晰陈，无任惶恐待命之至。"东省军界覆电云："天津张镇军鉴：电悉。宗旨正大，实深钦佩，数月以来，南北纷争，生灵涂炭，谁使之？皆自称'革军'之人使之也。政府主张和平，原为维持人道起见，叠颁信条，在在退让。在彼党晓事之人，皆深知共和必招大乱，亟愿和平解决。奈彼少年党众，坚持私见，非理要挟，不问人民程度,不顾国势阽危,妄执'共和'美名,直欲糜烂全局,无知无识,乌足议政,似此知法不知恩之徒,非加痛剿,谅难奏效。无论共和之能行与否,和议之能成与否,总之待叛逆,只此八字。敝军久知和局之万无可望,早编就勤王之师,以铁血解决政体,今得电示,深表同情,除将本省防务布置外,即将东三省陆军巡防各军编成劲旅,准备进行,已电禀内阁,及通电各省军队,一体联络,组织各枝大军实力出发,分路南下,誓灭此朝食,以尽我军人保全大局责任,非达君主立宪目的不止。谨电覆达,祈即统筹一切,布告中外,并望随时电示机宜,以便遵循。统制、统领潘矩楹、聂汝清、伍祥祯、张作霖、冯德麟、马龙潭、吴俊升、李蓬瀛、赵福汇、耿玉田、徐珍、金万福、吴庆桐、李际春、刘恩鸿、车震、周子寅、高凤城、裴其勋、寿庆、庆恩、许兰洲、孔昭义、巴英额、辛天成、孟恩远、朱兆熊、张天骥、凌维琪、玄培珍、毓麟祥、贵诚明等覆。"又致袁内阁电云:"内阁袁宫太保鉴:和议无效,大局堪危,革党蛮执私见,不顾全局。民主政体,为现在国度所万不能行,南省各伪都督互相残害,陕晋匪党肆扰闾阎,程度如此,乌足议政。惨伤外人,几酿交涉,行为野蛮,有类贼匪。日前汉阳克复后,彼党胆破,倘指日进兵武昌,唾手可得,宫保顾全大局,不忍生灵再罹涂炭,故专使申江,希成和议,宫保直误事失机耳,不得云顾全大局也。而彼党不知人道,无理要求,主张共和政体,致数百年拥戴之君主,行将退位,我等军人实深痛心。窃以为此等小丑既不足希冀平和,非以武装解决,则坐延时日,不特招外人之干涉,亦难望前途之保全。谁非国民,岂忍坐视,况东三省、内地各省迥殊,一经改革国体,即恐有所借口,内外蒙古情势尤为迫切,数万里大陆恐将断送于共和之手,现即不计满洲政府,独不计此间之土地人民乎!爰为大局起见,为将来起见,已除将本省防务布置外,即可组织东省现有军队,编成劲旅,共任勤王。现此举已经禀商赵督,筹备一切进行方法,拟以巡防陆军,编成劲旅,指日南下,取道齐豫,誓灭彼党,以达君主立宪之目的。现各省军队,已表同情,祈为筹画饷械,克期进行,先发制胜,勿延时机。谨祈赐电训示机宜，以为准备。”张军门致资政院电云：“资政院议长暨各省议员公鉴：窃自武昌变起，战斗剧烈，长江流域，流血成渠，商民丧失财业更不可以仆数，各处响应，残杀竞争，风云日恶，人道灭绝，惨不忍言。朝廷不忍生灵涂炭，已告庙以谢吾民，颁布宪法十九条，严催各省代表入都议政，以公天下为心，而谋所以利国利民，足为环球谅矣。夫宪法实行，皇帝之权以宪法所规定者为限，而宪法由资政院起草议决，是皇帝但有端拱之虚位，并尤行政之特权，与设民主何异？总理大臣由国会公举，与民国议院公举总统何异？彼党以政治革命为名义，亦足以满其愿而息争悔祸矣，乃议和不成，公决又不正式开会，专制逼胁，必以推倒皇位为目的，言之发指，思之寒心。姑无论中国国民程度不足，彼党显存种族观念，将来满、藏、蒙、回，龙蛇启衅，致招瓜分之痛，神州陆沉，实为祸首，即论本朝，世无失德，在他国亦有‘神圣不可犯’之条，矧我中国地义天经，岂能容乱臣贼子！现在勋军以及奉天、吉、黑、直、东、豫各省军队数十万人，均赞成君主立宪，决不承认民主，愤懑奋发，联合即日南下，灭此寇仇。盖军界莽夫，抱定爱国忠君宗旨，遇兹乱贼，必予诛夷，纵令糜项捐踵，肉薄血飞，亦所不悔，总以身灭国绝为止境，幸各省诸公一垂听察也。”各军致资政院公启云：“启者，革党不愿共和，欲成少数南人之专制，于此停战议和间，历历可见其形迹。该党不惜国破家亡，人民涂炭，希图自利之美德，亦不能掩人耳目。凡我黄帝神明之胄，安忍令祖宗千万血战铸就之山河，断送于少数不肖子孙之手，敢不誓死讨此人道灭绝之民贼，以尽天职而谢列圣在天之灵乎。虽然，以人道论，以国家论，该党固为逆子民贼，若以个人论，以一部论，尚不失为都督统领，此说不妥。最不可解者，江北诸省亦有为彼爪牙、阻扰治安、搬弄是非、甘心为乱者，虽在乡梓之列，我辈尤不能不首先除之，以明大义不私。当请资政院及各省谘议局明定专条，向政府提议，遇有此类造谣惑众、携弹放火及其他之扰害治安、阻滞大计者，从此悔过，自可宽其既往，若再有此行为，当此戒严之际，概以军法从事。如此，则出征军队可无后顾之忧，各地商民免遭掠杀之惨。各军兵士对于彼辈,激奋已极,本拟自由处置,然吾等终以'维持法律方不紊乱'之言,再四劝解,军士持戈以待,观各将帅之赳赳勇气、耿耿忠心,足令举国文臣为之愧死。为此敢请贵议员速为主持,规定专条,大局幸甚,无任迫切,待命之至。"滦洲兵变,亦以响应革贼为名,即由王怀庆剿平,仅诛为首倡乱者若干人,余俱溃散,其未散者三百余名,有枪给以盘费十元,无枪给五元,一律遣回原籍。呜呼,朝廷之刑乱国,无乃太宽乎。孙贼拟定学堂章程,第一条删除经学,以为言高而最能坏人心术,使学者读之,常存一利禄之心。余于武汉起变时,即谓革党若成大事,不独天下无太平之日,千百年道统亦从此绝矣,今又显见其然,而益知其必不能成也。

二十六日 邑中某某诸君致书伪民政部,大加责问,大致谓民政部成立已近两月,办事员不下二三十人,何以地方公款尚未列入预算,本年粮租何以尚无头绪,各乡赌风何以并未查禁,地方政治何以并未设施,如此因循敷衍,未免虚縻公款,并请洪锡范明示政见,以慰民望,否则为民请命,自当举贤接替,以免贻误桑梓云云。言固为公起见,然此时何时,此类何人,顾与喋喋不休,亦不明大义之甚者也。学堂中发通告,定于明日早上学界一律剪发,毅礽族父以其次子在小学堂,致书教员,言情愿束发读书,以复汉制,若必欲剪去,请开除可也。按,城陷后,学堂亦归贼党,有识者宜即不到,正不必待强迫剪发也,此举亦属多事。是时女子发髻多改装前面,用淡绿绒绳为饰,女学堂中盖一律如是,以为效法东洋妇人,而当男人之剪发,吾谓此后非将东西洋尿屎供中国人酒饭不可也。有某老辈,或劝以剪发,答曰:"必欲余剪,愿将须发眉毛,一概剃光。"或问何故,曰:"剪发者,非人也,竟使其不成人形,可耳。"又有某君,告彼党中人曰:"待北京得后,天下大定,吾乃剪发,今所以迟迟不剪者,正以激励革军之北上也。"余思诚能如此,某君永无剪发之日矣,可谓善于权辞者。自伪政府立后,一切制度毫无施设,独剪发一事,殆有强迫之势,苏沪二地尤甚,盖明知大事难成,如此使清浊不分,一旦反正后,诛不胜诛,而彼党可以漏网矣，谚所谓“拖人下水”是也。或谓此后剪发亦有出于不得已者，未可一概目为乱民，余曰：“诚然，要之赶早剪者，除无知童子外，皆有希望伪职之心，何则？今日伪职，即以本地论，大小不下百人，且不时调动，希望甚易，以剪发为希望伪职之地，犹昔日以读书作文希望入学中举也，盖谓迟早必有一日焉。”知各伪部职员月俸最少者六十元，而意外之钱不与焉，或云，伪司法部暨警务课，视所得罚款之多少以为定。噫，民脂民膏，安得不尽耶！

二十七日 为贼党元宵，各店户悬五色旗暨金字“中华民国共和万岁”红绿灯。某绅大门前特悬“总统万岁”大红灯一对，夜间各乱民为提灯会，集明伦堂，三呼“万岁”，明伦堂屡作此等事，孔圣有灵，何不一殛耶。计东西志愿团、学团、商团凡三百余人。有黄亭一座，供孙逆小像并彩旗龙灯等物，周行城中，毕树藩骑顶马，钱三畏骑跟马。在各乱民以为新国气象，而有识者俱谓事业未成，侈为此举，益见其草寇也。在茶肆中，见剪发人倪某大称剪发之美处，其叔父熊如在旁略加训斥语，某大怒，遽欲挥拳，由众人再四劝解，令熊如不发一言，任其大闹一番而后已。时又有吴姓者，本以开赌为业，现入伪部，其母求其勿剪发辫，至下跪为叩头，不顾也。余思彼剪发者，既无君矣，何有于母，又何有于叔父乎？吾辈凡遇此类，只以禽兽视之，便少许多闲气。近日，苏州贼兵亦大兴抢掠，报馆暨彼党中人俱讳为土匪也。

二十八日 有外来贼党二人，声言“敢死队”，向各铺户勒捐，至少须二元，被其搜括数百元而去。闻上海贼党以租借上不便勒捐，乃通同马夫，遇坐客略有资本者，将车开往荒僻处，贼党守候在此，即施其强硬手段，如怀中洋钱无多，复勒令书笔据，至客寓中收取，其行为盖尤恶于强盗也。昨夜提灯会中，黄亭前有大红灯二，上书“中华民国大总统孙”八字，各乱民争执之，致志愿团中陆鸿曜与学团中朱树模斗殴，欲互相开枪，幸众人解劝而止。闻宗潞手扶黄亭，如保驾然，遇看客之逼近者，挥拳乱打，如以为犯驾然，观者以乱党甚众，且有枪械，俱不敢与计较。伪民政司令部各职员发起设共和进行会，于二十六日集敬业堂，名曰“开成立大会”，到者二百余人，遂举王熙元、吴守元二人为会长，主持会务，其名义为“立法机关之先导”，以补助行政机关之不逮，而发起诸人以与组织时宗旨不合，俱辞退。

二十九日　薄暮，忽有贼兵四十人来，踏门捉胡受锡，受锡已逃去，遂拘其弟永锡，押入伪司法部。询知受锡为伪司法部、民政部两部所禀控，有“聚众滋扰”“行同匪类”等语，故伪都督特派兵拘捕，多见其“蛇吃蛇”之为也。

三十日　贼兵去，志愿团进行会发起，于明伦堂开公民大会，为胡受锡伸冤，遂请洪锡范、王检察到会，大相冲突。锡范允以具呈，将王检察所禀不实之处，代为申诉，一面由众人公呈，为受锡辨诬，并撤退徐祯，乃散会，而永锡以误拿，即行开释。朱树模以二十七夜事，辞去高等小学堂校长之职，教育会拟慰留之。

十二月初一日　伪民政部劝业课附设催租局，钱[绥]槃为总理员，程鲁叔为协理员，康尧栋、闻宗潞为裁判员，李龙为会计员，说者谓数人欲夺差役之二八扣也。横泾落乡有巨富戴姓，僻处海滨，于日前被盗匪数十人明火抢劫，损失颇多。据闻，盗党军械甚足，抢劫时，于门口置小炮一尊，并有十余人连放排枪，以资防御，一时临近居民惊同大敌，纷纷避去。如此之盗，伪司令部果能派兵缉获乎？

初二日　知隆福寺中万岁牌已为闻宗潞等劈去，各乱民又欲毁明伦堂“娄东七老”匾，有老者再三开说而止。

初三日　洪锡范欲辞去伪民政长，各乱民开会商议，各乡镇亦举代表至，仍挽留锡范，谓必须半年任满后方可另举人，盖锡范实与各乡镇贿通也。

初四日　接伪都督通饬，改太仓州为太仓县。

初五日　阅报，北京开御前会，议逊位事，蒙古王公反对甚力，有预备办法二条：一，坚持君主立宪，面奏亲贵诸臣之辜恩负国，请即开战，蒙古王公当各负招兵筹饷之义务，所有前日之和议一律取消；二，会议如决定君主，蒙古当永远为中国藩属，若民主，则蒙古即时与中国断绝云云。又载禁卫军公布，略云："禁卫军步马炮、工辎、机关枪、目兵等，为通布事：窃自革军倡变，天下纷扰，朝廷俯从彼党之请，无微不至，既已开诚布公，则彼党自宜就抚矣。乃悍不遵从，甘心破坏大局，以少数之私见强万人之遵从，是直视北省无一人矣。我北省之人，何无心肝，何无思想，一至于此耶。使共和之后，大局瓦解，外人乘隙而入，是中国不亡于外人而先亡于南省之人也。我北省同胞，先为南人之虏奴，后为外人之牛马，则中国沈沦之惨，自今以往，将无已时。当兹危急存亡之秋，正臣子效命之日，愿我同胞荷戈而待，直往前驱，破彼党嚣张之气，耀我北省之光，则不惟忠于皇室，而人人之义务亦尽矣。同胞见此公布后，宜早作准备，今本埠众目兵等业经禀明冯总统，愿为前敌，请各省北界诸君速行组织北军之后援，则感激于无既矣。谨将敝军宗旨各条款开列于后：一，本目兵为革党要求民主，欺迫已甚，今遵照德宗景皇帝遗谕，愿保存君主立宪；二，本目兵愿以本军充当前敌，名曰'义勇决死军'；三，现在财政竭蹶，请劝亲贵及绅商尽力捐助，以备军需；四，革党所以敢欺迫朝廷者，不过恃有巩固之窝巢耳，本目兵愿征讨南京，扫除狂寇。步一标目兵等启。"嗟乎，禁卫小卒，蒙古外属，其所见所持犹如此，我各王公大臣其思之。

初六日 伪都督又有剪发告示至。按，近数日里中剪发者，却并无增多。阅报，张中丞勋有告示黏在南京城南，大略谓：本部院帅师暂驻徐州，不日即须进军克复南京，居民毋庸恐惧，惟剪去发辫者实为降贼之证，本部院未便宽恕。贼党见之，即行揭去，我但望其早速进军，杀尽剪发贼，良民庶可重见天日也。

初七日 阅报，朝命张勋为两江总督，一俟十一日停战期满，即行攻克金陵。勋有电文致亲贵云"如袁内阁不忠于皇室，令朝廷逊位，必与决一死战"，此说不知确否。

初八日 伪民政部开征漕银。按，现在各业户所收花租，最多不过十分之三，稻租尚未提及，以租籽尽行完粮，不敷也。知吾乡汪棣圃大令承第，在四川双流县任，十月二十日，贼兵入城索官印，大令骂贼不屈,遂为枪毙,其家眷不在署,得免于难。此系高桥汪氏所得确信,未知能上达天听否。报载北京巡警总厅传知各报馆告示,略云:"为传知事,奉部传内阁函'据同志联会冯男爵国璋等呈称"此次乱事之兴,首恃报纸鼓吹之力。今北京诸报,其宗旨纯正者固属不少,而南方诸报,则无不诪张为幻,变乱是非。加之匪党奸徒,遍地皆是,到处煽惑,乱机伏生,不独此也,十年以来,人心之日非一日,皆浸淫于报章故也。传闻南方各埠,凡尊重朝廷主张君主之报纸,不准售销,而京师重地,对于鼓吹邪说之报纸亦不加禁止,不独纲纪堕地,抑且危害国家。国璋等迭次开会讨论,佥以取缔报馆、禁销沪报为入手实行之策,如有报馆违背报律、煽惑人心者,一律查明封禁"等情。函知到部,合行抄录原件,传知该厅转饬各报馆遵照'等因。奉此。查同志联合会宗旨,在正人心而保治安,报纸为代表舆论之机关,嗣后务宜持论纯正,以尽天职,倘有宗旨不正、意存煽惑,定即按律从严惩办。为此传知,其各凛遵。"

初九日　知邑中王锡申等三百八十余人已具呈伪都督,为胡受锡辨诬,胡之党与何其多耶。而伪司法部不允撤退徐桢,令伪员王凤球亦行赴省,大约为抵制公呈起见。各乡镇代表,于明伦堂开会后,复在中学堂中特开秘密会议,声言民政长任事以来,百废俱举,城内诸人不应借端于胡某一事,聚众挟制,以致洪某有灰心欲退之意,遂以十四乡公民代表名义具呈伪都督府,痛诋发起公民大会诸人,以固锡范之位。昔牛李党君子与小人争,洛蜀党君子与君子争,今则小人与小人争,乱民与乱民争矣。

初十日　伪市政厅选定议事会正议长王凤乔、副议长顾聘璜,董事会总董钱诗棣、副董金文梓,伪市政厅遂成立云。各乱民以吾邑议会尚未成立,又于日昨集各乡代表于明会堂,有浮桥代表张某出意见书,拟照苏州临时议会办法,即以旧时州县议会组织,各乱民俱赞成之。是时,各处盗贼充斥,乡镇抢劫不知凡几,城中亦屡有大窃。前夜,北门外李王庙左近吴姓家,忽有口操江北音十余人明火执杖而入,连伤三人,抢去银洋衣服等件,任其扬扬而去。又西门外赵清泉于二十七日,特筑香巢于城内,赵之移新房于城中,原为惧盗起见,孰知盗已窥之深矣。惜哉夽具,两夫妇、两亲家当同声一哭。为伊子团圆花烛,装点皆新,三朝后夜分,有梁上数人从天窗而下,倾箱倒笼,尽取其衣服手饰及元宝一只,闻值千金之谱,并有蜜饯喜果数盒亦被大嚼净尽,两新人觉而不敢声张,数人遂开门而去,说者戏谓"软进硬出"云。

十一日 知张制军于江北连获胜仗,现镇固尚在剧战,贼党将上海招商局押与日人,得洋一千万,以充兵饷,商民大愤。蒋汝坊、李家骐等合股开万全裕大酒馆,家骐称为协理员,或作戏语云"巡员当炉,股本尽陈公膏血",盖嘲其以禁烟局敲诈发财也。

壬子　癸丑

阴　壬子(1912)花朝　早起，为百花赏红，赴饮浣花外舅处，遇逢辛族侄，渠于日前扫文肃公墓，寓阊门外，适苏州兵变，放火杀掠，阊门外为之一空，渠于枪弹之中逃出，述其状，惨不忍闻。午后过宾石馆中，归圈点《汉书·东方朔传》。是日，宗祠春祭，服衣冠者惟余父子三人暨縠礽叔、孙昂兄，余俱便衣，其祝文为余所缮，文首纪年用上古干支，族中或有不以为然者。宾石言伊族亦于是日祭祠，不独无人衣冠，且有戴外国帽行礼者，祝文本书中华民国元年，伊争之力，乃改用干支。

阴晴参半　十三日　早起，圈点《汉书·公孙刘田王杨蔡陈郑传》，接惠农自毛市馆中来信并和余《落梅诗》一首。午后，宾石来，同出散步小街，登文笔峰，峰后桃微放，旋见魁星阁上神像不见，四旁窗棂俱去，有乞儿数人聚而处焉。对面学宫值自由党开会，其中高等小学生往欢迎之，铜鼓冬冬，成群结队而出，不觉风景之惨，相与叹息而下。至西铁猫巷访陆氏五亩园故址，园虽毁而土山池水、怪石茂林依然逸致也。因忆吾族南园为士大夫觞咏之地二百余年，今则风流歇绝，徒遭俗人之践踏，不若夷为荒野茂草之为犹愈耳。薄暮归斋，与佩萱围棋一局。

雨　十四日　早起，宾石来，袖出昨日即景诗一首，并为余移植洛阳花。午后，圈点《霍光金日磾传》，为狮侄改文。散学后，宾石又来。

雨　十五日　早起，读《傅常郑甘陈段传》，和宾石诗。

晴　十六日　早起，种荷花，读《隽疏于薛平彭传》。午后，扎竹屏风，植铁线莲数枝于下。

阴 十七日 早起，校《宝笏堂诗集》刊样。午后毕，《集》为表叔徐菊生先生著，殁后，余力劝其嗣君付梓，爰为任校勘之功。灯下，读《韦贤传》。

清明阴 十八日 晏起。午后，醒华来，同至小西门看桃花，过隆福寺，风景依然，而寺中设巡警、教练，所遭遢万状，当为普天下雅地同声一叹。旋至醒处，略坐，借其《笔算数学》一部暨新小说数种而归。灯下，读《魏相丙吉传》。

晴 十九日 早起，读《眭两夏侯京翼李传》。午后，惠农来，同至蓉川暨登之馆中。灯下演算。

晴 二十日 早起，读《赵尹韩张两王传》。午后，蓉川约余与惠农南渡观桃，游毕，复邀至其家小饮。日暮归，与佩萱围棋一局。

晴 廿一日 晏起，读《盖诸葛刘郑孙毌将何传》。午后，偕惠农啜茗第一楼，买兰花数块，午时莲、木香各一盆。灯下，读《萧望之传》，教佩萱开方算。

雨 廿二日 早起，读《冯奉世传》《宣元六王传》。午后，蓉川来，借去校本《左传》二本，调师送菊秧数十枝，随即种之。灯下，读《匡张孔马传》《王商史丹传》，教佩萱算。

晴 廿三日 早起，读《薛宣朱博传》《翟方进传》。散学后，蓉川偕闻老童来。灯下，读《谷永杜邺传》《何武王嘉师丹传》，教佩萱乘算。

晴 廿四日 早起，宾石来见，示感事诗一律，读《扬雄传》，分种菊秧。

廿五日 早起，读《儒林传》，顾伯圭招饮，同席者陈镜涵、周润生、金范伯、闻子琳、炽夫叔、萃岳等。灯下，读《循吏传》，买杜鹃花两盆。

晴 廿六日 早起，读《酷吏传》《货殖传》。下午，卫丞叔楚来，同至文星楼啜茗，散步过钱敏肃专祠，头门上匾已去，御碑亭尚在，而亭前石刻、对联用石灰涂去，不胜感慨。薄暮归，种菊花秧，接惠农信,并和诗二首。灯下,读《游侠传》,为狮侄改文。

晴　廿七日　早起,读《佞幸传》,寄惠农信并《南渡观桃》诗二律。灯下,读《匈奴传上》。

阴　廿八日　晏起,陆老饩送来荷秧,随即种之,读《匈奴传下》。灯下,读《西南夷两粤朝鲜传》,与佩萱围棋一局。

晴　廿九日　早起,读《西域传》《外戚传》。灯下,读《元后传》,与佩萱围棋一局。

晴　三月初一日　早起,宾石来,读《王莽传》。灯下,读《叙传》,圈点《汉书》始毕,遂识数语于卷末。

晴　初二日　早起,阅《临川梦传奇》。灯下,习算数,与佩萱围棋一局。

晴　初三日　早起,至河顺轩啜茗,遇卫臣,阅《临川梦》毕。

晴　初四日　早起,至顾伯圭处拜寿,阅《南园风雅集》。散学后,芝孙来。灯下,与佩萱围棋一局。

晴　初五日　早起,天气甚热,几欲赤膊,斋中盆兰齐开,悉以供书桌上,颇有芳芬满座之乐,阅《香祖楼传奇》。散学后,卫丞来,同至文星楼啜茗。

雨　初六日　早起,阅《香祖楼传奇》毕。散学后,冰石来,借去《南园风雅集》。

雨　初七日　早起,天气稍冷,读《空谷香传奇》,寄叔楚等信。灯下,与佩萱围棋一局,接惠农信并《和观桃》诗一律。

阴　初八日　早起,种文竹,寄惠农信,阅《空谷香传奇》。灯下,习算学。

晴　初九日　晏起,阅《空谷香》毕。散学时,老饩来,折蕙兰暨荷包牡丹而去。灯下,习算学。

晴　初十日　早起,习算学,阅新小说数十页。

晴　十一日　早起,阅新小说,翰章表兄来。蒋平阶来函,拟联合同志设立娄东国学社,蒋君有志保存旧学,意非不善,然其命名不无沾染时习也。

雨 十二日 覆蒋平阶信，又寄惠农信，阅《红楼梦》散套，醒华来。

晴 十三日 早起，至河顺轩啜茗，遇卫丞、叔楚、鲁才。午后，阅《红楼梦》散套。散学后，宾石来，见示和陆静庵诗。灯下，与父亲校志书。邑中杨毓庚、杨毓衡、金长城发起“社会党”，日前在明伦堂开成立会，土匪小黄牛、许金福辈俱来入会，并有[1]妇女若干人，亦在其中，恐贻祸匪浅也。

晴 十四日 早起，校家大人年谱抄本。散学后，至浣花外舅处假归《金壶逸墨》三本。灯下演算，接惠农信。

晴 十五日 早起，校年谱毕。午后，过宾石馆中，寄惠农信。散学后，宾石来。灯下演算。钱文敏祠于昨日实行充公，祠中颇有园林景，向来不准闲人游玩，今则为人践踏万状，花木俱任意取去，墙壁亦冲倒，其后面新筑亭榭尚未毕工也。

晴 十六日 早起，至卫丞处，同往河顺轩啜茗。午后，阅小说数十页。卫丞来，借去《汉书》第一本。日暮，浇灌菊花暨兰花。灯下演算。或有为对语，上联题社会党，云“扇影衣香明堂杂还试问宾贤满座葛卢之解语为谁主宰纵文明可惜弹琴少知己”，下联题钱氏祠事，云“涂膏衅血庙貌巍峨岂知霹雳一声夷伯之游魂早泯天心即人事枉教动力挽危机”，颇佳，惟以“明堂”当“明伦堂”，不甚妥。“涂膏衅血”以屋宇香案等件俱用朱漆也，“霹雳一声”，以去年正殿遭雷击也，末句以钱氏曾以电报求袁世凯保留此祠也。

晴雨参半 十七日 早起，读《后汉书·光武帝纪》。

晴 十八日 早起，蓉川来，同合滨石往文星楼啜茶，归，读《明帝纪》。午后，过宾石馆中。散学时，浣花外舅来，接惠农信。灯下演算，与佩萱围棋一局。土棍黄才窃剪家大人发辫，幸家大人发本种

---

[1] 此处删“良家”。

种,仅剪去发连,殆觉,已飞奔而走,随将此辫遍示众人,并声言三日内剪去觳礽叔、孙昂兄暨余三人之辫云。

晴　十九日　早起,至状元楼啜茗,读《章帝纪》。散学后,孙昂兄来,拟预防剪辫之策。日暮,至卫丞处,归途突遇杨幼鹤之子,睨视余发辫曰:"此物何以尚在?"余曰:"汝能剪我否?"曰:"能。"曰:"几时剪?"曰:"明日。"曰:"明日几时?"曰:"早上九句钟。"曰:"我于此时一准候在家中,但汝或不来,则非人矣。"曰:"自然必来。"此人年仅十六七,亦新近所出之小流氓也。或告余曰:"昨日黄阿才一开其端而毫无动静,此类人将蜂起效之,有辫者人人自危矣。"

立夏　晴　二十日　散学一天。早起,至河顺轩啜茶,晤叔楚、卫丞等。午后,同至文星楼茶谈、夏家馆小饮,日暮而归。灯下,阅小说二十页。

晴　廿一日　早起,读《汉书·和帝殇帝纪》。午后,过毕伊卿表母舅处,见惠红白芍药、绣球花各一枝。灯下,与佩萱围棋二局,寄惠农信。

阴晴参半　廿二日　早起,读《安帝纪》《顺冲质帝纪》。灯下演算,接惠农信

晴　廿三日　早起,读《桓帝纪》《灵帝纪》《献帝纪》,寄惠农信。灯下演算。

阴　廿四日　晏起,读《皇后纪》。灯下,与佩萱围棋二局,接惠农信。

阴　廿五日　早起,至宾石处,谈一小时而归,读《刘玄刘盆子列传》《王刘张李彭卢列传》。午后,老饩送来菊头二十余枝,随即扦插。灯下,与佩萱围棋二局,接陈外舅自上海信,并赐阿豹食物。

晴　廿六日　早起,读《隗嚣公孙述列传》《宗室四王三侯列传》。

晴　廿七日　早起,读《李王邓来列传》《邓寇列传》。灯下演算。

晴　廿八日　卯时得一男。午后,读《冯岑贾传》,惠农来,谈及发辫之去留,不觉欷歔者久之。灯下,阅小说数十页。

阴雨参半，大风　廿九日　早起，读《吴盖陈臧传》，寄陈外舅信。灯下，阅小说二十余页。是日，邑人于明伦堂开会，追悼广西革党起事[①]死者七十二人，设"中华民国殉难诸君"位，城乡各界来行礼者数百人，看客至学署头门，即有巡警强剪发辫，被剪者颇多。祠中看客，亦被闭门剪辫，乡人至有叩首数十下求免而不能者。开会毕，用绿(帨)[呢]轿护送其位至钱氏专祠中供奉，敏肃神位掷于地下，踏为数段。噫！钱氏曷不先行请出神位，将祠屋付诸一炬，岂非免遭此祸耶！

阴　三十日　早起，浣花外舅来，宾石亦来谈，良久而去。午后读《耿弇列传》。散学后，芝生暨卫丞来，宾石又来，外舅饬人送来和"春"字韵诗。灯下，读《归庵文稿》数篇，阅小说十余页。父亲为新生儿排八字，为壬子、乙巳、庚寅、己卯，共金一木三水二火一土一，五行全，命之曰"鸿飞"，乳名"阿熊"。

阴晴参半，大风　四月朔　早起，佩萱亦能起身，读《姚期王霸祭遵传》《任李万邳刘耿列传》《朱景王杜马刘傅坚马列传》。散学后，醒华来。灯下，阅小说十余页，寝斋中。

晴　初二日　早起，读《窦融列传》。午后，与佩萱闲谈良久。散学后，至醒华处移植观音柳，并借紫砂花盆一只，见绥年所有白兰、秋兰等花俱萎去。盖绥自二月中至上海神洲大学堂后，花草无人栽培，以至于此，真可惜也。灯下，阅小说十余页。

晴　初三日　早起，至南马头包姓处，便访蓉川，遂与一同进城。蓉于上月廿九日至浮桥，遇该镇商团，竟被强行剪去发辫，现装假辫，余为切齿者久之。归，读《马援列传》。午后，谢拜墀来，送余飞白竹一盆，谢君亦不肯剪辫者也。散学后，复至蓉川馆中，见留晚饭，寄惠农信，并送伊红烟一包、肉松一筒。灯下演算，阅小说十余页。

阴雨参半　初四日　早起，读《冯岑贾列传》。午后，扦插香水花、洋玫瑰、白蔷薇、大红月季各数枝。灯下，阅小说十余页。街上见

---

① "起事"为补入。

社会党摄影,凡三四十人,中有女人三,一钱瑶侯之妻,一小黄牛之妻,一某流氓姘妇。

阴晴参半 初五日 早起,老饩来,示余课作。读《伏侯宋蔡冯赵牟韦列传》《宣张二王杜郭吴承郑赵列传》。散学时,醒华来,致外舅信,并送阿熊觌礼。灯下,作《失城记》。

晴 初六日 早起,读《桓谭冯衍列传》。午后,鲁才来,接惠农信并诗二首。晚饭后,身体不适,即睡。

晴 初七日 早起,至状元楼啜茶,并剃头,与穀礽叔谈良久而回,读《申屠刚鲍永郅恽列传》《苏竟杨厚列传》。午后,父亲命回望陈典韶,渠于江西初回也。散学后,醒华来,赠余画兰一小幅,宾石来,还《南园风雅集》。灯下,写寄惠农信。陈典韶述及江西之陷,亦由新军起变,地方绅士即要求独立,冯中丞避居谘议局,①遂烧毁府署暨万岁牌宫,悬白旗,防兵亦无从为力而服,旋举中丞为都督,不允,索印章,亦不与,乃挟送至九江。时九江先已失守,革党某某二人本系江南候补官,与冯公有私怨,从舟中执而拘之,凌辱万状,复欲送至庐山,用兵看守而杀之,中丞乃吞洋烟而卒。盖南昌于初十日不守,中丞于十八日卒于九江,其死事与从容就义者殆有别矣。

阴雨参半 初八日 早起,读《郎觊襄楷列传》《郭杜孔张廉王苏羊贾陆列传》。散学后,宾石来,移飞白竹数枝去,接叔楚自上海信。灯下,阅小说。

雨 初九日 晏起,读《范宏阴识列传》《朱冯虞郑周列传》。寄玉森外舅暨叔楚信。灯下演算。俞少园送余紫砂小花盆一只。

阴雨晴参半 初十日 早起,至状元楼啜茗,读《梁统列传》。午后,请文龙士来,为阿豹种牛痘。灯下,读《张曹郑列传》。剪发告示见,大致谓垂辫系满清恶习,速宜勒限剪除,并派学界中人严行劝诫之说,而限期并未宣明也。

---

① 此处删"新军"。

晴　十一日　早起，至状元楼啜茶，知昨日有苏省委员至，与议事会议决改钱氏专祠为忠烈祠，并籍没其祭产之半云，世上尚有情理可言哉！归，读《郑范陈贾张列传》。午后，蓉川来，读《桓荣丁鸿列传》。灯下，与佩萱间话，阅小说十余段，演算。早上，买芝兰二盆、六月雪一盆，共小洋六角。

阴晴参半　十二日　早起，读《张法滕(马)[冯]度杨列传》《刘赵淳于江刘周赵列传》。散学后，至浣花外舅处，见留晚饭而回。灯下演算。

雨　十三日　早起，至状元楼啜茶，读《班彪列传》《班固列传》，灯下演算。

晴雨参半　十四日　早起，读《第五钟离宋寒列传》《光武十王列传》。散学后，过宾石馆中。灯下演算，接惠农信。

晴　十五日　早起，读《朱乐何列传》。午后，宾石偕陆静庵见过。散学后，醒华来，宾石又来。灯下，父亲命写信致凌规周，为租田事也。昨夜有偷儿从南面逾墙撬门而入至斋中，窃去衣服暨零星物件，并后厢房橱内所贮被褥、帐子。余睡梦方酣，竟至起身而后觉。检点所失，约值三十金，幸未及内室，而于案上陈设万物及书画花草，却丝毫未动，有旧图章一盒，携至墙外而弃焉。都城盘中古玉辟邪最为宝贵，渠亦不取，洵雅贼之难得也。

晴　十六日　晏起，读《邓张徐张(何)[胡]列传》《袁张韩周列传》。灯下，阅《谐铎》。

晴风　十七日　早起，读《郭陈列传》《班梁列传》，偕宾石同访陆静涵。

晴雨参半　十八日　早起，读《杨李翟应霍爰徐列传》《王充王符仲长统列传》。陆静涵送来和余“春”字韵诗二首。散学后，至状元楼啜茶，并剃头，知沙溪镇昨日赛会极行热闹，且仍用顶戴衣冠，城中不克禁止者，小黄牛之力也。

雨　十九日　晏起，读《孝明八王列传》《李陈庞陈桥列传》。灯下演算。

阴晴参半　二十日　早起,读《崔骃列传》《周黄徐姜申屠列传》。灯下,阅《谐铎》。

晴　二十一日　早起,读《杨震列传》《章帝八王(列)传》。散学后,至宾石馆中,又至浣花外舅处,寄惠农信。灯下,作《记钱敏肃公专祠事》。

阴　二十二日　晏起,身子不适,竟日阅小说。

晴　二十三日　晏起,身子不适,阅《夜雨秋灯录》。午后,宾石来,采枇杷二三十枚而去。

晴　二十四日　早起,心神不定,竟日东翻西阅。

晴　二十五日　早起,惠农来,留午饭后,围棋二局,宾石亦来,三人谈至日暮而散,身体觉爽快多矣。

晴　二十六日　早起,阅《阅微草堂笔记》。散学后,宾石来,叔楚及卫丞来。

晴　二十七日　早起,至状元楼啜茗,阅《阅微草堂笔记》。散学后,阶上散步,遇惠农暨王岩士,复至状元楼茶谈,岩士居苏州而毵毵者依然,亦难得也。灯下演算。

阴　二十八日　早起,阅《阅微草堂笔记》,赴饮浣花外舅处。午后,至偕邠丞、卫丞、芝生、叔楚至小山公祠茗谈,并围棋二局,祠名偻见堂,在试院东,有园林趣,无城市喧,炽甫叔于去年略加修葺,颇幽雅也。灯下演算。

雨　二十九日　早起,至状元楼啜茶。午后,记汪大令承第死事。宾石携老饩来,示余七绝二首,值大雨,谈至六下钟雨稍停而去。

阴晴雨参半　五月一日　早起,洒扫书斋。散学五天,和宾石诗。傍晚蓉川来。灯下,阅《阅微草堂笔记》。毛市、蓬莱两乡前有外来光蛋开场聚赌,经该乡公所报告,民政署派巡警往,将赌窟封闭,头家惩治而罢。廿六日,忽有匪徒类数十人入城,声言欲向民政署借钱,署中大惊,当夜飞檄浏河商团,并电至苏城请兵,现已陆续来太,拟为请乡之举，未知光蛋之患就此能弥乎？即是一端，亦可见城中[1]各团之一无所能。

阴晴参半　初二日　早起，蓉川来，同至状元楼啜茗。午后，偕宾石至偻见堂，炽甫、吉士二叔已先在，相与茗谈，良久而归，绥年送来《访偻见堂》诗四首。灯下，即次韵和之。

晴　初三日　早起，阿豹昨日自外家回，略有寒热，今早喉间忽起红白点，即至南马头请汤医来视之，据云是喉痧，速治尚无妨也，急用珠黄散吹入，并服发散煎药。午后，醒华来看阿豹，陆景周来，略谈而去，渠于昨日自无锡回也。傍晚，接惠农信，并《读史杂感》四绝、《言志》六言四绝。胸膈作痛，吸鸦片二筒，立刻奏效。

晴　初四日　早起祭先，父命约闻外舅、醒华、宾石午饭。饭后，登之来，同谈至三点而散，身子疲倦，酣睡二小时之久。灯下，阅《谐铎》数段。

雨晴参半　初五日　早起，至状元楼啜茶，值大雨而回。午后，滨石来，偕至鹿鸣楼听书毕，复来清谈良久。灯下，和惠农诗，并寄赠二绝。

晴　初六日　早起，作《剪发诗》。午后，蓉川来，阅《谐铎》十余段。阿豹喉症全愈，心下为之一放。

晴　初七日　早起，至陆景周处，同往状元楼啜茶。午后，阅《阅微草堂笔记》，至滨石馆中。散学后，孙昂兄来观余记事文，孙昂亦痛恨革党者也，故不妨示之，卫丞来围棋二局，滨石亦来。灯下，写寄惠农信并诗。

晴　初八日　早起，见盆中白兰花始开，亟自墙角移置窗前，以就香味。白兰之香，浓于兰花，而清韵逊之，盖不免稍有甜俗气也。阅《阅微草堂笔记》。午后，至街上买速香少许，焚之，觉香味自比檀梓文静。

---

① “城中”原作“太仓”。

晴　初九日　早起,天气甚热,阅《阅微草堂笔记》。午后,阅《燕山外史》。

雨　初十日　早起,得诗三首。午后,阅《龙川诗集》。盆中莲花始放,此莲色红,一蒂千瓣,如球,四面皆吐黄心,近心处花瓣微带绿色,检《花镜》,知名"四面莲",种于滨石处得之,滨以为重台莲,非也。

大雨　十一日　早起,阅《阅微草堂笔记》。午后听雨,闷甚,与佩萱围[棋]二局。散学时,雨稍停,滨石来。

晴　十二日　早起,至状元楼啜茶,并剃头,阅《阅微草堂笔记》。午后,至宾石馆中,接惠农信并诗。散学后,至浣花外舅处晚饭而回。

晴　十三日　早起,阅《阅微草堂笔记》。午后,至芝生处,寄惠农信。

晴　十四日　早起,宾石来,读《后汉书·张王种陈传》。午后,闻老同来,嘱余刻印章数方。阅《阅微草堂笔记》毕。买黄沙大花盆二只,从小盆中移种台橘暨黄石榴焉。

晴　十五日　早起,读《杜栾刘李刘谢列传》《虞傅(臧盖)[盖臧]列传》《张衡列传》。灯下,偕佩萱斋中纳凉,饮玫瑰酒,围棋一局,接惠农信。

阴　十六日　早起,读《马融列传》《蔡邕列传》。大雨竟夜。

雨　十七日　晏起,读《左周黄列传》《荀韩钟陈列传》,演算数问。

阴　十八日　晏起,读《李杜列传》《吴延史卢[赵]列传》,演算四问。

晴　十九日　早起,读《皇甫张段列传》《陈王列传》。散学后,老饩来,卫丞暨芝生来,围棋一局,采白兰花数朵而去。买茉莉花二盆、松柏盆景各一,又洋樱桃一盆,共价一元二角。

晴　二十日　早起,读《党锢列传》。午后,与兄及狮侄至南马头王嘉榖处,为俗务也。傍晚归,又买黄杨、冬青盆景各一,时斋中大小盆景共有四五十品,并地下花草凡七十余种,又种菊花百盆,余皆亲自灌溉，择盆中之佳者约二十品，间罗列室中，夜则移出就露，故余早暮课花，几至时不暇给云。

雨　廿一日　早起，读《郭符许列传》《窦何列传》。午后，大风雨，天气凉甚，偕佩萱饮玫瑰酒，围棋一局。

阴晴参半　廿二日　早起，读《郑孔荀列传》《皇甫嵩朱儁列传》，接惠农信。散学后，宾石来，赠伊白兰花二朵。

晴　廿三日　早起，阅《阴骘文图说》。管租李俊来，为直塘乡佃人范包氏强种范森英租田，森英亦系佃户，屡次来诉，送经镇董调停，包氏恃寡妇势，殊不解理，以故久未了结，拟于明日雇船，余同李俊下乡了却此事。寄惠农信。

晴　廿四日　早起下船。午后，至直塘镇，访镇董凌归周，即着地保唤范包氏来镇，包氏竟辞不到，且有种种野蛮说话，此妇之狡狯可谓极矣，无怪董事地方俱未如之何，大约非动公事不可也。是日天气甚热，夜宿舟中，蚊虫如市，不能成寐，苦极。

晴　廿五日　早上开船。午饭时，至双凤镇，李俊先起岸，三下钟到家，沐浴更衣，身子为之一爽。俞少园送来昆山葛竹君山水一小幅。

晴雨参半　廿六日　早起，读《董卓列传》《刘虞公孙瓒陶谦列传》。散学后，至状元楼啜茶并剃头。盆中茉莉花开。

阴晴雨参半　廿七日　早起，至邠丞处。午后，读《袁绍列传》，长叔来。

阴晴参半　廿八日　晏起，身子不适。午后，邠丞来，围棋二局，谈至日暮而去。

晴　廿九日　早起，身子不适，阅《石头记》。午后，鲁才来，接惠农信。

晴　六月朔　早起，阅《石头记》。散学时，滨石来，借《临川梦传奇》一本。

晴　初二日　晏起，阅《石头记》。

晴雨参半　初三日　早起，阅《石头记》，至邠丞处。散学后，至鲁才处,又至卫丞处。

晴雨参半　初四日　早起,阅《石头记》,至浣花外舅处,贻余盘香一筒。晚饭后,至邠丞处,围棋一局。

晴　初五日　早起,滨石、蓉川来,同至状元楼啜茶,阅《石头记》,寄惠农信。晚间大雷雨,与佩萱围棋一局。近日,城中小窃极多,陆云帆家十日内被窃三次,他不计其数。昨夜,余家后门亦挖一壁洞,复掘去砖街,开成地道,由户下蛇行而入,家人惊觉追出,贼已逃。早上乃知边巷巷杨、道观巷蒋俱窃去不少,余家幸免耳。又闻蓬阆镇强盗同日连劫五家,于桥上架炮行劫,时放炮数声,劫毕复放数炮,乃从容而去。噫! 此等世界,殆有寝不安席之势矣。

晴　初六日　早起,父亲于昨夜稍积食物,呕吐数次,今早又腹泻,身子殊觉疲倦,即请礼南母舅视之,云:“略有暑耶。”开方服之,并为拔痧,至夜,泻即止。

晴　初七日　早起,父亲病愈。邠丞、卫丞、芝生、缪老昌来,偕至城东观荷花,便道合滨石父子同往,旋至文星楼啜茶,长谈而回,阅《石头记》。灯下,与佩萱围棋一局。

晴　初八日　早起,至鲁才处。午后,作《看荷花诗》,阅《石头记》。

晴　初九日　早起,至邠丞处,围棋一局,阅《石头记》。午后,醒华来,围棋二局,宾石来。

晴雨参半　初十日　早起,阅《石头记》。午后,鲁才来。散学后,至状元楼啜茶,剃头,接惠农信。

雨　十一日　早起,阅《随园诗话》,寄惠农信。天气极凉。

阴晴参半　十二日　晏起,阅小说数段。午后,佃户范森英来,为起禀稿。父亲命填志书成绩表,并覆洪伯言信。邠丞送来《和看荷花诗》二首。

晴　十三日　早起,读《后汉书·袁绍刘表列传》。午后,至醒华处,围棋二局。

晴　十四日　早起,酷暑,校《宝笏堂诗集》刊本。

晴　十五日　早起，酷暑，阅《石头记》。散学后，邠丞来，围棋一局。

晴　十六日　早起，阅《红楼梦》。午后，与佩萱围棋二局。天气酷暑，自今日起散学七天。

晴　十七日　早起，至邠丞处，围棋二局。午后，阅《红楼梦》。

晴　十八日　早起，阅《石头记》。范森英来，为写禀帖，并信送至民政署。

晴　十九日　早起，天气稍凉。午后，至浣花外舅处，阅《石头记》，寄惠农信。

晴　二十日　早起，宾石来，醒华、芝生来，阅《石头记》。

晴雨参半　廿一日　早起，至河顺轩啜茶，遇邠臣、卫臣、叔楚、林士。归后，至仍师处吃时节。午后，至邠臣处，围棋半天。

晴　廿二日　早起，至鲁才处，同往文星楼啜茶。午后，阅《石头记》，与佩萱围棋一局，接惠农信并诗。

晴　廿三日　早起，阅《石头记》。

晴　廿四日　早起，阅《石头记》。蒋八如于是日午后在明伦堂结婚，用夷礼也。

阴晴参半　廿五日　早起，阅《石头记》毕。

晴　廿六日　早起，至绥年处，同往河顺轩啜茶。午后，至叔楚处，与沈景伊、李林士围棋数局，寄惠农信。

阴晴雨参半　廿七日　早起，戏录《红楼梦》中诗词。午后，醒华来。

阴晴参半　廿八日　早起，录《红楼梦》诗词。

晴雨参半　廿九日　早起，录《红楼梦》诗词。

晴　三十日　早起，录《红楼梦》诗词。午后，至宾石馆中，邠丞来，围棋二局。

晴　七月朔　早起，录《红楼梦》诗词毕。午后，鲁才来，同至第一楼啜茶，接惠农信。

晴　初二日　早起,至礼南母舅处,为父亲便血三月余未停,精神渐觉疲倦,请渠诊视。午后来,定一方,并令服归脾汤。

晴　初三日　早起,读《后汉书·刘焉袁术吕布列传》,至浣花外舅处吃时节。下午,滨石来。晚饭后,同佩萱至醒华处。

晴　初四日　早起,读《循吏列传》。午后,芝生、邠丞来。

阴晴参半　初五日　早起,读《酷吏列传》。午后,浣花外舅来,叔楚偕乃兄范伯来,看霁红花瓶。散学后,醒华来,惠农来。

雨　初六日　早起,至河顺轩啜茶。午后,邠丞来,贻余秋兰一枝,围棋至暮,惠农来。天气极凉。

雨　初七日　早起,至邠丞处,围棋二局。午后,演算十余问,偕叔楚至第一楼啜茶。

晴　初八日　早起,读《宦者列传》《儒林(列)传上》。散学后,至浣花外舅处。

阴晴参半　初九日　早起,读《儒林(列)传下》。午后,邠丞来,围棋二局,惠农来。

晴　初十日　早起,读《文苑(列)传》上下。

晴　十一日　早起,至邠丞处围棋一局,读《独行(列)传》。散学后,醒华来。

晴　十二日　早起,读《方术(列)传》上下。散学后,老饩来,至鲁才处。

雨竟日　十三日　早起,至邠丞处,围棋二局,读《逸民(列)传》《列女传》《东夷传》。

雨　十四日　早起,读《南蛮西南夷列传》。

阴晴雨参半　十五日　早起,至邠丞处,围棋一局,读《西羌传》。午后,邠丞来,见示诗一首,又围棋二局。醒华来。

阴晴参半　十六日　早起,读《西域传》,至醒华处吃时节。饭后,与邠丞围棋至暮。外舅适自上海回家。

阴　十七日　早起,读《南匈奴列传》。午后,料理书室。佩萱归宁。

阴晴雨参半　十八日　早起，读《乌桓鲜卑列传》。午后，料理书室。

阴晴雨参半　十九日　早起，和邠丞诗五首。散学后，至玉森外舅处。

晴　二十日　早起，至邠丞处，围棋一局，寄惠农信，宾石来，未值。午后，至宾馆中，归后，读《续汉志·律历志上》。鲁才来，送徐寄父诗集二本，盖昨日始印好也。伯蕃族侄见示《题南园风雅集》一律，即次韵和之。散学后，至玉森外舅处，与简南谈诗学良久。

晴　廿一日　早起，至状元楼啜茶，读《律历志》中、下。午后，父亲命探钱芙初表叔之丧，钱君于十七日病故也。灯下，作七古一首，又成《南园》诗一绝。

晴　廿二日　早起，至邠丞处围棋一局，读《礼仪志》上、中。午后，陆庆熙、庆牒来受业。熙，芹之子，牒，景周子，二君皆家大人门下也。接惠农信。

晴　廿三日　早起，读《礼仪志》下。午后，至滨石馆中，寄惠农信并诗。

晴　廿四日　早起，至邠丞处，同往玉森外舅处，舅于是日赴申也。午后，读《祭祀志》。

晴　廿五日　早起，至邠丞处，同往河顺轩啜茶，读《天文志》。散学后，滨石来，见示和伯蕃诗一首。佩萱自归宁回。

晴　廿六日　早起，因俗事心神不定，未读书。接惠农信，并七古二首。

晴雨参半　廿七日　早起，读《五行志》。

雨　廿八日　早起，读《郡国志》。

雨　廿九日　早起，读《后汉书》毕。寄惠农信，并鲁才托转送诗集二部。

阴　八月初一日　早起，至邠臣处。阅俞曲园《右台仙馆笔记》。

午后陆勤之来。散学后,至浣花外舅处。

晴　初二日　早起,阅《右台仙馆笔记》。散学后,至状元楼啜茶,剃头。

阴晴参半　初三日　早起,刻图章二方。午后,邠丞来,围棋二局。

晴　初四日　早起,浣花外舅来,阅《右台仙馆笔记》。午后,醒华来,围棋一局,接惠农信并诗。阿豹戒乳。

晴　初五日　早起,偕鲁才坐小车至沙溪,送邵少麓姨母之殡。日暮回。

晴　初六日　早起,心神不定,阅《右台仙馆笔记》。午后,至宾石馆中。

阴雨参半　初七日　晏起,阅《右台仙馆笔记》。寄惠农信。

雨　初八日　晏起,阅《右台仙馆笔记》。

晴　初九日　早起,阅《右台仙馆笔记》,作诗二首。午后,蓉川来。

晴　初十日　早起,至状元楼啜茶,邠丞来。午后,阅新小说,至浣花外舅处。灯下演算。

阴晴参半　十一日　早起,至邠丞处,围棋一局,阅新小说。散学后,邠丞来,见示诗三首,同至文星楼啜茶,并食点。灯下演算,作五古一首。

阴晴参半　十二日　早起,至邠丞处,围棋二局。午后,至濬华处,借新小说八本。灯下,作诗三首。

晴　十三日　早起,阅新小说。午后,邠丞偕李林士来,围棋一局,醒华来,邻人王某来,赠余假山石一块。

阴晴参半　十四日　早起,至邠丞处,围棋二局。午后,惠农自毛市来,谈未久,去,约余明日午后出城到伊家再叙。灯下,吟诗一首。

晴　十五日　早起,收拾菊花。午后,出郊访惠农,偕陆老饩同往。薄暮归,偕佩萱玩月斋中。是夜月色倍明,真可灭烛读书,口占四绝句。

晴　月食　十六日　早起，至状元楼啜茶，剃头。散学后，老饩乞余昆石二块。偕陆景周暨惠农酒楼小饮，谈甚畅快。买苹果二枚，一奉父亲，一食阿豹。

晴　十七日　早起，至状元楼啜茶，阅新小说，吟诗十首。佩萱携阿豹、阿熊至闻家。

阴　十八日　早起，至闻外舅处，阅新小说。散学后，至宾石馆内。

阴晴雨参半　十九日　早起，至状元楼吃茶。午后，至陆静涵处，求伊写扇面暨画斗方，略谈而出，至仍师处，又至闻外舅处，寄惠农信并诗。灯下，和静涵诗二首。

晴　二十日　早起，至状元楼啜茶，阅新小说，接惠农信并诗。

晴　廿一日　早起，至状元楼啜茶，阅新小说。午后，陆静老来。灯下，作七古一章。

晴　廿二日　早起，至闻外舅处，携阿豹回。午后，佩萱暨阿熊亦回。

晴　廿三日　早起，身子不适。午后，散学半天，至醒华处，偕卫丞、沈景伊啜茶文星楼，寄陈外舅信。

晴　廿四日　早起，至状元楼啜茶，阅新小说。午后，逢辛来，围棋二局。

晴　廿五日　早起，身子不适。午后，至宾石馆中。散学后，滨石来，同出，散步城东，过钱氏宅后，桑园中有屋三楹，石台竹椅颇有风景，遂往小坐，谈至日暮。每惜钱老漂泊海上，不能尽享此福，富贵者反不如贫贱之足以自由也。接惠农信并诗。

阴　廿六日　晏起，寄惠农信，接伯蕃自南翔信。演算十余问。

晴　廿七日　早起，覆伯蕃信。散学时，醒华来，吟诗一首。

阴　廿八日　晏起，身子不适。午后，调师来。散学后，至闻外舅处。

晴　廿九日　早起，吟诗三首。散学后，醒华来。

晴 九月朔 早起,至状元楼啜茶,剃头。午后,学徒俱未来。至醒华处,适郤丞亦在,围棋至日暮而归,吟诗三首。

晴 初二日 早起,因开仓俗事,散学一天。灯下,吟诗一首。

阴晴参半 初三日 早起,阅《南园风雅集》。接惠农信,即覆之。

阴晴参半 初四日 早起,阅《南园风雅集》。

晴 初五日 早起,吟诗三首。

雨 初六日 早起,录《咏菊诗》共十二首。阅《载花铃传奇》。接惠农信。

晴 初七日 早起,散学三天,收拾书房。

晴 初八日 早起,阅《载花铃》。午后,惠农来。

晴 初九日 早起,宗祠秋祭,照常衣冠者仍此五人,祝文首仍书上古干支。午后,惠农、滨石、芝生、郤丞来,为持螯之会,日暮而散,同至文笔峰登高。

晴 初十日 早起,临《曹全碑》二页、《兰亭序》一页。散学时,醒华来。

晴 十一日 早起,临帖如昨。午后,郤臣来,围棋二局,滨石来。

晴 十二日 早起,临帖如昨。午后,容川来,演算四问,醒华来。

晴 十三日 早起,临帖如昨,写信二封。散学后,老筼来。

雨 十四日 早起,临帖如常。

阴晴参半 十五日 早起,临帖如常。午后,至宾石馆中,观陆九如所种菊花二百余盆,极为可观。接惠农信,并《九日即事》诗二首。

晴 十六日 早起,临帖如常,父亲命录诗稿十余首。灯下,和惠农诗。

晴 十七日 早起,临帖如常。午后,闻外舅来,与父亲长谈,芝生、卫丞来，采菊数朵，同至文星楼茗谈，寄惠农信并诗。灯下，作诗三首。

阴晴参半　十八日　早起，临帖如常。午后，胡登之来，寄绥年信并诗。

雨　十九日　早起，临帖如常。散学后，滨石来，见示诗二首。

阴　二十日　早起，临帖如常，至闻外舅处。散学后，同滨石至州前花树行看菊，寄惠农信并诗。灯下，作诗四首。

雨　廿一日　早起，临帖如常。身子不适。午后，散学半天，录诗稿。

阴　廿二日　早起，临帖如常。醒华来整顿菊花，至胡登之处吟诗一首。

晴　廿三日　早起，随父亲携阿豹至状元楼吃茶，临帖如常，接惠农信并诗。散学后，至仍师处。灯下，作诗二首。

晴　廿四日　早起，至闻外舅处，临帖如常。至醒华处吃时节。归后，陆静老来观余诗稿，长谈而去。

晴　廿五日　早起，至河顺轩吃茶。临帖如常，作题头二篇。芝生送来和章四首。接惠农信并诗。散学后，至状元楼吃茶，遇静涵、滨石。灯下，父亲命抄近作诗稿，拟示静老。

晴　廿六日　早起，滨石来。午后，散学半天，至浣[花]外舅处吃时节，寄惠农信并诗。偕滨石、蓉川至静老处，又至状元楼啜茶。

雨　廿七日　早起，临帖如常，至陈外舅处，佩萱携豹、熊归宁。散学后，同蓉川第一楼啜茶，接惠农信并诗。灯下，作《寡妇篇》，又和惠农记事六首。

阴　廿八日　早起，偕李林士至第一楼啜茶，临帖如常。午后，滨石来。散学后，至陈外舅处。灯下，和惠农五律一首。

雨　廿九日　早起，至状元楼啜茶，剃头。临帖如常，作诗三首。

雨　三十日　晏起，和静老诗二首，散学二天。

雨雪　十月初一日　早起，天寒甚。午后，至陈外舅处与卫丞围棋数局,雨雪天更寒。

晴　初二日　早起,天冷如十二月,室内盆盎尽冰,临帖如常。午后,至滨石馆中,佩萱及豹、熊归。接惠农信,又接陆景周自无锡信。

晴　初三日　早起,临帖如常。

晴　初四日　晏起,阅王诜瑜《锦云吟稿》。午后,收拾书斋、天井,覆陆景周信。散学后,至闻外舅处。灯下,阅《锦云吟稿》。

晴　初五日　早起。午后,惠农来,陈外舅来,滨石来,见示近作十余首。

晴　初六日　早起,临帖如常。鲁才处午饭。邠丞来,围棋二局,惠农亦来,同出散步。

阴晴参半　初七日　早起,临帖如常。午后至南马头。

晴　初八日　早起。午后邠丞来,见示诗二首,围棋二局,同至文星楼啜茶。灯下,作诗二首。

阴晴参半　初九日　早起,作诗一首。午后至滨石馆中,暨绥年处,调师来,散学后,至仍师处。

阴　初十日　早起,临帖如常。午后,至醒华处。

阴晴参半　十一日　早起,临帖如常,徐寄父满服,往拜。散学后,至浣外舅处。

晴　十二日　早起,临帖如常。午后,至滨石馆中。灯下,阅读钱牧斋《吾炙集》。

晴　十三日　早起。午后,卫丞来,围棋二局,同至文星楼茶点。

晴　十四日　早起,至状元楼啜茶,临帖如常。午后,至闻外舅处,又至滨石馆中。散学后,芝生、卫丞来,接惠农信并诗。

晴　十五日　早起,携阿豹至状元楼吃茶,临帖如常。灯下,阅《国朝诗乘》,和惠农诗。

晴　十六日　早起,闻外舅来,临帖如常。午后,至滨石馆中,醒华来。

晴　十七日　早起，临帖如常，寄惠农信并诗。午后滨石来，外舅送来和九日诗二首。散学后，偕陆兰生、陆汶卿饮酒，醉而归。

阴晴参半　十八日　早起，临帖如常。午后，作诗二首，同蓉川至滨石处，送其迁居也。

晴　十九日　早起，临帖如常。午后，至闻外舅处。散学后，至仍师处。

晴　二十日　早起，临帖如常，作诗二首，接惠农信并诗。

阴晴参半　廿一日　早起，蓉川来，作《新女界词》八首。午后，醒华来，寄惠农信并诗。灯下，和惠农咏物四首。

阴　廿二日　早起，临帖如常。午后，至钝舅处长谈。

阴　廿三日　早起，临帖如常。叔楚来，寄惠农信并诗，吟诗二首。

阴晴参半　廿四日　早起，临帖如常。至滨石处，接惠农信，并《对雪》四律，即和之。

晴　廿五日　早起，偕叔楚、卫臣至文星楼啜茶，寄惠农信并诗。午后，临帖如常，咏金鱼七古一首。

晴　廿六日　早起，临帖如常。午后，散学半天，偕叔楚、卫臣、林士酒楼小饮。

晴　廿七日　早起，临帖如常，至滨石处，渠有小病，卧室略谈而归。午后，读毕淡生《慧文阁诗稿》，诗尚有大真而少工力。散学后，至三叔母处问病。接惠农信并和余《秋日偶成》二律，又《对雪叠韵》四首。

晴　廿八日　早起，至叔楚处，临帖如常。午后，至钝舅处，寄惠农信。

阴　廿九日　早起，临帖如常，再和惠农《雪》诗六首。

阴　三十日　早起，临帖如常，接惠农信并诗，芝生来，见示同《和雪诗》二首。

阴晴参半　十一月朔日　早起，临帖如常。散学后，至钝舅处，接惠农信并和《南竹》《水仙》二诗。

阴　初二日　晏起,临帖如常。

阴晴参半　初三日　早起,临帖如常。午后,醒华来,陆景周来,接惠农信并《倒叠前韵对雪》诗四首。

阴　初四日　早起,至陆景周处,同至酒楼小饮,临帖如常。散学后,至滨石处,滨病尚未愈也。

阴　初五日　早起,临帖如常,再和惠农《对雪》四首。

雨　初六日　早起,临帖如常,寄惠农信并诗。

阴晴参半　初七日　早起,至邠丞处,同往聚丰楼茶点。午后,醒华来,接惠农信并《雪》诗十二首。

阴晴参半　初八日　早起,临帖如常,接惠农信。

阴　初九日　早起。午后,和惠农《雪》诗六首,又作《雪美人》诗一首。

雨　初十日　早起,临帖如常,寄惠农信。

阴晴参半　十一日　早起,临帖如常,至钝舅处吃时节。

雨　十二日　早起过节,约濬华、容川、闻老湘午饭。冬至节,放学三天。

雨　十三日　早起,又作《雪》诗六首。午后,滨石来,邠丞来。

阴雨参半　十四日　早起,吟诗三首。午后,芝生来,王鞠坪来。

阴　严寒　十五日　晏起,临帖如常,又作《雪》诗二首。

晴　十六日　早起,临帖如常。午后,惠农来,见示《和雪美人》诗四首,同偕滨石至酒楼小饮。

阴晴参半　十七日　早起,临帖如常。午后,惠农来。灯下,作《雪》诗二首。

阴雨参半　十八日　早起。午后,录诗稿。

雨雪　十九日　早起。代顾伯圭为闻老湘作媒。

阴　二十日　早起,踏雪至状元楼吃茶,临帖如常。午后,选青二哥等来,滨石见示《和雪诗》二首。

阴晴参半　廿一日　早起，临帖如常。

阴　廿二日　早起，临帖如常。

阴晴参半　廿三日　早起，临帖如常，作《雪》诗四首。

晴　廿四日　早起，临帖如常。散学后，与滨石、蓉川饮酒。

晴　廿五日　早起，偕滨石至协兴馆点。午后，至质卿叔处，临帖如常。

晴　廿六日　早起，临帖如常。午后，至状元楼啜茶，剃头。濬华来，寄惠农信并《雪》诗，惠信及《雪》诗适来。

阴　廿七日　早起，临帖如常。午后，卫臣来，围棋一局。

阴晴参半　廿八日　早起。午后，逢辛来，围棋一局，邠丞来，见示《雪》诗四首、《雪美人》诗二首，同至聚丰楼啜茶。

晴　廿九日　早起，临帖如常。午后，至滨石馆中。散学后，至钝舅处，见示消寒会诸作，归即和之。

晴　十二月初一日　早起，临帖如常。

晴　初二日　早起，临帖如常，寄惠农信。午后，邠丞来，围棋一局，同至文星楼茶点，接惠农信。

阴　初三日　早起，临帖如常。午后，至滨石馆中买红白梅花各一盆。

阴　初四日　早起，临帖如常。午后，邠丞来，见示诗四首。

晴　初五日　早起，至叔楚处，同至聚丰楼啜茶，濬华、芝生来。午后，临帖如常，鲁才招同邠丞等小饮。

阴晴参半　初六日　早起，临帖如常。午后，酬客二次，接惠农信并文一篇，即覆之。

阴　初七日　早起，临帖如常，身子不适。

雨　初八日　早起，身子不适，阅《随园诗话》。午后，邠臣来，围棋二局。

雨　初九日　早起，临帖如常。

阴　初十日　早起，临帖如常。

阴　**十一日**　早起,临帖如常。接惠农信并诗,灯下和之。

晴　**十二日**　早起,临帖如常。寄惠农信并诗。

晴　**十三日**　早起,临帖如常。钝舅来,见示七古二首。午后,芝生来,见示尖(义)[叉]诗四首。散学后,至逢辛处围棋一局。

阴晴参半　**十四日**　早起,至邠丞处。午后,因俗事未临帖。

风雨　**十五日**　早起,临帖如常。午后,偕邠丞至钱璞如表叔处,呈渠各人尖(义)[叉]诗凡八十四首,长谈而出,赠余《百老吟》《南园赓社诗》各一本。

晴　**十六日**　早起,偕邠臣至聚丰楼茶点,又至芝生处,陆勤之来。午后,放年学,收拾书室。接惠农信并《听雨》六绝句,又和余《赊酒打冰》诗。灯下,和《人新人日》诗四绝。

阴晴参半　**十七日**　早起,收拾书室,料理花草,寄惠农信。

阴　**十八日**　早起,邠丞来,见示七律二首。午后,至钝舅处。

阴风严寒　**十九日**　早起,和《百老吟》《南园赓社诗》各一首。午后,叔楚来,卫丞来,围棋一局,惠农来,同至协兴余馆小饮。

阴　**二十日**　早起,种兰花四盆。午后,偕滨石、惠农状元楼茶谈。

阴　**廿一日**　早起,天寒,倦缩竟日。

阴　**廿二日**　早起,天寒如昨,和惠农《岁暮杂咏》六首。

阴,大风　**廿三日**　早起,寒更甚,惠农来。午饭后,同至状元楼啜茶。

晴　**廿四日**　早起,竟日宕茶馆。

阴晴参半　**廿五日**　早起,至河顺轩吃茶。午后,芝生、邠丞来,围棋一局,长谈而去。滨石来,循例腊祭先儒。

阴　**廿六日**　早起,和佩萱咏红、黄梅二首。午后,调师来,送余红芍药种并洋玫瑰花,䌹庵表叔送来《和尖(义)[叉]韵》二首。

阴　**廿七日**　晏起,身子不适。午后,濬华来。

晴　**廿八日**　早起,惠农见示《和梅花诗》二首。午后,至邠臣处，围棋二局。

阴晴参半　廿九日　晏起，竟日料理俗事。

阴晴参半　三十日　早起，料理俗事。午后，再咏红、黄梅花各三首。晚饭后，至状元楼啜茶。

阴晴参半　癸丑年(1913)元旦　早起，随父亲至宗祠行礼祖先前，拈香毕，携阿豹同至状元楼啜茶。午后，循例至至亲数处应酬，余外一概不到。

阴晴参半　初二日　早起，吃茶白相卫台上，尚有新年景。午后，偕陆苐卿至南马头拜年，傍晚回。

阴晴参半　初三日　早起，补作《除夕》诗二首。午后，逢辛来，围棋二局。

阴晴参半　初四日　早起，补作《元旦》诗一首，季师来。午后，同偕滨石至鹿鸣楼听书。

阴晴参半，大风　初五日　早起，半日啜茶，半日赌博。

晴　初六日　早起，父亲命约浣舅暨濬华、逢辛等午饭。饭后，惠农来，见示《咏赵松雪风入松琴》七古一首，同至状元楼啜茶。

阴　初七日　早起，半日啜茶，半日局戏。

晴　初八日　早起，至浣舅处略谈，南园循例祭乡先贤，偕滨石父子同去，午后至僾见堂与李又辛围棋二局，又至万全裕啜茶。

阴晴参半　初九日　早起，偕陆景周状元楼啜茶。午后，惠农来。

阴晴参半　初十日　早起，收拾盆景。午后，濬华来，围棋一局而去，至浣舅处。

晴　十一日　早起，至状元楼吃茶。午后，至逢辛处，围棋二局。

十二日　早起，邠臣来，围棋一局，钝舅招饮。

雨　十三日　早起，收拾书室，吴士莪来。

阴　十四日　早起，收拾书室，母亲牙痛，并发寒热，请陆孙文来诊。午后,濬华来。

阴 十五日 早起,子驭招饮,随父亲同去。下午,偕惠农、滨石至状元楼啜茶,又至邠臣处。

晴 十六日 早起,至状元楼啜茶,剃头。午后,斋中小酌,在座者惠农、滨石、芝生、邠臣、鲁才。

雨 十七日 早起。午后,为学徒开课,来者十二人。

阴寒 十八日 早起。午后抄《读选楼诗集》中拟古诗三页。

阴 十九日 早起。午后,抄拟古诗二页。

晴 二十日 早起。午后,抄拟古诗一页,惠农来。

晴 廿一日 早起。午后,抄拟古诗三页,邠丞、卫丞、叔楚来。

晴 廿二日 早起。午后,写信一封,逢辛来,围棋一局。

晴 廿三日 早起,作诗二首。午后,至滨石馆中,抄拟古诗一页。

晴 廿四日 早起。午后,抄拟古诗二页。

晴 廿五日 早起。午后,抄拟古诗二页。接惠农信,即覆之。

晴 廿六日 早起。午后,抄拟古诗二页。

晴 廿七日 早起。午后,抄拟古诗二页。

晴 廿八日 早起。午后,抄拟古诗一页。散学后,至钝舅处。灯下,父亲命抄文字一篇。

晴 廿九日 早起。午后,抄拟古诗二页。长叔来,接惠农信,至高瑞亭处。

雪,寒 三十日 早起。午后,抄拟古诗二页。

阴 二月朔 早起。午后,抄拟古诗二页。

阴晴参半 初二日 早起。午后,逢辛来,抄读选楼拟古诗毕。

阴 初三日 早起。午后,为学徒点书,翰章表兄来。

阴 初四日 早起。午后,至钝舅处,接惠农信,并和十六日小集诗,又大行皇太后挽诗。

晴 初五日 早起。午后,至滨石馆中,寄惠农信,并《和太后挽诗》。

晴　初六日　早起。午后,为学徒点书。

晴　初七日　早起,随父亲携狮、豹至飞云桥吃馒首。午后,为学徒点书。

阴晴参半　初八日　早起,滨石见示和十六日小集诗。午后,作《咏梅》六首,即寄惠农。滨石来。

雨　初九日　早起。午后,临《曹全碑》二页。

阴　初十日　早起,午后,临帖如昨,身子不适。

阴晴参半　十一日　晏起,身子不适。

晴　十二日　黎明起,与祭宗祠,衣冠者:縠礽、晋蕃叔、孙昂兄及我父子三人。午后,芝生、卫丞、濬华来,接惠农信并《人物杂咏》六首。

雨　十三日　早起过节,父亲命约钝舅、晋蕃叔、濬华午饮。覆惠农信。

阴　十四日　早起,身子始好。午后,临帖如常,接玉森舅信。

阴　十五日　早起,临帖如常。午后,至濬华处。

阴　十六日　晏起。午后,临帖如常。覆玉舅信,和惠农《人物杂咏》六首之二。灯下,抄诗稿二页。

阴晴参半　十七日　早起,临《曹全碑》《兰亭序》各一页。午后,抄诗稿四页。

晴,风　十八日　早起,临帖如常。午后,抄诗稿二页。接惠农信并诗,老饩来。

晴　十九日　早起,临帖如常。午后,抄诗稿三页,寄惠农信并诗。

晴　二十日　晏起。午后,临帖如常,卫丞、叔楚来,同至文星楼啜茶。灯下,抄诗稿二页。

晴　廿一日　早起,天气甚暖,大有春意,至钝舅处吃时节,容川偕钱豫生来,途遇胡登之,同至第一楼茶谈。灯下,抄诗稿二页。

晴　廿二日　早起,临帖如常。午后,抄诗稿二页,本哥来。

晴　廿三日　早起,临帖如常。午后,抄诗稿二页,接惠农信并诗。

雨　廿四日　早起,临帖如常。午后,抄诗稿二页,濬华来,和惠农诗二首。

雨　廿五日　早起,临帖如常。午后,抄诗稿二页,寄惠农信并诗。灯下,抄诗稿三页,佩萱携阿熊归宁。

阴　廿六日　早起,临帖如常。午后,抄诗稿二页,至濬华处。灯下,抄诗稿三页。或有劝人入孔教会者,余曰:"孔子大圣人,妇孺所共知,人非禽兽,罔不尊孔,何用开会演说,适是以亵渎孔子耳。我辈诵法圣人,只须行其行,读其书。"

晴,酉刻地震　廿七日　早起。午后,携狮侄出东门扫墓。归后,至濬华处,与芝生长谈。灯下,抄诗稿二页。自明日起散学三天。

晴　廿八日　早起,至濬华处,同芝荪至河顺轩吃茶。午后,收拾书室,容川来,至钝舅。灯下,改作《汪棣圃传》,因事实有误也。

晴,清明　廿九日　早起,至濬华处,围棋一局。午后,精神疲倦,阅小说,睡觉二小时。灯下,和钝舅《白桃花》诗四首。

(夹页,书信两封[①])

奉到尊函,谨悉一是。当此天下滔滔,斯文将丧之际,足下独能有志保存国学,足见贤者自任之重。弟天资愚钝,幸自幼从家大人读书,得以略识文字门径,顾自[②]问工力浅薄,从不敢就正[③]有道,而足下独不见弃,且奖励已甚,愧何以堪。然足下之意如此,稍有人心者当协力赞成,弟虽不才,敢不勉附骥尾。惠[④]农先

---

① 按,此处书信可参以壬子年三月十一日日记。

② 原文有"知",后删去。

③ 原文有"当世",后删去。

④ 原文有"老处",后删去。

生想必亦有函致，彼[1]意想亦不甚悬殊，其如何创立、如何定章，一俟[2]惠农老来时商酌可也。专此布复。

平阶处接到尊函，谨悉一是。平阶亦有函致弟，拟欲设立娄东国学保存社，以为文字一脉之延，词意甚美，弟已函覆之，大略谓当此之际，足下独[3]能有志保中[4]学，稍有心人者，自当协力赞成，弟虽不才，敢不勉附骥尾云云。因念前朝鼎革之际，先贤亦立社讲学，此事似无不可。尊意想亦不甚甚悬殊，未知曾否及之也，立夏将及，亡禄时请入城来叙叙。不胜盼望。

晴　三十日　早起，至河顺轩吃茶。午后，惠农来，同至聚丰楼，邀同王岩士、陆镕伯小饮。与惠农谈及现在之人，大都具一片自私自利之心，毫无一定趋向，故革命初起之时，人人皆望得意，靡不扬波激势，及至今日，并无得意之处，亦未尝不痛骂革命。

阴雨参半　三月朔　早起，至第一楼与惠农等叙谈。午后，临帖如常。灯下，为学生改文，作《惠安乡农传》，又《碧桃诗》一首。

雨　初二日　早起。午后，临帖如常。灯下，作七绝六首。

阴　初三日　早起。午后，偕惠农、芝荪、蓉川南渡观桃，蓉川学徒暨余学徒俱从。桃花经昨日风雨，大半已飘零矣。

晴　初四日　早起。午后，临帖如常，至濬华处。灯下，抄文稿一篇。

晴　初五日　早起。午后，钝舅来，见示《和碧桃诗》，临帖如常。灯下，作《南渡观桃》七古一首。

晴　初六日　早起，临帖如常，寄惠农信并观桃诗。午后，为学

---

① “彼”本作“渠”，后删去。

② 原文有“渠”，后删去。

③ “足下独”本作“而”，后删去。

④ “中”原作“国”。

徒点书,佩萱回。灯下,录文稿一篇。

阴晴参半　初七日　早起。午后,临帖如常。

阴,作夜雨　初八日　早起。午后,临帖如常。

阴晴参半　初九日　早起。午后,临帖如常,刻图章二方。

阴晴参半　初十日　早起,临帖如常。午后,抄诗稿三页,接陆景周信,并骨牌草。

阴晴参半　十一日　早起,临帖如常。午后,抄诗稿三页。灯下,抄二页。

晴　十二日　早起。午后,卫臣来,围棋二局,同至文星楼茶点,接惠农信并观桃诗四绝。灯下,抄诗稿二页。

阴晴雨参半　十三日　早起。午后,临帖如常,寄惠农信。午后,抄诗稿三页。

阴晴参半　十四日　早起。午后,临帖如常,抄诗稿一页,陆静涵来。灯下,抄诗稿三页。

雨　十五日　早起。午后,临帖如常,抄诗稿三页。灯下,抄二页。

阴晴参半　十六日　晏起,身子不适。午后,临帖如常,抄诗稿二页。灯下,抄二页。

晴　十七日　晏起,身子不适,散学三天,以事将养。灯下,和惠农诗四绝。

阴晴参半　十八日　晏起,身子稍适。午后,访陆静涵不值,濬华来,作《感事》四律。

雨　十九日　晏起。午后,临帖如常,接惠农信。

雨　二十日　晏起。午后,寄惠农信,阅小说。

阴晴参半　廿一日　晏起。午后,临帖如常,佩萱见示《碧桃》诗。

阴雨参半　廿二日　晏起。午后,临帖如常,濬华来。

雨　廿三日　晏起。午后,临帖如常,蓉川来。灯下,阅小说,佩萱见示《牡丹》诗。

阴雨参半　廿四日　晏起，身子不适，阅小说竟日。

阴晴参半　廿五日　晏起，滨石来。午后，临帖如常，至濬华处，接惠农信并《新柳》四绝句。灯下，阅《子不语》。

晴　廿六日　晏起。午后，临帖如常，至钝舅处。灯下，阅《子不语》。

晴　廿七日　早起。午后，和惠农《新柳》诗，又佩萱《牡丹》诗。自十余日前起，咳嗽大作，并吐过红痰数口，时时头痛耳鸣，盖以近年少于运动，湿热上蒙之故，至今日身体稍形如常。

晴阴参半　廿八日　早起。午后，临帖如常，寄惠农信并诗。

阴晴参半　廿九日　早起。午后，卫臣来，围棋二局，叔楚、林士亦来，同至文星楼茶点，又至鲁才处扦兰花二枝。灯下，作绝句四首。是日，党人送宋教仁小像至钱敏肃专祠，城乡到者数百人，遂开追悼会，有哭至呜咽不成声者，看客多被强剪发辫，然皆乡下人也。

晴，立夏　四月朔　早起，至河顺轩吃茶，放学一天。午后，芝荪来长谈。灯下，阅《子不语》。嘱佩萱画红绿梅一幅，题曰"红情绿意图"，并录《春水船红情绿意词》二阕于后，寄惠农信并《题红情绿艳图》诗四绝。

晴　初二日　早起，佩萱见示《和新柳》四绝句。午后，邠臣、鲁才来，邠见示近作多首，内惟《碧桃》《白桃》二首为同人倡和之题，同至芝荪处，乞翠云草，接惠农信。灯下，为学生改文，阅《子不语》。

晴　初三日　早起。午后，临帖如常。灯下，录近作记事七古一首。

晴　初四日　早起，至邠臣处。午后，因事至南马头，濬华、邠臣、卫丞、叔楚、鲁才来。灯下，阅《子不语》。

晴　初五日　早起，至叔楚处。午后，登之来，接惠农信并《春暮杂感》《紫牡丹》诗。

晴，夜雨　初六日　早起。午后，收拾书室。灯下，阅《子不语》。

寄惠农信并诗。

雨　初七日　早起，偕叔楚至万全裕吃茶。午后，临帖如常，和惠农《春暮杂感》四绝句。散学后，至邠臣处，托渠上海买物。灯下，裱扇面。

阴晴参半　初八日　早起。午后，临帖如常，至胡登之处。灯下，父亲命抄文一篇。

阴晴参半　初九日　早起。午后，邠臣来，致芝荪诗一首，临帖如常，濬华来。

晴　初十日　早起。午后，临帖如常，至钝舅处。

晴　十一日　早起。午后，临帖如常，容川来，接惠农信。

晴　十二日　早起。午后，至滨石馆中，临帖如常。灯下，阅《子不语》。

晴　十三日　早起。午后，临帖如常，寄惠农信。茶肆中与昆山朱幹君谈，此君恂恂儒雅，一望知为岁寒人物，现馆在陆容伯家，因赠以七律一首。

阴晴参半　十四日　早起。午后，临帖如常。看李王会，仅有清道一付而已。

阴晴参半　十五日　早起。午后，身子疲倦，阅《子不语》，接惠农信并和余《祈蚕曲》六绝句。朱幹君袖致和章一首。灯下，父亲命抄文一篇。

晴　十六日　早起。午后，临帖如常，至濬华处借《词律》一部。

晴　十七日　早起。午后，临帖如常，阅《子不语》。

雨　十八日　晏起。午后，临帖如常，寄玉舅信。

雨　十九日　晏起。午后，临帖如常。

雨　二十日　晏起。午后，临帖如常。

阴晴参半　廿一日　早起。午后，看裕天王会，抬搁及把山虎共五只，并有赵戟卿、胡畴生扮老童子。接邠臣自沪信。

晴　廿二日　早起。午后，临帖如常，作诗二首。自明日放学三天。

雨　廿三日　晏起，收拾书室，接惠农信。

雨　廿四日　晏起，寄惠农信，扦菊花，接玉舅信。

晴　廿五日　早起，作记事文一篇。午后，至钝舅处，又至濬华处。

阴雨参半　廿六日　早起。午后，临帖如常，作诗一首。

阴　廿七日　晏起，身子不适。

雨　廿八日　晏起。午后，作诗三首，临帖如常，接惠农信并《题红情绿意图》四绝句。

阴　廿九日　晏起。午后，作诗三首，临帖如常，题《随园女弟子》诗六绝句。

雨　三十日　晏起。午后，临帖如常，作诗一首。

阴晴参半　五月朔　早起，陆景周来。午后，蓉川偕惠农来，朱幹君见示七律一首，即和之。灯下，咏物二律。

晴　初二日　早起，至叔楚处，又至芝生处。午后，访陆景周，芝生来，同出西门看龙舟，并至惠农处，见留茶点。灯下，咏物二律。

晴　初三日　早起，至河顺轩啜茶。午后，偕芝荪、邠臣等乘舟观竞渡，龙船四艘，苏州灯船约四十余号。灯下，作《竞渡词》六首。

晴，夜雨　初四日　早起。午后，惠农来，同至河顺轩啜茶。盖是日龙舟荟萃于北门外也，看船有百号之多。灯下，吟诗二首。

阴晴参半　初五日　早起。午后，同人游舟出西门，看船比昨日更多，城中士女殆尽萃于此，画舫吴姬，目不暇给，令人之意也消。

晴　初六日　早起。午后，临帖如常，至钝舅处，惠农来。

晴，热　初七日　早起。午后，临帖如常，作七古一首。

晴　初八日　早起。午后，临帖如常。

雨　初九日　早起，惠农来，送余食物二种。午后，临帖如常，作诗三首。

阴晴参半　初十日　早起。午后，临帖如常。

阴晴参半　十一日　早起。午后，临帖如常，钝舅招吃时节。

阴晴参半　十二日　早起。午后,临帖如常,阅《小仓山房诗》,作五律一首。

阴晴参半　十三日　早起。午后,临帖如常,寄惠农信。灯下,阅《小仓诗》一卷。

晴　十四日　早起,濬华处吃时节,临帖如常,接惠农信,作五律二首。

晴　十五日　早起,放学一天,自后,每十日一放学,以资休息。午后,作七律二首。灯下,阅《小仓诗》一卷。

阴雨参半　十六日　早起。午后,临帖如常,佩萱回。

阴晴雨参半　十七日　晏起。午后,临帖如常,阅《小仓诗》。

阴晴参半　十八日　早起。午后,临帖如常,阅《小仓诗》,朱幹君见示七律三首。

阴晴雨参半　十九日　早起。午后,临帖如常,接惠农信。

晴　二十日　早起。午后,临帖如常,寄惠农信,至濬华处。

晴　廿一日　早起。午后,临帖如常,卫臣来,围棋二局,同至文星楼茶点。

晴　廿二日　早起。午后,临帖如常,和毛艾生赠诗二首,至钝舅处。

阴晴雨参半　廿三日　早起。午后,临帖如常,阅《聊斋志异》。

晴　廿四日　晏起。午后,临帖如常,阅《聊斋》,至卫丞处,围棋一局。

雨　廿五日　早起,偕卫臣至河顺轩啜茶。午后,收拾书室,接惠农信并《村居即事》八绝句。

晴　廿六日　早起。午后,临帖如常,阅《聊斋》。

晴　廿七日　早起。午后,临帖如常。至滨石馆中,不值,寄惠农信。

晴,热　廿八日　早起。午后,临帖如常,和惠农诗八首。

晴,夜雨　廿九日　早起。午后,临帖如常,滨石来长谈。

阴晴雨参半　六月朔　早起。午后，临帖如常，寄惠农信并诗。

阴　初二日　早起。午后，临帖如常。

雨　初三日　早起。午后，临帖如常，滨石来，见示《题红情绿意图》七古。

晴　初四日　早起。午后，临帖如常，阅《聊斋》，至芝荪处。阅报，见升允布告天下文，洋洋数千言，(明)[名]正言顺，令人读之声泪俱下，因假归录出，并作《书后》数百字，又题七律三首。按，升公于数年前以上书请罢新法获谴，革党起后，奉命督办陕西军事，克复州县十余，而逊位诏下矣。不得已而窜身沙漠，与俄蒙协约以图恢复。忠义如此，天下要无第二人，无论事之成败，足见本朝数百年养士之效，使公见用于昔日，时事何至此哉。可叹可恨！

阴晴参半　初五日　早起，至卫丞处，同到河顺轩啜茶，便访登之暨幹君，幹出示七律一首。午后，孙俭可约至渠处，看画二十余幅，皆其收藏之物，中间惟王椒畦山水幅暨毕竹痴墨笔花卉五斗方五页为最佳，余多不知名者，然却无四王伪品。又家秋涯公七言对一付，钱拜石隶书挂幅亦可取，看毕后，至滨石馆中，又至钝舅处。接炽甫叔上海来信，又惠农信，濬华来借《古诗选》《近体诗抄》，老饩来。灯下，和幹君诗二首。

阴　初六日　早起。午后，临帖如常，偕容川至滨石处。灯下，录杂录二段。

阴　初七日　早起，偕邠丞同至河[顺]轩啜茶。炽夫叔自沪回，赠余放大机器一个，用以摹字，可放至五倍。午后，临帖如常，录杂录三段，寄惠农信。报载升制军于张家口营中被掷炸弹，生死未卜，不觉为之大惊，果尔，则天亡我也，但望吉人天相，警报虚传。

阴晴参半　初八日　早起。午后，临帖如常，杂录四段。

晴　初九日　早起。午后，临帖如常，作七律二首，至濬华处，接惠农信。

晴　初十日　早起。午后，临帖如常。

阴晴参半　**十一日**　早起,至朱幹君馆中。午后,临帖如常,杂录一页余,寄惠农信。

阴晴雨参半　**十二日**　晏起。午后,临帖如常。

阴晴参半　**十三日**　早起。午后,抄杂录二页。

阴晴雨参半　**十四日**　晏起。午后,临帖如常。佩萱连日发热闭汗,请陆孙文诊之。

阴晴雨参半　**十五日**　早起。午后,濬华、芝荪来,佩萱病愈。

雨　**十六日**　早起。午后,临帖如常,接惠农信。

雨　**十七日**　早起。午后,临帖如常,寄惠农信。

阴晴雨参半　**十八日**　早起。午后,临帖如常,抄杂录三页余。

晴　**十九日**　早起。午后,临帖如常。

晴　**二十日**　早起。午后,临帖如常,自明日起暑假至月底。

晴　**廿一日**　早起,收拾书室。下午,至濬华处。

晴　**廿二日**　早起。午后,临帖如常,至钝舅处,接惠农信。

晴　**廿三日**　早起。午后,作感事五古一首,寄惠农信。

晴　**廿四日**　早起。午后,刻图章二方。

晴,酷暑　**廿五日**　早起。午后,刻图章二方。

晴,酷暑　**廿六日**　早起。午后,临帖如常,陆景周来。

晴　**廿七日**　早起。午后,刻图章二方。

阴晴参半　**廿八日**　早起,偕邠丞至河顺轩啜茶。午后,至景周处。

廿九日　早起。午后,至钝舅处,接惠农信。

晴　**七月朔**　早起。午后,临帖如常,阅《才调集》,寄惠农信。

晴　**初二日**　晏起。午后,临帖如常,咏菊一首,阅《才调集》。

晴　**初三日**　早起,钝舅招吃时节。临帖如常,濬华来。

晴　**初四日**　早起。午后,临帖如常。

晴　**初五日**　早起,至河顺轩,围棋一局。午后,临帖如常,阅《才调集》。

晴　初六日　早起。午后，临帖如常，阅《才调集》。

晴，立秋　初七日　早起，至河顺轩，围棋二局。午后，至绥年处，围棋三局。遇惠农于万春园中，渠于昨日自乡回也。

晴　初八日　早起。午后，临帖如常，李林士来。

晴　初九日　早起。午后，临帖如常。

晴　初十日　早起。午后，临帖如常，惠农来长谈。

晴，酷暑　十一日　早起。午后，临帖如常。

晴，酷暑　十二日　早起。午后，临帖如常，芝荪送来《红情绿意图题词》四绝句。

晴　十三日　早起。午后，临帖如常，大雨一阵，天仍酷暑。

晴，酷暑　十四日　早起。漆咬，面目俱红肿，不能作事。

晴，酷暑　十五日　晏起。漆咬更甚，终日难过。

十六日　晏起，红肿稍退。午后，临帖如常。

晴，酷暑　十七日　早起。午后，临帖如常。晚饭后，至钝舅处。

晴，酷暑　十八日　早起，漆咬愈。午后，临帖如常，寄惠农信。早上有兵队自南门入城，约有千余人，枪弹俱备，阖城惊惶，纷纷逃避，然尚无野蛮举动。询知为钮永建由嘉定逃去，此项兵皆嘉定散下者，未识当道将如何调排之。

晴　十九日　晏起。午后，至街上，知昨来之兵为北兵，将由上海往嘉定征剿，故窜至吾邑，恐不日有北兵追下也。

晴　二十日　早起。知当道与来兵头目议定遣散兵队，每人给洋十元。午后，在知事署缴去枪弹。事未毕，而北军千人陆续由西、南二门入，搜捕南兵，市面俱闭。

晴雨参半，凉　廿一日　早起。市面如常，见北兵十余人驱逐南兵数百人出西门去，枪械已尽入北军之手。闻刘头目确为北兵拿获，尚有未出城之南兵数百，亦为囚俘矣。午后，大雨二点钟之久，又大搜南兵，城门皆闭，市面全罢，路无行人。

晴　廿二日　早起。至街上，店面开者不过十数家，遍处是兵，并闻谣言种种,有识者因置之一笑,无知者魂胆丧失矣。午后三点钟,北兵尽由南门去,俘虏南兵凡二百二十余人,中间刘头目等三十余人俱绳穿索绑而行。当道仅洋二千元并彩旗及礼物四种与队长,张公独受彩旗而已。北兵去后,尚有藏匿之南兵数十,从西门逃去。说者谓吾邑弹丸之地,受此惊惶,真意外事,然亦幸矣。

晴,夜雨　廿三日　早起。午后,临帖如常。流氓陆寿和尚于前日假冒南兵,至知事署领饷,事后拿获,今日在州场上枪毙,或谓陆罪不至死,且假冒南兵领饷者众多。余以为陆固著名之地棍,无论如何,总不足惜,吾邑最多此类,辛亥以后,王法澌灭,尤肆无忌惮,此亦可以以一警百也。

晴　廿四日　早起。午后,临帖如常,惠农来,同至状元楼啜茗。

晴　廿五日　早起。午后,至邠臣处,围棋一局,作诗二首,调师来。

晴　廿六日　早起。午后,临帖如常,至濬华处,知南京于昨日克复。

晴　廿七日　晏起。午后,至钝舅处。

晴　廿八日　晏起,身子不适,阅《秋灯丛话》。

晴　廿九日　早起。午后,临帖如常,阅《秋灯丛话》,接惠农信。

晴　三十日　早起。午后,临帖如常,寄惠农信,至濬华处。

晴　八月朔　早起。午后,临帖如常。灯下,作《南北兵先后入城记》。

晴　初二日　晏起。午后,临帖如常。

晴　初三日　早起。午后,临帖如常,录文稿一篇。

阴晴参半　初四日　早起。午后,临帖如常。

阴晴参半　初五日　早起。午后,临帖如常。阅报,知南京确已克复。

阴　初六日　早起。午后,临帖如常,芸阁兄率其子来从学。

雨　初七日　晏起。午后,临帖如常,阅《桃花扇》。

晴 初八日 早起。午后，至钝舅处，临帖如常，接惠农信并诗。

晴 初九日 早起，作诗五首，父亲命约钝舅、濬华午饭。寄惠农信。

晴 初十日 早起。午后，临帖如常。灯下，抄杂录二页。

阴晴参半 十一日 晏起。午后，临帖如常。灯下，学画兰花。

雨 十二日 早起。午后，临帖如常。灯下，学画兰花。

阴 十三日 早起。午后，临帖如常，寄惠农信。

晴 十四日 早起，至河顺轩，围棋二局。午后，至钝舅处，濬华来，未值。

晴 十五日 早起，至河顺轩，围棋二局。午后，至濬华处，同卫臣散步至文星楼谈，接惠农信。月食，既，题诗二绝。

阴晴雨参半 十六日 早起。午后，临帖如常，寄惠农信。

雨 十七日 晏起。午后，临帖如常，刻图章一方。

阴晴雨参半 十八日 早起。午后，临帖如常，接惠农信，并诗若干首。

阴晴参半 十九日 早起。午后，临帖如常。灯下，和惠农《中秋月蚀》诗二律。

晴雨参半 二十日 晏起。午后，临帖如常。

晴 廿一日 早起。午后，临帖如常，点《唐诗集注》五页。

廿二日 早起。午后，临帖如常，点《唐诗》五页，寄惠农信。

晴 廿三日 早起。午后，临帖如常，点《唐诗》二十页。灯下，点十二页。

阴晴参半 廿四日 早起。午后，临帖如常，点诗十页，至郑丞处。灯下，点诗十页。

雨 廿五日 早起，偕郑丞至河顺轩，围棋一局。午后，收拾书室，作《秋柳》诗二律。

阴晴参半 廿六日 早起。午后，临帖如常，郑丞见示《和月食诗》二律。

晴　廿七日　早起,携阿豹啜茶,并至钝舅处。午后,临帖如常,点《唐诗》十六页。是日,先师诞辰,各处均开纪会,用夷礼以祭,尊孔适所以亵渎圣人,作七古一首以记,题曰《哀圣庙》。

晴　廿八日　早起。午后,临帖如常,点诗十四页。

晴　廿九日　早起。午后,临帖如常,点诗五页,接惠农信。

晴　九月朔　早起,寄惠农信并近作。午后,临帖如常,邠丞来,围棋二局,同至文星楼啜茶。灯下,作《袁宫保》诗二律。

阴晴参半　初二日　早起,至钝舅处。午后,临帖如常,点《唐诗》八页。灯下,题《桃花扇》四绝。

阴晴参半　初三日　早起。午后,临帖如常,点诗十页。灯下,和钝舅七古二首。

晴　初四日　早起。午后,录自作诗,点《唐》五页,题《牡丹亭》二绝,接惠农子号信。灯下,阅《燕子笺传奇》。

晴　初五日　早起。午后,临帖如常,寄惠农乙号信,点《唐诗》十页。

晴　初六日　早起,至南马头祝季姑母七旬寿。薄暮,偕滨石乘小车回。

阴晴参半　初七日　早起,收拾书室。午后,至邠臣处,围棋一局,惠农来。

晴　初八日　早起,订书十余本。午后,写祭祀祝文等,阅《燕子笺》毕。阅报知袁氏已被举为正式总统,说者谓从此可保目前太平。

晴　初九日　黎明起,助祭宗祠毕,至四先生祠助祭,祭者为毂礽、晋蕃叔暨稼生、毕伊卿等,俱照常衣冠,稼生之发已去,今特装一假辫云。午后,偕邠丞、芝荪出西门访惠农,见留,持螯小饮。薄暮归,缪衡老见示《和中秋月食诗》一律,滨石见示《题红情绿意图》七古。灯下,作《助祭四先生祠有感》一律。

阴晴参半　初十日　早起。午后,惠农、容川来,点《唐诗》十二页。灯下,题诗二绝。

晴 十一日 早起。午后，临帖如常，点《唐诗》十页，至濬华处。

晴 十二日 早起。午后，临帖如常，点《唐诗》十二页。灯下，点十二页。

阴 十三日 早起。午后，临帖如常，点诗十五页，寄惠农丙号信并诗。灯下，点诗十八页。

阴晴参半 十四日 早起。午后，临帖如常，点诗十六页。灯下，作诗二律。

晴 十五日 早起。午后，临帖如常，点诗十页，点《唐诗三百首集注》毕。灯下，作诗六首。

阴晴参半，冷，大风 十六日 早起，因俗事放学一天。午后，临帖如常。接惠农丑号信。灯下，作诗二律。

晴 十七日 早起，至邠臣处，围棋一局。午后，临帖如常。散学后，至玉舅处，舅于昨日回也。灯下，点王渔洋《精华录》序及凡例。

晴 十八日 早起。午后，点《渔洋年谱》，寄惠农丁号信，并近作数首。

晴 十九日 早起。午后，临帖如常，点《精华录》五页。

晴 二十日 早起。午后，临帖、点《精华录》如常。

晴 廿一日 早起。午后，临帖、点《精华录》如常。灯下，又点七页。

晴 廿二日 早起。午后，临帖如常，点诗七页。灯下，点六页。

晴 廿三日 早起。午后，临帖如常，点诗六页。至玉舅处，接惠农寅号信。灯下，点诗九页。

晴 廿四日 早起。午后，临帖如常，点诗五页。寄惠农戊号信，至钝舅处。

晴 廿五日 早起。照例放学，收拾书室，至钝舅处吃时节。

晴 廿六日 早起。午后，临帖如常，点诗五页。

晴 廿七日 早起。午后，临帖如常，接惠农卯号信，至玉舅处。

阴晴参半 廿八日 早起。为学徒背书后，至玉舅处吃时节，与邠丞围棋二局。

阴晴参半　廿九日　早起。午后,临帖如常,至钝舅处。

晴　十月朔　早起。午后,临帖如常,买菊花四盆,寄惠农己号信。

晴　初二日　早起。午后,临帖如常,访胡登之,至玉舅处,佩萱寒热大作。

阴　初三日　早起。午后,临帖如常,佩萱略愈。

阴雨参半　初四日　早起,请陆孙文为佩萱诊视。午后,濬华来,登之来。佩萱服药后至夜分汗出,寒热始凉清。

阴晴参半　初五日　旬假,收拾书室。午后,偕叔楚至李林处,又至鲁才处问病。临帖如常。至钝舅处。钱伊臣将于沪上大庆寿,遍征诗文以贺,不共戴天之仇在身,而为此等事,殊可丑也,戏为六绝句以刺之。

雨　初六日　早起。午后,临帖如常,至玉舅处。灯下,点《精华录》五页。

阴晴参半　初七日　早起。午后,临帖如常,点诗五页。玉舅见示七律二首,灯下和之。

阴晴参半　初八日　早起,陆景周来。午后,临帖如常,静涵见访,并赠余书扇面。至玉舅处,适汪闰生年伯亦在,极赏余和作,长谈而去。灯下,和芝荪诗一首,又谢静涵赠扇诗二绝。

阴　初九日　早起,至河顺轩围棋二局。午后,访静涵。接惠农辰号信。阅报,袁世凯连下三令,禁绝国民党,心中为之一小快。

阴晴参半　初十日　早起。午后,临帖如常,寄惠农庚号信。玉舅暨闰生年伯招赏菊花,同席者邠丞、卫丞及钱瑶侯等,夜深而归,赋诗二首。

雨　十一日　早起。午后,临帖如常,改文三篇。

阴晴雨参半　十二日　早起。午后,抄《红情绿意图题词》,寄惠农辛号信并近作。

晴 十三日 早起。午后，至静老处，临帖如常，至玉舅处。灯下，戏咏绿带菊花二律。

晴 十四日 晏起。午后，临帖如常，接惠农巳号信。

阴晴雨参半 十五日 早起，旬假，至钝舅处。午后，收拾书室。

雨，寒 十六日 早起。午后，写《三希堂帖目》。

阴晴参半 十七日 早起。午后，写《三希堂帖目》。至玉舅处，见示《和绿带菊诗》。

晴 十八日 早起。午后，写《三希堂法帖》毕。

晴 十九日 早起。午后，临帖如常。灯下，刻图章三方。

晴 二十日 早起。午后，临帖如常。至玉舅处，接芝荪白时思庵信，并诗二首。灯下，改文三篇。

晴 廿一日 早起。午后，玉舅招饮，为喜事陪媒也。覆芝荪信。灯下，和芝生诗二首。

晴 廿二日 早起。午后，至闻子琳处应，被酒而回。寄惠农壬号信并诗。

阴晴参半 廿三日 早起。午后，寄静老信，又寄芝荪诗信，接惠农午号信。

晴 廿四日 早起。午后，临帖如常，接景周自上海信。

晴 廿五日 旬假，早起，收拾书室。午后，卫丞来，同至文星楼茶点，知陆缉文于昨夜病故。

晴 廿六日 早起。午后，临帖如常。至玉舅处。灯下，代叔楚作缉文挽联云："卫生宜有术噩耗偏惊菊梦绝惨同盟修禊事顿丧益友；误药太无回华年竟谢尘绿但求遗腹生男儿差慰高堂。"上下联首句对调。

晴 廿七日 早起。午后，咏《分茶》《赠菊》各一律，玉舅命与邠丞同作也。散学后，至舅处交卷，邠丞尚未来也。惠农来，见示《绿带菊》诗二律。

晴 廿八日 早起，至缉文处探丧。午后，临帖如常。寄芝荪信,惠农来,同至状元楼啜茶。

阴晴参半　廿九日　早起。午后,临帖如常,玉舅饬人送来《赠菊诗》五绝句。

阴雨参半,冷　三十日　晏起,濬华来。午后,临帖如常,至玉舅处,接芝生信。

阴　十一月朔　早起。午后,临帖如常,至卫臣处,看做道场。

阴　初二日　晏起。午后,临帖如常,至钝舅处。

阴晴参半　初三日　晏起。午后,临帖如常,至玉舅处晚饭。

阴晴参半　初四日　晏起。午后,临帖如常,至仍师处,接惠农未号信。

阴　初五日　晏起,旬假,收拾书室。下午,邠丞、卫丞来,同至文星楼茶点。

阴晴参半　初六日　早起。午后,临帖如常,寄惠农癸号信,至玉舅处,接芝生信并《分茶》《赠菊》诗。

晴,严寒　初七日　晏起。午后,覆芝生信,至玉舅处。

晴　初八日　晏起。午后,临帖如常。

晴　初九日　早起。午后,临帖如常,玉舅来。

晴　初十日　早起。午后,临帖如常,接惠农申号信。

阴晴参半　十一日　早起。午后,临帖如常。灯下,刻图章二方。

阴　十二日　早起。午后,临帖如常,寄惠农后甲号信。灯下,题玉舅《自述诗》五绝句。

阴　十三日　早起,放饭后,至钝舅处吃时节。

雨　十四日　早起。午后,临帖如常。

晴　十五日　早起。旬假,收拾书室。接静老信并《题红情绿意图》七古一首。

阴晴参半　十六日　早起。午后,临帖如常。寄静老及芝荪信。

阴　十七日　早起。午后,写信两封。

阴雨参半　十八日　早起。午后,临帖如常。叔楚来。

阴晴参半　十九日　早起。午后，抄诗数页。邠丞偕张仲翔来。

阴晴参半，严寒　二十日　早起。午后，抄诗数首。叔楚来，至濬华处。

晴　廿一日　早起。午后，录文三首。

晴　廿二日　早起。午后，临帖如常。鲁才来。接惠农酉号，并诗一首。

阴晴参半　廿二日[①]　放假三天。早起，收拾书室。午后，至鲁才处。又偕邠丞访张仲翔。

廿三日　早起。午后，嘱门人陆庆元来书斗方一页，渠临《九成宫》，虽未足言佳，而年仅十龄余，写字已能入格，可嘉也。至濬华处。

阴晴参半　廿四日　早起。滨石来长谈。午后，偕邠丞等酒楼小饮。

晴　廿五日　早起。午后，惠农来长谈。

晴　廿六日　晏起，身子不适。

阴　廿七日　晏起，身子不适。午后，至滨石馆中。

阴　廿八日　晏起，至陆缉处吊。午后，接芝荪信。

阴晴参半　廿九日　晏起，身子不适。午后，至钝舅处。

晴　十二月朔　早起，至邠丞处，寄玉舅信。午后，集所藏旧图章为印谱。

晴　初二日　早起。午后，耳痛大作。晚发寒热，即卧。

晴　初三日　病卧。请礼南母舅来诊视。

晴　初四日　病卧。耳痛略愈，寒热亦凉。

晴　初五日　起身。耳痛虽止，而作鸣，殊难过也。

晴　初六日　晏起。病全愈。午后，作印谱，濬华来。

晴　初七日　早起。午后，阅《古绿萃录》，接惠农戌号信，至濬华处吃会酒。

---

① 此处原文即为“廿二日”，与上条日期重复，当为作者误记。

晴　初八日　早起。午后,阅《亭林文集》。

晴　初九日　早起。午后,贺陈阁五内侄娶亲。

晴　初十日　早起。午后,阅《亭林文集》。寄惠农信,接玉舅信,并诗一首。

晴　十一日　早起。午后,阅《亭林文集》。

晴　十二日　晏起。午后,阅《亭林文集》,寄玉舅信。

晴,严寒　十三日　早起。午后,阅《亭林文集》,接昆山王岩士信,并《红情绿意图题词》。又接惠农信。

阴晴参半　十四日　晏起。午后,阅《亭林文集》,覆岩士信。

晴　十五日　早起。午后,阅《亭林诗集》,寄惠农信。

阴　十六日　早起,放年假。午后,至钝舅处。

阴晴参半　十七日　早起,竟日收拾书室。

雨阴参半　十八日　早起,陆景周来。午后,邠丞来,围棋二局。云阁兄来,叔楚来。

晴　十九日　早起。至景周处。同至第一楼茶点,父亲招客在斋中小酌,席散后,选青表兄偕其侄定一来。

阴　二十日　早起。至河顺轩,围棋二局。午后,偕芝荪、卫丞文星楼啜茶。惠农来,未值,遇诸涂。

晴　廿一日　早起。午后,濬华、芝荪来。惠农亦来,长谈至暮。

阴晴参半　廿二日　早起。料理搁上所置书画等物。午后,翰章表兄来,留宿。

阴晴参半　廿三日　早起。至河顺轩,围棋二局。午后,偕惠农、芝荪、邠丞、鲁才酒肆小饮,卫丞、叔楚等六七人别为一席。

阴　廿四日　早起。偕翰章表兄状楼啜茶。午后,翰哥去,至钝舅处,邠丞见示五古一首。

晴　廿五日　早起,酬邠丞诗。午后,芝荪、景周先后来。

阴晴参半　廿六日　早起。写《藏泉目录》。午后,惠农来。

晴　廿七日　早起。午后,阅唐小说数段,写《藏泉目录》毕。濬华来晚饭。

晴　廿八日　早起，收拾书室。至钝舅处午饭。濬华来。

晴　廿九日　早起。料理诸事。

晴　三十日　早起。料理诸事。夜饭后，至状元楼啜茶。

张献忠在蜀时，设铸局，取藩府所蓄古鼎玩器及城内外寺院铜像，熔液成钱。其文曰“大顺通宝”钱，肉色光润，精致异常铜。其后得之者作妇女簪花，不异赤金。

斋中盆景，一俟开花过后，即迁至石处天井旁。

癸酉年以后诗稿录出后，名《续岁寒草》。

托张关喜于秋分时接碧桃。

张处乞黄蔷薇
陈处乞西河柳
杨处乞白蝴蝶花
陆处乞老少年
李处乞洋玫瑰

壬子年所留菊种

大种
金背红板放
南翔白板放
雪青荷板放
黄荷板放
鹅黄针管放
白玉针管放

淡雪荷管放

中种

红蔷薇瓣放

雪青球板放

粉背紫板放

紫蟹板放

淡紫球板放

金荷板放

深黄荷板放

深紫球板放

火绒异吕

小种

白木香

黄木香

猴眼

闻处有菊八种，仍师处有菊二种，来年扦插时须去乞取

预定种菊花法

此法已三思而定，届时切勿不遵一字。壬子九月廿四日灯下君智记。

于四月中摘头扦插，先扦在盆内，(用末号瓦盆，其泥不必拌柴灰。)每盆扦一种，以五枝为率。(恐其不活，故不可止扦一二枝。)用竹牌记明种类，每日移进避日，夜移出就露。待其活后，择地一块，分作数轮，将瓦盆、瓦筒安置在地，贮泥八分，(须拌柴灰。)每轮上横里止许两盆，(一瓦盆，一瓦筒。)相离二寸许；竖里盆数，以轮之长短为

定，相离须八寸许。然后用小刀将盆内菊秧带泥掘出，每种种二盆。（一在盆，一在筒。菊秧如多，则随便种在地上。）仍用竹牌记明。（只须插在盆内，间壁之筒自然不记而知。）当烈日时，必须用芦帘盖之，夏至后浇粪二次，至起蕊时，再浇。摘蕊时，看明花牌，种大则少留几朵，种小则多留几朵。

问：横里止许二盆，则两轮相间之余地，留他何用？曰：浇灌收拾时，可以容身。

问：明内行者，如可以用井水浇？种菊之地，决计在竹园之东南，以其近井也。

《中国近现代稀见史料丛刊》已出书目

第一辑

莫友芝日记
汪荣宝日记
翁曾翰日记
邓华熙日记
贺葆真日记
徐兆玮杂著七种
白雨斋诗话
俞樾函札辑证
清民两代金石书画史
扶桑十旬记(外三种)

第二辑

翁斌孙日记
张佩纶日记
吴兔床日记
赵元成日记(外一种)
1934—1935中缅边界调查日记
十八国游历日记
潘德舆家书与日记(外四种)
翁同爵家书系年考
张祥河奏折
爱日精庐文稿
沈信卿先生文集
联语粹编
近代珍稀集句诗文集

第三辑

孟宪彝日记
潘道根日记
蟫庐日记(外五种)
王癸避难日志　辛卯年日记
嘉业堂藏书日记抄
吴大澂书信四种
赵尊岳集
贺培新集
珠泉草庐师友录　珠泉草庐文录
校辑民权素诗话廿一种

第四辑

江瀚日记
英轺日记两种
胡嗣瑗日记
王振声日记
黄秉义日记
粟奉之日记
王承传日记
唐烜日记
王锺霖日记(外一种)
翁同龢家书诠释
甲午日本汉诗选录
达亭老人遗稿

第五辑

袁昶日记
吉城日记
有泰日记
额勒和布日记
孟心史日记·吴慈培日记
孙毓汶日记信稿奏折(外一种)
高等考试锁闱日录
东游考察学校记
翁同书手札系年考
辜鸿铭信札辑证
郭则沄自订年谱
庚子事变史料四种(外一种)
《申报》所见晚清书院课题课案汇录
近现代"忆语"汇编

第六辑

江标日记
高心夔日记
何宗逊日记
黄尊三日记
周腾虎日记
沈锡庆日记
潘钟瑞日记
吴云函札辑释
新见近现代名贤尺牍五种
稀见淮安史料四种
杨懋建集
叶恭绰全集
孙凤云集
贺又新张度诗文集
王东培笔记二种

第七辑

豫敬日记　洗俗斋诗草
宗源瀚日记(外二种)
曹元弼日记
耆龄日记
恩光日记
徐乃昌日记
翟文选日记
袁崇霖日记
潘曾绶日记
常熟翁氏友朋书札
王振声诗文书信集
吴庆坻亲友手札
画话
《永安月刊》笔记萃编
浙江省文献展览会文献叙录
杨没累集

第八辑

徐敦仁日记
王际华日记
英和日记
使蜀日记　勉喜斋主人日记　浮海日记
翁曾纯日记　瀚如氏日记(外二种)
朱鄂生日记
谭正璧日记
近代女性日记五种(外一种)
阎敬铭友朋书札
海昌俞氏家集
师竹庐随笔
邵祖平文集